高职高专食品类专业规划教材

乳品加工技术

RUPIN JIAGONG JISHU

（第2版）

主　编　黄玉玲　张朝军　原克波

副主编　高广斌　刘海琴

主　审　姜旭德

武汉理工大学出版社

WUTP　Wuhan University of Technology Press

内容简介

本书是针对高职高专食品类专业开设的乳品加工技术课程而专门编写的教材，共分为六章，分别为：乳的基础知识、原料乳的验收及预处理、液态乳的加工技术、酸乳生产、乳粉生产和其他乳制品生产。

本书的内容充分体现了实用性，可作为高职高专食品类相关专业的教学用书，也可用于现代化乳品企业的技能培训。

图书在版编目(CIP)数据

乳品加工技术/黄玉玲，张朝军，原克波主编．—2版．—武汉：武汉理工大学出版社，2019.3

（高职高专食品类专业规划教材）

ISBN 978-7-5629-5988-5

Ⅰ.①乳…　Ⅱ.①黄…　②张…　③原…　Ⅲ.①乳制品-食品加工-教材　Ⅳ.①TS252.42

中国版本图书馆CIP数据核字(2019)第042309号

项目负责人：崔庆喜(027-87523138)　　**责任编辑**：雷　蕾
责任校对：向玉露　　**封面设计**：芳华时代
出版发行：武汉理工大学出版社
社　　址：武汉市洪山区珞狮路122号
邮　　编：430070
网　　址：http://www.wutp.com.cn
经　　销：各地新华书店
印　　刷：湖北恒泰印务有限公司
开　　本：787×1092　1/16
印　　张：13.5
插　　页：1
字　　数：348千
版　　次：2019年3月第2版
印　　次：2019年3月第1次印刷
印　　数：2000册
定　　价：34.00元

凡使用本教材的教师，可通过E-mail索取教学参考资料。

E-mail：wutpcqx@163.com

本社购书热线电话：027-87384729　87664138　87165708(传真)

凡购本书，如有缺页、倒页、脱页等印装质量问题，请向出版社发行部调换。

出版说明

食品工业的发展直接关系到国计民生，也是衡量一个国家、一个民族经济发展水平和人民生活质量的重要标志。经过改革开放30多年的快速发展，我国食品工业呈现出快速发展的势头，已成为国民经济发展中增长最快、最具活力的产业之一，对提高城乡居民生活水平、推动相关产业发展、扩大就业、带动农民增收等具有重要作用。而食品工业的发展离不开优秀专业人才的支撑，这些人才既需要具备现代的专业知识、理念和素质，熟悉食品行业的生产技术、管理方法和手段，又要具备较强的实践操作能力和创新能力。

为了响应教育部关于"推出一批特色鲜明的高质量的高职高专教育教材，形成一纲多本、优化配套的高职高专教育教材体系"的目标，满足我国高速发展的食品工业对优秀高职人才的迫切需求，武汉理工大学出版社在广泛、细致、深入调研的基础上，经申报立项，组织编写了这套"高职高专食品类专业规划教材"。本套教材将分期、分批出版。

本套教材的编写具有以下特色：

◆ **定位准确。**根据高职食品类专业人才培养目标与定位，本套教材的编写紧紧围绕"为高等职业教育服务"这一宗旨，依据企业对食品类专业人才的知识、能力、素质要求，突出职业能力培养，精选高职高专学生终身发展所需的基础知识和基本技能，遵循"必需"、"够用"、"管用"的原则，突出"能力本位"和"就业导向"等高职教育特色，以实现社会需要、学科特点和学生发展三者的有机统一。

◆ **内容全面。**本套教材以高职高专食品类专业基本课程建设为依据，内容覆盖面广，知识含量多，为学生提供丰富、多层次、跨学科的全面的专业知识。同时，将职业工作任务引领的工作过程知识、基本理论、技能、程序、步骤融入教材，反映专业新知识、新技术，体现与时俱进原则；引入企业实例、项目和管理案例，适于自主学习，培养创新人才；在适当介绍理论知识的基础上，突出强调实践环节的设计，在选材上紧扣食品行业的生产实践，以满足用人单位对人才的知识和技能要求。

◆ **体例新颖。**本套教材中多数专业课教材的编写体例以学习情境和学习项目代替以往的章节，将以往的理论知识放在实验原理部分讲授，理论知识以实用为主，其内容选取紧紧围绕工作任务完成的需要来进行，同时又充分考虑了高等职业教育对理论知识学习的需要，并融合了相关职业资格考试对知识、技能和素质的要求。通过训练学习和职业技能鉴定，以工作任务为中心，将不同类型的知识综合起来，实现理论与实践的一体化，有利于培养学生综合应用知识的技能。针对高职高专的教学特点，几乎每本教材均设置了"知识目标"、"技能目标"、"小结"、"关键概念"、"课堂讨论"、"复习思考题"、"实验"或"实训"等栏目，讲练结合，体例新颖，可读性强，以期通过寓教于乐的方式加深学生对相关知识的理解与掌握。

为确保教材的编写质量，我们对教材编写人员做了比较严格的把关，参加本套教材编写的人员多数来自教学和生产一线，有丰富的教学经验和科研成果，又得到了行业专家的指导和积极参与，从而保证了教材的编写质量。相信本套教材的出版不仅能较好地满足高职高专食品类专业的教学需求，而且对促进高职高专的课程建设与改革、提高教学质量也将起到积极的推动作用。

为方便教师组织教学，我们精心制作了与教材配套的教学课件，以提高教学时效，丰富课堂教学内容。

本套教材主要适用于高等职业技术学院、普通高等专科学校、本科院校的二级学院和成人高校的食品加工技术、食品营养与检测、食品生物技术、农产品质量检测等专业以及其他相关专业的教学，也可作为专业技能考试和国家相关职业证书考试的教学培训和参考用书，还可作为从事食品类生产的技术人员的参考用书。

高职高专食品类专业规划教材编审委员会

2011年1月

高职高专食品类专业规划教材
编 审 委 员 会

高职高专食品类专业规划教材

参编单位

（排名不分先后）

黑龙江生物科技职业学院
武汉职业技术学院
黑龙江农业职业技术学院
南充职业技术学院
辽宁经济职业技术学院
黑龙江职业学院
漯河医学高等专科学校
河北农业大学
黑龙江省农垦科学院
山东商务职业学院
广东轻工职业技术学院
芜湖职业技术学院
佳木斯市药品检验所
黑龙江生态工程职业学院
清远职业技术学院
河北工程大学
华南理工大学
黑龙江省完达山乳业股份有限公司
黑龙江旅游职业学院
湖州师范学院
哈尔滨米旗食品公司
湖南农业大学
内蒙古兴安职业技术学院
新疆石河子职业技术学院
鹤壁职业技术学院
广东科贸职业学院
湖南生物机电职业技术学院
邯郸职业技术学院
湖南食品药品职业技术学院
黑龙江农垦科技职业学院
武汉软件工程职业学院
威海职业学院
广东食品药品职业学院
湖南环境生物职业技术学院
黑龙江民族职业学院
邯郸市疾病预防控制中心
河南农业职业学院
常熟理工学院
黑龙江农垦职业学院
重庆教育学院
哈尔滨啤酒有限公司
华中农业大学
湖南科技职业技术学院
黑龙江达仁堂医药有限公司
揭阳职业技术学院
佳木斯大学
江苏食品药品职业技术学院
湖北轻工职业技术学院

第 2 版前言

随着中国乳业经济的迅速发展，乳品行业已成为技术装备先进、产品品种较为齐全、初具规模的现代化食品制造业，中国将成为世界上乳制品生产和销售最大的潜在市场，因此，乳品行业急需一批高级技能型人才，而高等职业院校食品专业开设乳品加工技术课程的目的就是为企业培养合格的高级技能型人才。为此，在武汉理工大学出版社的大力协助下，我们编写了《乳品加工技术》一书，作为高职高专食品类专业的通用教材。

本书作为高职高专的教材，以应用性职业岗位需求为中心，突出综合职业能力和实践能力的培养，充分体现实用性，能适应现代化乳品企业技能培训的教学要求，同时还反映了乳品生产中的新知识、新技术、新工艺、新方法、新标准和新动态。本书的编写改变了以往教材中过于注重理论而忽视实践的不足，加强了实践、实训方面的内容。

全书共分六章，第一章为乳的基础知识，主要讲述乳的分类、化学成分和物理性质等；第二章为原料乳的验收及预处理，主要讲述验收标准、程序和预处理方法；第三章为液态乳的加工技术，主要讲述巴氏杀菌乳、超高温灭菌乳的生产工艺流程；第四章为酸乳生产，主要讲述酸乳的生产加工技术；第五章为乳粉生产，主要讲述乳粉的加工工艺和生产技术要点；第六章为其他乳制品生产，主要讲述奶油、炼乳、干酪、冰淇淋和雪糕的种类、生产原理等。

参加本次修订及编写的人员有：黑龙江农垦科技职业学院黄玉玲（第一章、附录）、内江职业技术学院张朝军（第二章、第三章）、山东药品食品职业学院原克波（第四章）、武汉职业技术学院高广斌（第五章）、鹤壁市畜产品质量监测检验中心刘海琴（第六章）。张朝军负责全书的统稿和总纂工作。

在编写本书的过程中，我们参考了大量的文献资料，借鉴和吸收了国内外众多学者的研究成果；本书第 1 版的编者闫波、罗通彪、陈伟、李金宝、尤春玲等老师对本书的编写及出版也付出了大量辛勤的劳动，在此一并对他们表示感谢！

本书特邀黑龙江民族职业学院食品系主任姜旭德教授担任主审，在此表示衷心的感谢。

本书的编写得到了完达山乳业公司的支持与帮助，在此表示感谢。

由于编者水平有限，修订再版后的教材仍难免存在不足之处，敬请读者批评指正。

编　者

2019 年 1 月

目　　录

第一章　乳的基础知识

知识目标

1. 了解乳的概念、基本组成和营养价值。
2. 掌握乳的分类及各类乳的特性。
3. 掌握乳的化学性质，尤其是脂肪、蛋白质、乳糖的特性。
4. 掌握乳的物理性质，尤其是感官、相对密度、酸度、冰点的特性。
5. 了解乳中微生物的来源、种类及特性。
6. 掌握冷、热加工过程中乳的变化。

技能目标

掌握原料乳的感官和物理指标检测方法。

第一节　乳的概念和分类

一、乳的概念

乳是哺乳动物分娩后由乳腺分泌的一种白色或微黄色的不透明液体。其含有哺乳动物幼体生长发育所需要的全部营养成分，是哺乳动物出生后最适于消化吸收的营养物质。乳的营养成分很全面、均衡，消化吸收率高，每天饮用一杯奶，就可以有效地补充人体对蛋白质、热量、钙和几乎所有的脂溶性及水溶性维生素的需要。所以乳被誉为“白色血液”、“养分仓库”、“万食之王”，也被称为全价食品、健康营养食品。

二、乳的分类

乳有多种分类方法，按乳的来源可将乳分为牛乳、羊乳、马乳等，本书所提到的乳类如无特殊说明均指牛乳；按乳的分泌时间将乳分为初乳、常乳和末乳（老乳）三类；在乳品加工业上通常按乳的加工性质将乳分为常乳和异常乳两大类，见图 1-1。

- 乳
  - 常乳
  - 异常乳
    - 生理异常乳——营养不良乳、初乳、末乳
    - 化学异常乳
      - 高酸度酒精阳性乳、低酸度酒精阳性乳
      - 冻结乳、低成分乳
      - 混入异物乳、风味异常乳
    - 微生物污染乳——菌数超标乳、细菌污染乳
    - 病理异常乳——乳房炎乳、其他病牛乳

图 1-1　按照乳的加工性质分类

（一）常乳

正常母牛产犊一周以后至停乳前一周所产的乳叫常乳。通常所讲的乳一般是指常乳，它的化学组成和性质都比较稳定，是乳品加工业的主要原料。常乳应符合下列要求：

(1)来自健康牛的新鲜乳；

(2)应是初乳结束后至末乳之前的鲜乳；

(3)不得含有肉眼可见的机械杂质；

(4)具有新鲜乳的滋味和气味，不得有异味；

(5)乳的色泽为白色或稍带黄色；

(6)乳中含脂率不低于3.2%，无脂干物质不低于8.5%；

(7)酸度不得超过20°T；

(8)不得加入防腐剂等添加物；

(9)乳中无沉淀，不呈浓厚黏性。

（二）异常乳

在泌乳期中，由于生理、病理或其他因素的影响，乳的成分与性质发生变化，这种乳称作异常乳。异常乳种类很多，变化也很复杂，但无论哪一种异常乳，都不能作为优质乳品加工的原料。乳品生产中按利用情况而论，将异常乳分为以下几类：

(1)生理异常乳，包括营养不良乳、初乳、末乳。

(2)化学异常乳，包括高酸度酒精阳性乳、低酸度酒精阳性乳、冻结乳、低成分乳、混入异物乳、风味异常乳等。

(3)微生物污染乳，包括菌数超标乳、细菌污染乳等。

(4)病理异常乳，包括乳房炎乳、其他病牛乳。

在乳品生产上出现的许多质量问题，其根源就在于乳的品质上。在这些异常乳中，有些可以通过管理、控制来改变其质量和性质，从而使其成为正常乳。因此掌握控制和改善异常乳的方法对于保证乳制品的质量具有十分重要的意义。

1. 生理异常乳的产生与改善

(1)营养不良乳　因饲料不足、营养不良的乳牛所产的乳，皱胃酶对其几乎不凝固，这种乳不能生产干酪。当给母牛喂以充足的饲料，加强营养之后，牛乳质量与性质即可恢复正常。

(2)初乳　母牛产犊后一周之内所分泌的乳叫初乳，特别是3d之内的初乳，其特征更为显著。它在化学成分、性质和作用上均不同于常乳。初乳呈黄褐色，浓厚、黏稠，有特殊气味。其过氧化氢酶和过氧化物酶的含量高，脂肪、蛋白质，特别是乳清蛋白(球蛋白和白蛋白)含量高，乳糖含量低，灰分高，特别是钠和氯含量高，有苦味、咸味，维生素A、维生素D、维生素E含量较常乳多，水溶性维生素含量一般也较常乳中含量高。初乳中含铁量为常乳的3～5倍，含铜量约为常乳的6倍。初乳中还含有大量的免疫球蛋白，为幼儿生长所必需，但热稳定性差，加热至60℃即开始凝固。由于初乳的成分、物理性质与常乳差别很大，故不适于作为一般乳制品生产用的原料乳。但其营养丰富、含有大量免疫体和活性物质，近些年来许多乳制品厂用初乳做保健型乳制品的原料，体现出了初乳最有价值的方面。初乳的物理特性和化学组成见表1-1。

(3)末乳　母牛停乳前一周所产的乳叫末乳，也称老乳。其成分除脂肪外，其他成分均较常乳高。末乳具有苦而微咸的味道，解脂酶和盐类多，常带有油脂氧化味道，且末乳中微生物数量比常乳高，因此不适于作为乳制品加工的原料乳。

表 1-1　初乳的物理特性和化学组成

产犊后天数	比重	氯化物（%）	乳酸度（%）	冰点（℃）	酪蛋白（%）	白蛋白及球蛋白（%）	乳糖（%）	脂肪（%）	煮沸凝固
1	1.067	0.153	0.41	－0.605	5.08	6.34	2.19	5.1	＋
2	1.034	0.156	0.24	－0.575	2.67	1.48	3.98	3.4	＋
3	1.032	0.149	0.22	－0.580	2.63	0.99	3.97	2.8	＋
4	1.033	0.137	0.23	－0.575	2.70	0.97	4.37	3.1	0
5	1.034	0.135	0.21	－0.555	2.68	0.82	4.72	2.8	0
6	1.033	0.131	0.19	－0.575	2.68	0.87	4.76	3.75	0
7	1.032	0.113	0.20	－0.570	2.42	0.69	4.96	3.45	0

注：“＋”表示 60℃以上凝固、“0”表示 60℃以上不凝固。

2. 化学异常乳的产生与改善

（1）酒精阳性乳　原料乳检验时，一般用 68%、70%或 72%的酒精与等量原料乳混合，凡混合后出现絮状凝片的乳均称为酒精阳性乳。现在一般用 75%的酒精与等量乳混合。高酸度乳、冻结乳的酒精试验均为阳性乳。

①高酸度酒精阳性乳。挤乳后鲜乳的贮存温度太高时，或鲜乳未经冷却而远距离运送时，途中会造成乳中的乳酸菌大量生长繁殖，产生乳酸和其他有机酸，导致牛乳酸度升高而呈酒精试验阳性。一般酸度在 24°T 以上的乳酒精试验均为阳性。因酸度高称为高酸度酒精阳性乳。因此，要预防高酸度酒精阳性乳，必须注意挤乳时的卫生条件并将挤出的鲜乳保存在适当的温度条件下，以免造成微生物污染和繁殖。

②低酸度酒精阳性乳。有的鲜乳虽然酸度低（16°T 以下），但酒精试验也呈阳性，所以称作低酸度酒精阳性乳，这种情况往往给生产上造成很大的损失。其原因主要是饲养管理不善、产乳期和季节不适宜等导致盐类离子不平衡和胶体系统不稳定，从而降低了乳的稳定性。在温度超过 130℃时易发生凝固的倾向，不利于加工，降低了其利用价值。所以，应严格控制以上条件，避免以上几种乳的产生。

③冻结乳。冬季因受气候和运输的影响，鲜乳产生冻结现象，导致乳中一部分酪蛋白变性。同时，在处理时因温度和时间的影响，酸度相应升高，而产生酒精阳性乳。因冷冻而产生的酒精阳性乳其耐热性要比因其他原因而产生的酒精阳性乳高。在冬季，应注意温度的控制。

（2）低成分乳　低成分乳是指乳的总干物质不足 11%，乳脂率低于 2.7%的原料乳。主要是由于遗传、饲养管理、高温多湿及病理等因素的影响而使乳的成分发生异常变化，产生干物质过低的乳。加水和撇油也可能造成低成分乳。如因乳牛的品种、个体原因造成的乳成分不同，是属于遗传因素的影响。

饲养管理等环境因素对乳的成分有重要影响，如限制精饲料或过量给予精饲料会使含脂率降低；长期营养不良，不仅产乳量下降，而且无脂干物质和蛋白质含量也减少，甚至连受饲料影响较小的乳糖和无机盐也会减少，并影响盐类平衡。这些可以通过加强育种改良及改善饲养管理来解决。

(3)风味异常乳　正常的乳没有异常的气味，出现异常气味的乳称风味异常乳，主要包括生理异常风味乳、脂肪分解味乳、氧化味乳、日光味乳、蒸煮味乳、苦味乳、杂菌污染产生麦芽味乳以及不洁味乳、机械设备清洗不严格产生的石蜡味乳、肥皂味乳和消毒味乳等。影响牛乳风味的主要原因是饲料、外界空气污染和金属等异物。如牛吃了带有特殊气味的饲料或吃了带有异味的东西，会使乳中也带有这种气味。乳吸附异味的能力较强，所以挤乳后可能会吸附饲料、空气、金属等臭味。为解决风味异常问题，主要应改善饲养管理、牛舍与牛体卫生，保持空气新鲜畅通，注意防止微生物的污染等。

(4)混入异物乳　混入异物乳是指在乳中混入原来不存在的物质的乳。其中，有人为混入的异常乳和因预防治疗、促进发育以及食品保藏过程中使用抗生素和激素等而进入乳中的异常乳。此外，还有因饲料和饮水等使农药进入乳中而造成的异常乳。

①偶然混入的异物。由于牛舍不清洁、牛体管理不良、挤乳用具洗涤不彻底、工作人员不卫生而引起的异物混入。来源于牛舍环境的异物有昆虫、杂草、饲料、土壤、污水等；来源于牛体的异物有乳牛皮肤、粪便等；来源于挤乳操作过程中的异物有头发、衣服片、金属、纸、洗涤剂、杀菌剂等。可以通过加强各方面的卫生来加以避免。

②人为混入的异物。人为混入的异物包括为了增加质量而掺的水、为了中和高酸度乳而添加的中和剂、为了保持新鲜度而添加的防腐剂、非法增加含脂率和无脂干物质含量而添加的异种成分(异种脂肪、三聚氰胺)等。生产人员应严格控制各项指标，使其符合相关要求。

③经牛体混入的异物。由于为促进牛体生长和治疗疾病，对乳牛使用激素和抗生素；乳牛采食被农药或放射性物质污染的饲料和水。这些激素、抗生素、放射性物质和农药会通过牛机体进入牛乳中，对牛乳造成污染。这些异物对人体健康的危害更大。实验证明，即使乳中含有微量的抗生素，也可成为人对抗生素产生过敏或增加抗药性的原因，因此有害于大众健康，同时影响乳制品的生产，必须高度重视乳牛的食物源，严加控制。

3. 微生物污染乳的产生与改善

由于挤乳前后的污染、不及时冷却和器具的洗涤杀菌不完全等原因，使鲜乳被微生物污染，鲜乳中的细菌数大幅度增加，以致不能用作加工乳制品的原料，这种乳称为微生物污染乳。常见的微生物污染乳是菌数超标乳和细菌污染乳。一般来说从乳的生产到运往工厂加工要经过许多过程，每个过程都容易受到微生物的侵袭而造成污染。刚挤下来的鲜乳，如果挤乳时的卫生条件比较好，则乳中的细菌数为300～1000个/毫升，且最初挤出的乳细菌数高，随着挤乳的延续，细菌数逐渐减少。因此，最初挤出的一、两把乳应该分别处理，这样对提高鲜乳的质量有良好的效果。挤出后的鲜乳，因受挤乳用具、容器和牛舍空气等的污染，在运到收乳站或工厂的过程中，微生物性状变化很大，如果清洁、消毒和冷却不妥当，则可达到每毫升乳中有数百万个细菌。所以必须注意防止挤乳前后的污染，消除各种污染机会，防止微生物污染乳的发生。

4. 病理异常乳的产生与改善

(1)乳房炎乳　由于外伤或者细菌(如溶血性链球菌、葡萄球菌、微球菌、放线菌等)感染，使乳房发生炎症，这时乳房所分泌的乳被称为乳房炎乳，主要由细菌引起。引起乳房炎的主要病原菌大约60%为葡萄球菌，20%为链球菌，混合型的占10%，其余10%为其他细菌。乳房炎乳的成分和性质都发生变化，即乳糖含量降低，氯含量增加及球蛋白含量升高，酪蛋白含量下降，并且细胞上皮细胞数量多，以致无脂干物质含量较常乳少。造成乳房炎的主要原因是乳牛体表和牛舍环境卫生不合乎卫生要求，挤乳方法不合理，尤其是使用挤乳机时，操作不合理或未彻底清洗杀菌，注意以上条件，可以避免乳房炎乳的产生。

乳房炎乳的判断方法如下：

①pH 值：常乳 pH 值为 6.6，如果 pH 值在 6.7 以上时，可怀疑是非临床性乳房炎。如果 pH 值为 6.8 以上，则认为是乳房炎阳性。简单的乳房炎乳检查方法为测定乳的 pH 值。

②乳糖、氯以及其他矿物质：乳房炎乳中乳糖含量下降，氯含量上升，因此可以用氯糖数来判断乳是否正常。氯糖数的计算如下：

$$氯糖数 = 氯含量 / 乳糖含量 \times 100$$

常乳的氯糖数在 2～3 之间，乳房炎乳则在 3.5 以上。乳房炎乳中氯、钠含量上升，而钙、磷、钾稍微减少，铁、锰、钼等减少。

③酪蛋白数：乳房炎乳中的酪蛋白氮指数在 78 或 78 以下。酪蛋白数的计算如下：

$$酪蛋白数 = 酪蛋白氮 / 总氮 \times 100$$

④细胞数：是直接镜检来测定细胞总数或蛋白血球数。以往多用白血球数表示，近年来多以细胞数或体细胞数来表示。体细胞数或总细胞数包括白血球、淋巴细胞、上皮细胞，测定方法与测定总菌数相同。

细胞总数与乳房炎之间的关系为：牛乳 1mL 中白血球如果在 10 万个以上，则认为是乳房炎；如果增至 50 万个，则牛乳中无脂干物质及乳糖含量逐渐降低。

⑤其他方面：乳牛患乳房炎后，牛乳的凝乳张力下降，用凝乳酶凝固乳时所需的时间较长，这是因为乳蛋白异常所致。另外，乳房炎乳中维生素 A、维生素 C 的变化不大，而维生素 B_1、维生素 B_2 含量减少。据报道，非临床性乳房炎乳中，维生素 B_1 比健康分泌的乳汁少 10%～15%，维生素 B_2 减少 35%。

(2)其他病牛乳　主要指由患口蹄疫、炭疽菌、结核菌、布氏杆菌病等的乳牛所产的乳。乳的质量变化大致与乳房炎乳相类似。乳牛患酮体过剩、肝机能障碍、繁殖障碍等疾病时，也易分泌低酸度酒精阳性乳。应精心照料乳牛，防止以上疾病的产生。

第二节　乳的化学组成及性质

一、乳的化学组成

乳的成分十分复杂，迄今为止已证明其含有上百种化学成分，是多种成分的混合物，主要包括水分、脂肪、蛋白质、乳糖、盐类、维生素、酶类及气体等。其中水是分散剂，其他各种成分如脂肪、蛋白质、乳糖、无机盐等呈分散质分散在水中，形成一种复杂的分散体系。牛乳的基本组成如图 1-2 所示，含量见表 1-2。

乳品行业中一般将牛乳成分分为水分和乳干物质两大部分，将乳干燥到恒重时所得到的残余物称为干物质或乳的总固形物含量，而乳干物质又分为脂质和无脂干物质。正常乳中干物质为 11%～13%，除干燥时水及随水蒸气挥发的物质以外，干物质中含有乳的全部成分。乳中干物质的数量随乳成分的百分含量而异，尤其是乳脂肪，在乳成分中是一个不太稳定的成分，对干物质数值有很大的影响。因此，在实际生产中常不用干物质的含量而用无脂干物质的含量作为指标。

- 牛乳
  - 水分
  - 乳干物质
    - 脂质
      - 脂肪
      - 磷脂质：卵磷脂、脑磷脂、神经磷脂
      - 脂溶性维生素：维生素 A、维生素 D、维生素 E、维生素 K、胡萝卜素
      - 胆固醇
    - 无脂干物质
      - 蛋白质
        - 乳清蛋白
          - 乳白蛋白
          - 乳球蛋白
        - 酪蛋白
        - 脂肪球膜蛋白
        - 非蛋白态氮化合物
      - 糖类：乳糖、葡萄糖、果糖
      - 矿物质：主要含钙、磷、钾、氯；
        少量含钠、镁、硫、铁；
        微量含锌、铝、铜、硅、碘；
        痕量含锰、钼、锂、锶、硼、氟
      - 色素：胡萝卜素、叶黄素
      - 水溶性维生素：维生素 B_1、维生素 B_2、维生素 B_6、维生素 B_{12}、维生素 C、烟酸、泛酸、生物素、叶酸
      - 酶类：解脂酶、磷酸酶、过氧化氢酶、过氧化物酶、还原酶、蛋白酶等
      - 气体：二氧化碳、氮、氧
      - 细胞：乳房内部表皮细胞、白血球等

图 1-2　牛乳组成

表 1-2　牛乳中主要成分的含量

成　　分	每升乳中的质量	成　　分	每升乳中的质量
1. 水分	860～880g	重碳酸盐	0.20g
2. 乳浊相中的脂质		硫酸盐	0.10g
乳脂肪（甘油三酯）	30～50g	乳酸盐	0.02g
磷脂质	0.30g	（3）水溶性维生素	
固醇类	0.10g	维生素 B_1	0.40mg
类胡萝卜素	0.10～0.60mg	维生素 B_2	1.50mg
维生素 A	0.10～0.50mg	烟酸	0.20～1.20mg
维生素 D	0.40g	维生素 B_6	0.70mg
维生素 E	1mg	泛酸	3.00mg
3. 悬浊相中的蛋白质		生物素	50g
酪蛋白（α，β，γ）	25g	叶酸	1g
β-乳球蛋白	3g	胆碱	150mg
α-乳白蛋白	0.70g	维生素 B_{12}	7g
乳浆白蛋白	0.30g	肌醇	180mg
优球蛋白	0.30g	维生素 C	20mg
伪球蛋白	0.30g	（4）非蛋白维生素态氮（以 N 计）	250mg
其他球蛋白、白蛋白	1.30g		

续表 1-2

成　　分	每升乳中的质量	成　　分	每升乳中的质量
脂肪球膜蛋白质	0.20g	氨态氮	2～12mg
酶类		氨基氮	3.50mg
4. 水溶性物质		脲素态氮	100mg
(1)碳水化合物		肌酸、肌酐态氮	15mg
乳糖	45～50g	尿酸	7mg
葡萄糖	50mg	维生素 B_{13}	50～100mg
(2)无机、有机离子或盐		马尿酸	30～60mg
钙	1.25g	尿靛素	0.30～2.00mg
镁	0.10g	(5)气体	
钠	0.50g	二氧化碳	100mg
钾	1.50g	氧	7.50mg
磷酸盐(以 PO_4^{3-} 计)	2.10g	氮	15mg
柠檬酸盐(以柠檬酸计)	2g	(6)其他	0.10g
氯化钠	1g		

二、影响乳成分的因素

正常牛乳中各种成分的组成大体上是稳定的，见表 1-2，但也受乳牛的品种、个体、地区、泌乳期、畜龄、挤乳方法、饲料、季节、环境温度及健康状态等因素的影响而有差异，其中变化最大的是乳脂肪，其次是蛋白质，而乳糖及灰分则比较稳定。

(一)品种

不同品种个体其组成也不尽相同，其中乳脂率以更赛牛、娟姗牛最高，荷斯坦牛(又称黑白花牛)最低。中国黑白花牛与荷斯坦牛相似，干物质含量低，但产乳量高。

品种不仅影响产乳量，而且也影响乳的组成(表 1-3)。乳牛中黑白花牛的乳最稀薄，更赛牛的乳最浓厚。我国的水牛、牦牛所产的乳干物质含量要高得多。在干物质中，脂肪的变化最大，蛋白质次之，而乳糖和灰分的变化很小。此外，无脂干物质与乳脂的比例在品种间变化也很大。同时，凡是脂肪含量高的乳，其脂肪球也较大，因此容易加工奶油，且产品率也较高，产品质量也较好。

表 1-3　不同品种乳牛的平均组成　　单位：%

乳牛品种	比重	水分	干物质	脂肪	蛋白质	乳糖	灰分
黑白花乳牛	1.0324	87.50	12.50	3.55	3.43	4.86	0.68
短角牛	1.0324	87.43	12.57	3.63	3.32	4.89	0.73
西门达尔牛	1.0324	87.18	12.82	3.79	3.34	4.81	0.71
更赛牛	1.0336	85.13	14.87	5.19	4.02	4.91	0.74
娟姗牛	1.0331	85.31	14.69	5.19	3.86	4.94	0.70
水牛	1.0290	81.41	18.59	7.47	7.10	4.15	0.84
牦牛	—	81.60	18.40	7.80	5.00	5.00	—

（二）畜龄

乳脂率和非脂乳固体在初产期最高，以后胎次逐渐下降。我国登记良种黑白花牛各胎次的平均产乳性能见表1-4。

表1-4　中国黑白花牛各胎次产乳性能

胎　次	1	2	3	4	4以上
平均产乳量(kg)	6332	7100	7505	7554	7732
乳脂率(%)	3.59	3.58	3.56	3.54	3.50

（三）泌乳期

乳牛在牛犊出生后不久就开始分泌乳汁以满足小牛生长发育的需要，一头乳牛一年持续泌乳的时间为300天左右，这段时间称为泌乳期。在泌乳期间，由于生理、病理或其他因素的影响，乳的成分会发生变化，详见第一节。

（四）挤奶

初挤的乳含脂率较低而最后挤出的乳含脂率较高。每次挤奶间隔时间越长泌乳量越多，脂肪含量越低；反之，挤奶间隔越短，泌乳量越少，脂肪含量越高。一天中两次等间隔挤奶，其泌乳量、乳脂率均无大差异。

（五）季节

牛乳脂肪含量在晚秋时最高，初夏最低；非脂乳固体在3—4月和7—8月最低。气温较高的夏季牛乳的干物质含量低，冬季则较高。我国北方较南方地区牛乳干物质和脂肪含量高。

（六）饲料

饲料对牛乳组成的影响极大，适当的饲料可以提高干物质含量，饲料不足，干物质和脂肪率下降，而对牛乳的风味、脂肪、色泽、维生素的含量等也有一定影响。优良的干草可以提高乳脂率。大量饲喂新鲜牧草，则乳脂比较柔软，制成的奶油熔点低；若喂以棉籽饼时，可以生成熔点很高的橡皮状奶油；多喂不饱和脂肪酸丰富的饲料时，则乳脂中的不饱和脂肪酸含量增加；饲料中维生素含量不足时，不但产乳量降低，而且乳中维生素含量减少。经常受日光照射及放牧的乳牛，乳中维生素含量较高。饲料中无机物不足时，不但减少产乳量，而且消耗体内贮存的无机盐。

（七）环境温度

乳脂肪和无脂干物质一般在冬季最高，夏季最低。在4～21℃条件下，产乳量与乳的成分组成不发生任何变化。当环境温度从21℃升高至27℃时，产乳量与脂肪含量均有下降，而温度超过27℃时，产乳量减少更加明显，这时脂肪含量有所增加，但非脂乳固体通常要降低，这种变化主要是乳牛在高温下食欲减退，体温升高，出现种种生理障碍所致。

（八）疾病

患有一般消化器官疾病或者足以影响产乳量的其他疾病时，乳汁组成将发生变化，如乳糖含量减少、氯化物和灰分增加。患有乳腺炎疾病时，除产乳量显著下降外，非脂乳固体的含量也要降低。

三、乳中化学成分的性质

(一)水分

水分是乳中的主要组成成分，在乳中的含量为87%～89%。水中溶解有有机质、矿物质和气体，在乳中主要以游离水和结合水形式存在。游离水占牛乳中水分含量的绝大部分，许多理化过程和生物学过程均与游离水有关。它在常压下，100℃即沸腾汽化，在0℃时结冰。游离水在乳粉及其他产品生产过程中易于除去。结合水和乳中蛋白质、乳糖以及某些盐类结合存在，这部分水含量较少，占2%～3%，不具有溶解其他物质的作用，在常压下，100℃不汽化，－40℃才结冰。由于牛乳中存在着结合水，因此，在奶粉生产中任何时候也不能得到绝对无水的产品，总要保留3%左右的水分。若想除去这部分水分，只有加热到150～160℃或者长时间保持在100～105℃的恒温时才能达到。但这时乳成分受到破坏，已无食用价值了。

(二)乳脂肪

乳脂肪是牛乳的主要成分之一，含量一般为3%～5%。乳脂肪主要是甘油三酯(98%～99%)，少量的磷脂(0.2%～1.0%)、甾醇(0.25%～0.4%)等。乳脂肪不溶于水，以微小脂肪球的状态分散于乳中，呈一种水包油型的乳浊液。

乳脂肪球的大小与乳牛的品种、个体、健康状况、泌乳期、饲料及挤乳情况等相关，脂肪球直径为0.1～10μm，平均为3μm。每毫升的牛乳中有20亿～40亿个脂肪球。脂肪球的大小对乳制品加工的意义很大。脂肪球的直径越大，上浮的速度就越快。大脂肪球含量多的牛乳，稀奶油容易分离出来。当脂肪球的直径接近1μm时，脂肪球基本不上浮。在生产中将牛乳进行均质处理，可以得到长时间不分层的稳定产品，这就是生产均质乳的理论基础。

乳脂肪球在显微镜下观察为圆球形或椭圆球形，表面覆盖一层5～10nm($1nm=10^{-9}m$)厚的脂肪球膜。脂肪球膜由蛋白质、磷脂、高熔点甘油三酯、甾醇、维生素、金属离子、酶类及结合水等复杂的化合物所构成，图1-3是脂肪球膜结构模式图。其具有保持乳浊液稳定的作用，即使脂肪球上浮分层，仍能保持着脂肪球的分散状态。在机械搅拌或化学物质作用下，脂肪球膜遭到破坏，乳脂肪球会互相聚结在一起。在生产中利用这一原理进行奶油生产和测定乳中的含脂率。

乳脂肪的脂肪酸组成受饲料、营养、环境、季节等因素的影响而变化。由于挥发性脂肪酸和不饱和脂肪酸的存在，使得乳及其制品易于吸收各种异味，容易受温度、空气、光线等因素的影响而氧化。因此，在加工与贮藏乳与乳制品时，要尽量避免和减少不利因素的影响。乳脂肪的脂肪酸组成中与一般脂肪相比，低级水溶性挥发性脂肪酸的含量比例比较高，故乳脂肪风味良好且易于消化。

1. 乳脂肪的特点

(1)乳脂肪中短链低级挥发性脂肪酸含量达14%左右，其中水溶性挥发性脂肪酸含量高达8%(如丁酸、己酸、辛酸等)，而其他动植物油中不过1%，这些脂肪酸在室温下呈液态，易挥发，因此乳脂肪具有特殊的香味和柔软、易消化吸收的特性。生产中，夏季不饱和脂肪酸含量升高，而冬季饱和脂肪酸含量增多，所以夏季加工的奶油其熔点比较低。

(2)乳脂肪易受光，空气中的氧，热，金属铜、铁作用而氧化，从而产生脂肪氧化味。

(3)乳脂肪不溶于水，易溶于乙醚、丙酮、二硫化碳及热的乙醇溶液；易在解脂酶及微生物作用下而产生水解，水解结果使乳的酸度升高。由于乳脂肪含低级脂肪酸较多，尤其是含有酪酸（丁酸），故即使轻度水解也能产生特别的刺激性气味，即所谓的脂肪分解味。

(4)乳脂肪易吸收周围环境中的其他气味，如饲料味、牛舍味、柴油味及香脂味等。

(5)乳脂肪在5℃以下呈固态，11℃以下呈半固态。

2. 乳脂肪的理化常数

乳脂肪的理化常数取决于乳脂肪的组成与结构（见表1-5）。

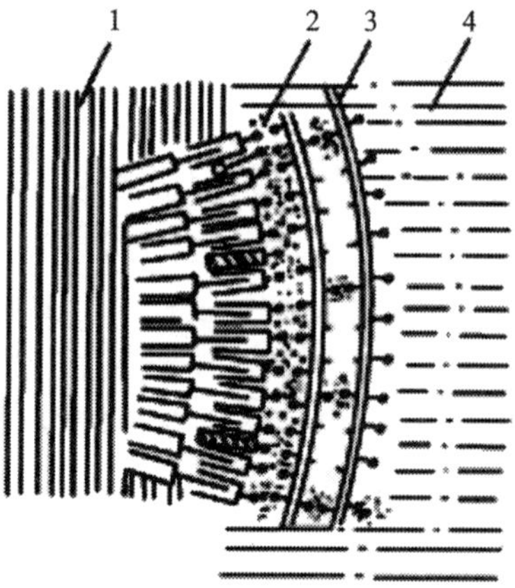

图 1-3 脂肪球膜结构示意图

1—脂肪；2—结合水；3—蛋白质；4—乳浆

表 1-5 乳脂肪的理化常数

项目	指标	项目	指标
比重	0.935～0.943	顿克特-迈斯尔值*	21～36
熔点(℃)	28～38	波伦斯克值**	1.3～3.5
凝固点(℃)	15～25	酸值	0.4～3.5
折射率	1.4590～1.4620	丁酸值	16～24
皂化价	218～235	不皂化物	0.31～0.42
碘价(mg/100g)	26～36(30左右)		

*：水溶性挥发性脂肪酸值；**：非水溶性挥发性脂肪酸值。

乳脂肪的理化常数中比较重要的有4项，即顿克特-迈斯尔值、皂化价、碘价、波伦斯克值。

顿克特-迈斯尔值是指中和从5g脂肪中蒸馏出来的溶解性挥发脂肪酸时所消耗的0.1mol/L氢氧化钾的毫升数。

皂化价是指每皂化1g脂肪所消耗的氢氧化钾的毫克数。

碘价是指在100g脂肪中，使其不饱和脂肪酸变成饱和脂肪酸所需的碘的克数。

波伦斯克值是指中和5g脂肪中挥发出的不溶于水的挥发性脂肪酸所需0.1mol/L氢氧化钾的毫升数。

总之，乳脂肪的理化特点是水溶性脂肪酸值高，碘价低，挥发性脂肪酸较其他脂肪多，不饱和脂肪酸少，皂化价比一般脂肪高。

(三)乳蛋白质

牛乳中的蛋白质含量为2.9%～5.0%，由20多种氨基酸组成，含有人体所需的必需氨基酸，是一种全价蛋白。其中95%为乳蛋白质，5%为非蛋白含氮化合物。乳蛋白质可分为酪蛋白、乳清蛋白及少量脂肪球膜蛋白。乳清蛋白中有对热不稳定的乳白蛋白和乳球蛋白，还有对热稳定的小分子蛋白和胨。除了乳蛋白质外，尚有少量非蛋白氮，如氨、游离氨基酸、尿素、尿酸、肌酸及嘌呤碱等。

(1)酪蛋白：是指在温度20℃时调节脱脂乳的pH值至4.6时沉淀的一类蛋白质，占乳蛋白总量的80%～82%。酪蛋白不是单一的蛋白质，而是由α-酪蛋白，β-酪蛋白，k-酪蛋白和γ-酪蛋白组成。这四种酪蛋白的主要区别是含磷量不同。含磷量对皱胃酶的凝乳作用影响很大。在制造干酪时，如蛋白质中含磷量过少，易发生软凝块或不凝固现象。酪蛋白比重为1.25～1.31，白色、无味、无臭，不溶于水、醇及有机溶剂，而溶于苛性碱、碱土金属及磷酸钙的溶液。酪蛋白虽是一种两性电解质，但其分子中含有的酸性氨基酸远多于碱性氨基酸，因此具有明显的酸性。乳中的酪蛋白与钙结合生成酪蛋白酸钙，再与胶体状的磷酸钙结合形成酪蛋白酸钙-磷酸钙复合体，以微胶粒的形式存在于牛乳中。

酪蛋白胶粒对pH值的变化很敏感。当乳的pH值降低时，酪蛋白微胶粒中的钙与磷酸盐就逐渐游离出来。当pH值达到酪蛋白的等电点4.6时，就会形成酪蛋白沉淀。发酵乳制品中的酸乳就是根据这个原理制成的。为使酪蛋白沉淀，工业上一般使用盐酸。酪蛋白的酸凝固过程以盐酸为例表示如下：

$$[\text{酪蛋白酸钙}-Ca_3(PO_4)_2]+2HCl\rightarrow \text{酪蛋白}\downarrow +2Ca(H_2PO_4)_2+CaCl_2$$

硫酸也能沉淀乳中的酪蛋白，但由于硫酸钙不能溶解，有使灰分增多的缺点，因此不被采用。

另外，由于微生物的作用，使乳中的乳糖分解为乳酸，当乳酸足以使pH值达到酪蛋白的等电点时，同样可以发生酪蛋白沉淀，这就是牛乳的自然酸败现象。

牛乳中的酪蛋白在皱胃酶等凝乳酶的作用下会发生凝固，工业上生产干酪就是利用此原理。酪蛋白在皱胃酶的作用下水解为副酪蛋白，后者在钙离子等二价阳离子存在下形成不溶性的凝块，这种凝块叫做副酪蛋白钙。其凝固过程如下：

$$\text{酪蛋白酸钙}+\text{皱胃酶}\rightarrow \text{副酪蛋白钙}\downarrow +\text{糖肽}+\text{皱胃酶}$$

乳中的酪蛋白酸钙-磷酸钙胶粒容易在氯化钠或硫酸铵等盐类饱和溶液或半饱和溶液中形成沉淀，这种沉淀是由于电荷的抵消与胶粒脱水而产生的。

酪蛋白还可与具有还原性羰基的糖作用(美拉德反应)变成氨基糖而产生芳香味及其色素。乳品(如乳粉、乳蛋白粉和其他乳制品)在长期贮存中，由于乳糖与酪蛋白发生反应而产生颜色、风味及营养价值的改变就是这个原理。

(2)乳清蛋白：脱脂乳除去酪蛋白剩下的液体称为乳清，溶解分散在乳清中的蛋白，称为乳清蛋白，占乳蛋白质的18%～20%，分为热稳定的乳清蛋白和热不稳定的乳清蛋白。当将乳清煮沸20min，pH值为4.6～4.7时，发生沉淀的蛋白质属于对热不稳定的乳清蛋白，约占乳清蛋白质的81%。热不稳定的乳清蛋白又包括乳白蛋白和乳球蛋白两类。乳球蛋白是指中性乳清中，加饱和硫酸铵或饱和硫酸镁盐析时，能析出的乳清蛋白质，约占乳清蛋白的13%。乳球蛋白具有抗体作用，故又称为免疫球蛋白。初乳中的免疫球蛋白含量比常乳高。

(四)乳糖

乳糖是哺乳动物乳汁中特有的糖类。乳糖在乳中全部呈溶解状态，牛乳中的乳糖占4.6%～4.7%。乳的甜味主要由乳糖引起，其甜度约为蔗糖的1/6。

乳糖为D-葡萄糖与D-半乳糖以β-1,4键结合的双糖，又称为β-1,4半乳糖苷葡萄糖。因其分子中有羰基，属还原糖。乳糖有三种形态：α-乳糖水合物、α-乳糖和β-乳糖。

乳糖溶解度比蔗糖小，而且α-型与β-型的溶解度也不同。乳糖的溶解度可分为最初溶解度、最终溶解度和过饱和溶解度。

(1)最初溶解度　将乳糖投入水中，即刻有部分乳糖溶解，达到饱和状态时，就是α-乳糖的溶解度，也称为最初溶解度。最初溶解度较低，受水温的影响较小。

(2)最终溶解度　将上面的饱和乳糖溶解液振荡或搅拌，α-乳糖可转变为β-乳糖，再加入乳糖，仍可溶解，而最后达到的饱和点就是乳糖的最终溶解度，最终溶解度是α-乳糖与β-乳糖平衡时的溶解度。如乳糖在25℃水溶液中的最初溶解度为8.6g/(100mL水)，最终溶解度为21.6g/(100mL水)。

(3)过饱和溶解度　将上面饱和乳糖溶液于饱和温度以下冷却时，将成为过饱和溶液，此时如果冷却操作比较缓慢，则结晶不会析出，而形成过饱和状态，此称为过饱和溶解度。如果采取继续冷却或加入晶种等措施，则溶液开始析出α-含水乳糖结晶。

乳糖的溶解度随温度的升高而增高，温度对乳糖溶解度的影响见表1-6。

表1-6　温度对乳糖溶解度的影响　　单位：g/(100mL水)

温度(℃)	最初溶解度		最终溶解度
	α-乳糖	β-乳糖	
0	5.0	45.1	11.9
15.0	7.1	—	16.9
25.0	8.6	—	21.6
39.0	12.6	—	31.5
49.0	17.8	—	42.4
59.1	—	75.0	59.1
63.9	—	—	64.2
64.0	26.2	—	65.8
73.5	—	—	84.5
79.1	—	85.0	98.4
87.2	—	—	122.5
88.2	—	—	127.3
89.0	55.7	—	139.2
100	—	94.7	157.6

甜炼乳中的乳糖大部分呈结晶状态，结晶的大小直接影响炼乳的口感，而结晶的大小可根据乳糖的溶解度与温度的关系加以控制。

乳糖远较一般糖难溶于水，可被酸和乳糖酶所水解。普通的酶不能使乳糖水解，但乳糖酶能使乳糖水解成单糖(在婴儿的肠液中及兔、羊、犊牛等的肠黏膜中含有乳糖酶)，然后再经各种微生物等的作用水解成各种酸和其他成分，这种作用在乳品工业上有很大意义。如牛乳酒、马乳酒生产中乳糖水解成单糖后再由酵母的作用生成酒精。

乳糖水解后产生的半乳糖是形成脑及脑神经组织中的糖脂质的一种成分，对于初生婴儿，有利于脑及神经组织发育。同时由于乳糖水解比较困难，消化时一部分被送至大肠中，在肠内由于乳酸菌的作用形成乳酸而抑制其他有害细菌的繁殖，可防止婴儿下痢。但一部分人随着年龄的增长，消化道内缺乏乳糖酶，不能分解和吸收乳糖，饮用牛乳后会出现呕吐、腹胀、腹泻等不适应症，称其为乳糖不耐症。在乳品加工中利用乳糖酶，将乳中的乳糖分解为葡萄糖和半乳糖；或利用乳酸菌将乳糖转化成乳酸，不仅可预防乳糖不耐症，而且可提高乳糖的消化吸收率，改善制品口味。目前市场产品"舒化奶"即利用此原理。乳糖与钙的代谢关系密切，在钙中加入乳糖，可使钙的吸收率增加。此外，乳糖对于防止肝脏脂肪的沉积也有重要的作用。

乳中除了乳糖外还含有少量其他的碳水化合物，例如在常乳中含有极少量的葡萄糖、半乳糖。另外，还含有微量的果糖、低聚糖、己糖胺。

乳糖含有的醛基与蛋白质的氨基在高温下易引起化学作用，故当乳粉水分含量较高，贮藏温度又较高的情况下，易使乳粉产生褐变。同样，在乳粉及其他产品的生产过程中，如温度控制不当也会使牛乳及有关产品的色泽加深。

(五)乳中的矿物质

牛乳中的矿物质是指除碳、氢、氧、氮以外的各种无机元素，含量为0.7%～0.75%，主要有磷、钙、镁、氯、钠、硫、钾等。此外还有一些微量元素，如铁、锌、硼等。每100mL牛乳中的主要无机成分的含量见表1-7。

表1-7　每100mL牛乳中主要无机成分的含量　　单位：mg

成分	钾	钙	钠	镁	磷	硫	氯
含量	158	109	54	14	91	5	99

乳中的矿物质大部分与有机酸和无机酸结合，以可溶性的盐类状态存在。其中最主要以无机磷酸盐及有机柠檬酸盐的状态存在。乳中的盐类对乳的热稳定性、凝乳酶的凝固性等理化性质和乳制品的品质以及贮藏等影响很大。受季节、饲料、生理或病理等影响，牛乳会发生不正常凝固，这往往是由于钙、镁离子过剩，盐类的平衡被打破引起的。此时，可向乳中添加磷酸及柠檬酸的钠盐，以维持盐类平衡，保持蛋白质的热稳定性。生产炼乳时常常利用这种特性。同时乳中微量元素也具有很重大的意义，尤其对于幼小机体的发育更为重要。如牛乳中的钙比人乳高3～4倍，可用于补充钙，但对于婴儿在胃中形成的蛋白凝块比人乳硬，不易消化。为了消除可溶性钙盐的不良影响，可采用离子交换法，将牛乳中的钙除去50%，可使乳凝块变得很柔软，和人乳的凝块相近。每100mL牛乳中铁的含量为10～90mg，较人乳中少，故人工哺育幼儿时，应强化铁。牛乳中的锰在人体的氧化过程中起着催化剂的作用，并且为维生素D、维生素B的形成及作用所必需。

(六)乳中的维生素

牛乳中含有几乎所有已知的维生素。牛乳中的维生素包括水溶性维生素(维生素B_1、维生素B_2、维生素B_6、维生素B_{12}、维生素C)和脂溶性维生素(维生素A、维生素D、维生素E、维生素K等)两大类。牛乳中维生素的热稳定性各有不同，有的对热很稳定，如维生素A、维生素D、维生素B_2等；有的热敏感性很强，如维生素C等，但在无氧条件下加热，其损失会减小，所以乳与乳制品包装要用避光容器，以减少光照造成的损失。牛乳中的维生素，部分来自饲料中的维生素，如维生素E；有的要靠乳牛自身合成，如B族维生素。发酵法生产的酸乳由于微生物的生物合成，能使一些维生素含量增高，所以酸乳是一类维生素含量丰富的营养食品。在干酪及奶油的加工中，脂溶性维生素可得到充分的利用，而水溶性维生素则主要残留于酪乳、乳清及脱脂乳中。

（七）乳中的酶类

牛乳中酶类的来源有两个：①乳腺分泌；②挤乳后微生物的代谢产物。牛乳中酶的种类很多，与乳品加工有关的酶主要为水解酶类和氧化还原酶类。

（1）解脂酶　将脂肪分解为甘油及脂肪酸的酶为解脂酶。由乳腺进入乳中的解脂酶数量极少，微生物是解脂酶的主要来源。解脂酶在末乳、乳房炎乳及其他一些生理异常乳中出现的机会多，同时牛乳多次通过乳泵或在牛乳中通入空气剧烈搅拌、均质、加温等处理会使脂酶解的活力被激活，使乳脂肪在解脂酶的作用下分解产生游离脂肪酸，从而带来脂肪分解的酸败气味，导致牛乳风味变劣。在乳品生产中将牛乳的杀菌温度控制在80～88℃，加热20s可以完全钝化解脂酶的活性。

（2）磷酸酶　牛乳中的磷酸酶主要有碱性磷酸酶和少量的酸性磷酸酶。碱性磷酸酶在牛乳中较重要。碱性磷酸酶的最适pH值为7.6～7.8，经63℃、30min或71～75℃、15～30s加热后可钝化，利用这种性质可检验低温巴氏杀菌法处理的消毒牛乳的杀菌程度是否完全。这项试验很有效，即使在巴氏杀菌乳中混入0.5%的原料乳亦能被检出，这就是著名的磷酸酶试验。

（3）蛋白酶　牛乳中的蛋白酶分别来自乳本身和污染的微生物。蛋白酶能分解蛋白质生成氨基酸，最适pH值为8.0，经80℃、10min加热后可使其钝化。蛋白酶在高于75～80℃的温度中即被破坏；在70℃以下时，可以稳定地耐受长时间的加热。

（4）过氧化氢酶　牛乳中的过氧化氢酶主要来自白细胞的细胞成分，在初乳和乳房炎乳中含量较多。通过对过氧化氢酶的测定可判定牛乳是否为异常乳或乳房炎乳。经65℃、30min加热，95%的过氧化氢酶会钝化；经75℃、20min加热，可100%钝化。

（5）过氧化物酶　过氧化物酶能促使过氧化氢分解产生活泼的新生态氧，从而使乳中的多元酚、芳香胺及某些化合物氧化。过氧化物酶主要来自于白细胞的细胞成分，其数量与细菌无关，是乳中固有的酶，其含量与乳牛的品种、饲料、季节、泌乳期等因素有关。过氧化物酶作用的最适温度为25℃，最适pH值是6.8，钝化温度和时间为76℃、20min，77～78℃、5min，85℃、10s。通过测定过氧化物酶的活性可以判断牛乳是否经过热处理或判断热处理的程度。

（6）还原酶　上述几种酶是牛乳中的固有酶，而还原酶是挤乳后进入乳中的微生物的代谢产物。还原酶能使甲基蓝还原为无色。乳中还原酶的量与微生物的污染程度成正比，常用还原酶试验来判断乳的新鲜程度，即所谓还原酶实验（如美蓝试验）。

（八）乳中的其他成分

除上述成分外，乳中尚有少量的有机酸、气体、色素、免疫体、细胞成分、风味成分及激素等。

（1）有机酸　乳中的有机酸主要是柠檬酸，此外还有微量的乳酸、丙酮酸及马尿酸等。柠檬酸对乳的盐类平衡及乳在加热、冷冻过程中的稳定性均起重要作用。同时，柠檬酸还是乳制品的芳香成分丁二酮的前体。

（2）气体　主要为二氧化碳、氧气和氮气等，占鲜牛乳的5%～7%（以体积分数计），其中二氧化碳最多，氧最少。所以乳品生产中的原料乳不能用刚挤出的乳检测其密度和酸度。在挤乳及贮存过程中，二氧化碳由于逸出而减少，而氧、氮则因与大气接触而增多。牛乳中氧的存在会导致维生素的氧化和脂肪的变质，所以牛乳在输送、贮存处理过程中应尽量在密闭的容器内进行。

(3)细胞成分 乳中所含的细胞成分主要是白细胞和一些乳房分泌组织的上皮细胞，也有少量红细胞。牛乳中的细胞含量多少是衡量乳房健康状况及牛乳卫生质量的标志之一。一般正常乳中细胞数不超过50万个/毫升。

第三节 乳的主要物理性质

乳的物理性质对鉴定乳的品质、选择正确的工艺条件具有重要的意义。乳的重要物理性质参数见表1-8。现将牛乳的主要物理性质介绍如下。

表1-8 乳的重要物理性质参数

物理性质	参数
水分活度值(A_w)	0.993
沸点(℃)	100.15
冰点(℃)	−0.522
密度(20℃)(kg/m^3)	1.030
相对密度(20℃/4℃)	1.032
表面张力(N/m)	52
黏度(mPa·s)	2.127
比热容[kJ/(kg·k)]	3.931
pH	6.5～6.7
滴定酸度(meqOH^-/100mL)	16～18°T(0.15%～0.18%乳酸)
体积膨胀系数[$m^3/(m^3 \cdot K)$]	0.00018
氧化还原电势(V)	0.25～0.35

一、乳的色泽

新鲜正常的牛乳呈不透明的乳白色或稍带微黄色。乳白色是由于乳中的酪蛋白胶粒及脂肪球等微粒对光的不规则反射所产生。牛乳中的脂溶性胡萝卜素和叶黄素使乳略带淡黄色。

二、乳的比重和相对密度

乳的比重是乳在15℃时的质量与同体积、同温度水的质量之比。正常乳在15℃时，比

重平均为 $d_{15}^{15}=1.032$。乳的相对密度是乳在 20℃时的质量与同体积水在 4℃的质量之比。在 20℃时乳的相对密度平均为 $d_{4}^{20}=1.030$。我国乳品厂都采用这一标准。在同温度下比重和密度的绝对值相差很小，乳的密度较比重少 0.0019，乳品生产中常以 0.002 的差数进行换算；乳的密度随温度而变化，在 10～25℃范围内，温度每升高或降低 1℃，实测值就减少或增加 0.0002（牛乳乳稠计读数为 0.2）。牛乳如掺水则相对密度会下降，每加 10%的水，密度降低 0.003，如相对密度低于 1.028 就有掺水之疑。乳中脂肪比水轻，因此在脂肪增加时密度会降低。

乳的密度在挤乳后 1h 内最低，其后逐渐上升，放置 2～3h 后，其密度要升高 0.001 左右，这是由于乳中一部分气体的逸散及脂肪的凝固使体积发生变化的结果。故不宜在挤乳后立即测试密度。

三、乳的酸度及 pH 值

由于乳中蛋白质分子含有较多的酸性氨基酸和自由羧基，而且受磷酸盐等酸性物质的影响，所以乳呈偏酸性。新鲜乳的酸度称为固有酸度或自然酸度，若以乳酸计，酸度为 0.15%～0.18%（16～18°T）。乳的酸度主要由乳中的蛋白质、柠檬酸盐、磷酸盐及二氧化碳等酸性物质所造成，其中来源于二氧化碳的占 0.01%～0.02%（2～3°T）、乳蛋白的占 0.05%～0.08%（3～4°T）、柠檬酸盐的占 0.01%（1～2°T）、磷酸盐的占 0.06%～0.08%（10～12°T）。这种酸度与贮存过程中因微生物繁殖所产生的酸无关。挤出后的乳在微生物的作用下产生乳酸发酵，导致乳的酸度逐渐升高。由于发酵产酸而升高的这部分酸度称为发酵酸度。自然酸度和发酵酸度之和称为总酸度。一般条件下，乳品生产中所测定的酸度就是总酸度。乳的酸度是乳的重要指标，乳酸度越高，乳对热的稳定性就越低。生产中广泛地利用测定滴定酸度来间接掌握乳的新鲜度。

乳品工业中酸度，是指以标准碱液用滴定法测定的滴定酸度。我国《乳、乳制品及其检验方法》中就规定酸度检验以滴定酸度为标准。

滴定酸度亦有多种测定方法及其表示形式。我国滴定酸度用吉尔涅尔度（简称“°T”）或乳酸百分率（乳酸%）来表示。

1. 吉尔涅尔度（°T）

吉尔涅尔度指中和 100mL 牛乳所需 0.1mol/L 氢氧化钠的体积（mL）。消耗 1mL 氢氧化钠为 1°T。测定时取 10mL 牛乳，用 20mL 蒸馏水稀释，加入 0.5%的酚酞指示剂 0.5mL（大约 5 滴），以 0.1mol/L 氢氧化钠溶液滴定，将所消耗的氢氧化钠毫升数乘以 10，即为乳样的吉尔涅尔度。正常乳的吉尔涅尔度为 16～18°T。

2. 乳酸度（%）

用乳酸量表示酸度时，按上述方法测定后用下列公式计算。

$$\text{乳酸}(\%)=\frac{0.1\text{mol/L 氢氧化钠毫升数}\times 0.009}{\text{供试乳样质量(g) 或[供试乳样毫升数}\times\text{比重(g/mL)]}}\times 100\%$$

酸度还可用氢离子浓度负对数（pH 值）表示。正常新鲜牛乳的 pH 值为 6.5～6.7，一般酸败乳或初乳的 pH 值在 6.5 以下，乳房炎乳或低酸度乳的 pH 值在 6.7 以上。

四、乳的滋味与气味

乳中含有挥发性脂肪酸及其他挥发性物质，所以牛乳带有特殊的香味。这种香味随温度的高低而异。乳经加热后香味强烈，冷却后减弱。牛乳除了原有的香味之外很容易吸收外界的各种气味，因此挤出的牛乳如在牛舍中放置时间太久会带有牛粪味或饲料味，贮存容器不良时则产生金属味，消毒温度太高则产生焦糖味。所以，乳品加工中要严格注意周围环境的清洁以及各种因素的影响。

新鲜纯净的乳稍带甜味，这是由于乳中含有乳糖的缘故。乳中除甜味外，因其中含有氯离子，所以稍带咸味。常乳中的咸味因受乳糖、脂肪、蛋白质等所调和而不易觉察，但异常乳，如乳房炎乳，氯的含量较高，故有浓厚的咸味。乳中的苦味来自镁离子和钙离子，而酸味是由柠檬酸及磷酸所产生。

五、乳的电学性质

乳中因含有电解质而能传导电流。牛乳的电导率与其成分特别是氯离子和乳糖的含量有关。

正常牛乳在 25℃时，电导率为 0.004～0.005S/cm。乳房炎乳中钠、钾、氯等离子增多，电导率上升。一般电导率超过 0.006S/cm 即可认为是患病牛乳。故可应用电导率的测定进行乳房炎乳的快速检测。

六、乳的冰点和沸点

1. 冰点

牛乳的冰点一般为－0.565～－0.525℃，平均为－0.540℃。牛乳的冰点比水的低是由于乳中存在乳糖和盐类。正常的牛乳因乳糖及盐类的含量变化很小，冰点较稳定。如牛乳中掺水，则可使牛乳的冰点上升。牛乳中加入 1%的水时，冰点约上升 0.0054℃。可根据冰点的变动用下列公式来推算掺水量：

$$w=\frac{t-t'}{t}\times(100-w_s)$$

式中 w——以质量计的加水量(%)；

t——正常乳的冰点(℃)；

t'——被检乳的冰点(℃)；

w_s——被检乳的乳固体含量(%)。

酸败的牛乳其冰点会降低，所以测定冰点时必须要求牛乳的酸度在 20°T 以内。

2. 沸点

牛乳的沸点在 101.33kPa(1 个大气压)下为 100.55℃。乳的沸点受其固形物含量影响，当浓缩到原体积一半时，沸点上升到 101.05℃。

七、乳的黏度与表面张力

牛乳的黏度取决于乳中干物质含量和各种成分的物理性状及温度等因素。正常乳的黏度为 0.002127Pa·s。牛乳的黏度随温度升高而降低。在乳的成分中，脂肪及蛋白质对黏度的影响最显著，随着含脂率、乳固体的含量增高，黏度也增高。初乳、末乳的黏度都比正常乳高。在加工中，黏度受脱脂、杀菌、均质等操作的影响。黏度在乳品加工方面有重要的意义。在甜炼乳加工中，黏度过高可能会使炼乳变稠，黏度过低可能出现脂肪分离及糖沉淀。

在生产乳粉时，如黏度过高可能妨碍喷雾导致雾化不完全及水分蒸发不良等现象。

牛乳的表面张力在20℃时为0.04～0.06N/cm（牛顿/厘米），其与牛乳的起泡性、乳浊状态、微生物的生长发育、热处理、均质作用及风味等有密切关系。测定表面张力可以鉴别乳中是否混有其他添加物。牛乳的表面张力随温度上升而降低，表面张力与乳的起泡性有关，如制作冰淇淋或搅打发泡稀奶油时希望有浓厚而稳定的泡沫形成，而运送乳、净化乳以及稀奶油分离、杀菌时则要控制泡沫的形成。

第四节　乳中的主要微生物

乳是微生物最好的培养基，乳和乳制品的生产很容易被微生物污染。乳中常见的微生物可分为三类：一类是病原微生物，它不改变乳与乳制品的性质，但对人、畜的健康有害，可以通过乳散播各种流行病，如溶血性链球菌、结核菌、布鲁氏杆菌、乳房炎菌、沙门氏菌、痢疾杆菌等。另一类是有害微生物，如低温细菌、蛋白脂肪分解菌、产酸菌、大肠杆菌等。还有一类是乳品生产中的有益微生物，如乳酸菌，在干酪、酸性奶油及酸乳制品生产方面起着重要作用；酵母菌是生产牛乳酒、马乳酒不可缺少的微生物。因此，在乳和乳制品生产中必须防止有害微生物污染，而利用有益微生物生产各种乳制品。

一、乳中微生物的来源

牛乳中微生物的来源很多，除乳本身含有的乳酸菌外，还有以下几个途径。

（一）来源于乳房内的污染

乳房中微生物的多少取决于乳房的清洁程度，许多细菌通过乳头管栖生于乳池下部，这些细菌从乳头端部侵入乳房，由于细菌本身的繁殖和乳房的物理蠕动而进入乳房内部。因此，第一股乳流中微生物的数量最多。正常情况下，随着挤乳的进行乳中细菌含量逐渐减少。所以在挤乳时最初挤出的乳应单独存放，另行处理。

（二）来源于牛体本身的污染

由于牛舍空气、垫草、尘土以及本身的排泄物中的细菌大量附着在乳房的周围，当挤乳时会侵入牛乳中。这些污染菌中，多数属于带芽孢的杆菌和大肠杆菌等。所以在挤乳时，应用温水严格清洗乳房和腹部，并用清洁的毛巾擦干。

（三）来源于挤乳用具和乳桶等的污染

挤乳时所用的桶、挤乳机、过滤布、洗乳房用布等，如果不事先进行清洗杀菌，可使鲜乳受到污染。乳桶的清洗杀菌对防止微生物的污染有重要意义。各种挤乳用具和容器中所存在的细菌，多数为耐热的球菌属，其次为八叠球菌和杆菌。所以这类用具和容器如果不严格清洗杀菌，会使鲜乳受到污染，即使用高温瞬间杀菌也不能消灭这些耐热性的细菌，结果使鲜乳变质甚至腐败。

（四）其他污染来源

挤奶员没有严格执行操作规程、不讲究个人卫生、手和工作服不干净或者混入苍蝇及其他昆虫等，都是污染的原因。还需注意勿使污水溅入桶内，并防止其他直接或间接的原因从桶口侵入微生物。

二、微生物的种类及其性质

在健康的乳房中，本身存在某些细菌，加上在挤乳和处理过程中外界微生物不断侵入，因此乳中微生物的种类很多，主要有以下几种。

（一）细菌

乳中的细菌在室温或室温以上温度大量增殖，根据其对牛乳所产生的变化可分为以下几种。

（1）产酸菌　主要分解乳糖而产生乳酸的细菌。分解糖类只产生乳酸的菌叫正型乳酸菌。分解糖类除产生乳酸外，还产生酒精、醋酸、二氧化碳、氢等产物的菌叫异型乳酸菌。乳酸菌的种类繁多，自然界分布很广，在乳和乳制品中主要有乳球菌科和乳杆菌科，包括链球菌属、明串珠菌属、乳杆菌属。

（2）产气菌　这类菌在乳中生长时能生成酸和气体。如大肠杆菌和产气杆菌是常出现于乳中的产气菌。产气杆菌能在低温下增殖，是乳低温贮藏时使乳酸败的一种主要菌种。此外，丙酸菌是革兰氏阳性短杆菌，其能分解碳水化合物和乳糖而形成丙酸、醋酸、二氧化碳。可从牛乳和干酪中分离得到费氏丙酸杆菌和谢氏丙酸杆菌。用丙酸菌生产干酪时，可使产品具有气孔和特有的风味。

（3）肠道杆菌　指一群寄生在肠道的革兰氏阴性短杆菌。在乳品生产中，肠道杆菌数量是评定乳制品污染程度的指标之一，其中主要的有大肠菌群和沙门氏菌。

（4）芽孢杆菌　该菌因能形成耐热性芽孢，故杀菌处理后，仍残存在乳中。芽孢杆菌可分为好氧性杆菌属和厌氧性梭状菌属两种。

（5）球菌　一般为好氧性，能产生色素。牛乳中常出现的有微球菌属和葡萄球菌属。

（6）低温菌　凡在0～20℃下能够生长的细菌统称低温菌，而7℃以下能生长繁殖的细菌称为嗜冷菌。乳品中常见的低温菌属有假单胞菌属和醋酸杆菌属。这些菌在低温下生长良好，能使乳中蛋白质分解引起牛乳胨化，分解脂肪使牛乳产生哈喇味，导致乳制品腐败变质。

（7）高温菌和耐热性细菌　高温菌或嗜热性细菌是指在40℃以上能正常发育的菌群，如乳酸菌中的嗜热链球菌、保加利亚乳杆菌、好氧性芽孢菌（如嗜热脂肪芽孢杆菌）、厌氧性芽孢杆菌（如嗜热纤维梭状芽孢杆菌）和放线菌（如干酪链霉菌）等。特别是嗜热脂肪芽孢杆菌，其最适发育温度为60～70℃。

耐热性细菌在生产上是指低温杀菌条件下还能生存的细菌，如一部分乳酸菌、耐热性大肠菌、微杆菌及一部分的放线菌和球菌类等。此外，芽孢杆菌在加热条件下都能生存。但用超高温杀菌时（135℃，数秒），上述细菌及其芽孢都能被杀死。

（8）蛋白分解菌和脂肪分解菌

①蛋白分解菌。蛋白分解菌是指能产生蛋白酶而将蛋白质分解的菌群。生产发酵乳制品的大部分乳酸菌能使乳中蛋白质分解，属于有益菌。有些能使蛋白质分解出氨和胺类，可使牛乳产生黏性、碱性、胨化，如假单胞菌属、芽孢杆菌属、放线菌中的一部分等，还有的能使蛋白质分解成肽，致使干酪带有苦味。

②脂肪分解菌。脂肪分解菌是指能使甘油三酯分解生成甘油和脂肪酸的菌群。脂肪分解菌中，除一部分在干酪生产方面有用外，一般都是使牛乳和乳制品变质的细菌，尤其对稀

奶油和奶油危害更大。

主要的脂肪分解菌(包括酵母、霉菌)有荧光极毛杆菌、无色解脂菌、解脂小球菌、干酪乳杆菌、白地霉、黑曲霉、大毛霉等。大多数的解脂酶有耐热性,并且在0℃以下也具活力。因此,牛乳中如有脂肪分解菌存在,即使进行冷却或加热杀菌,也往往带有意想不到的脂肪分解味。

(9)放线菌　与乳品方面有关的放线菌有以下几种。①分枝杆菌属,多数具有病原性,如结核分枝杆菌形成的毒素;有耐热性,对人体有害,如牛型结核菌对人体和牛体都有害。②放线菌属,主要有牛型放线菌,此菌生长在牛的口腔和乳房,随后转入牛乳中。③链霉菌属,主要是干酪链霉菌等,都属胨化菌,能使蛋白质分解导致腐败变质。

(二)真菌

新鲜牛乳中的酵母主要为酵母属、毕赤氏酵母属、球拟酵母属、假丝酵母属等菌属,常见的有脆壁酵母、洪氏球拟酵母、高加索乳酒球拟酵母、球拟酵母等。其中,脆壁酵母与假丝酵母可使乳糖发酵而且用以制造发酵乳制品。但使用酵母制成的乳制品往往带有酵母臭,有风味上的缺陷。

牛乳中常见的霉菌有乳粉胞霉、乳酪粉胞霉、黑念珠霉、变异念珠霉、蜡叶芽枝霉、乳酪青霉、灰绿青霉、灰绿曲霉和黑曲霉,其中的乳酪青霉可制干酪,其余的大部分霉菌会使干酪、乳酪等污染腐败。

(三)噬菌体

侵害细菌的滤过性病毒统称为噬菌体,亦称为细菌病毒。目前已发现大肠杆菌、乳酸菌、赤痢菌、沙门氏杆菌、霍乱菌、葡萄球菌、结核菌、放线菌等多数细菌的噬菌体。噬菌体长度多为50～80nm,可分为头部和尾部。噬菌体先附着宿主细菌,然后再侵入该菌体内增殖,当其成熟生成多数新噬菌体后,即将新噬菌体放出,并产生溶菌作用。对牛乳、乳制品的微生物而言,最重要的噬菌体为乳酸菌噬菌体。作为干酪或酸乳菌种的乳酸菌可被该噬菌体侵袭,以致造成乳品加工中的损失。

三、鲜乳保存期间微生物的变化

牛乳在室温贮藏时微生物变化分为:

1. 抑制期

新鲜乳液中均含有多种抗菌性物质,它对乳中存在的微生物具有杀菌或抑制作用。在这期间,乳液含菌数不会增高,若温度升高,则抗菌性物质的杀菌或抑菌作用增强,但持续时间会缩短。因此,鲜乳放置在室温环境中,在一定的时间内并不会出现变质的现象。

2. 乳链球菌期

鲜乳中的抗菌物质减少或消失后,存在乳中的微生物即迅速繁殖,可明显看到细菌的繁殖占绝对优势。这些细菌是乳链球菌、乳酸杆菌、大肠杆菌和一些蛋白分解菌等,其中尤以乳链球菌的生长繁殖特别旺盛。

3. 乳酸杆菌期

当乳链球菌在乳液中繁殖,乳液的pH值下降至6左右时,乳酸杆菌的活动力逐渐增强。当pH值继续下降至4.5以下时,由于乳酸杆菌耐酸力较强,尚能继续繁殖并产酸。在这个阶段,乳液中可出现大量乳凝块,并有大量乳清析出。

4. 真菌期

当酸度继续下降至 pH 值为 3～3.5 时，绝大多数微生物被抑制甚至死亡，仅酵母和霉菌尚能适应高酸性的环境，并能利用乳酸及其他一些有机酸。由于酸被利用，乳液的酸度会逐渐降低，使乳液的 pH 值不断上升接近中性。

5. 胨化菌期

经过上述几个阶段的微生物活动后，乳液中的乳糖大量被消耗，残余量已很少，在乳中仅是蛋白质和脂肪尚有较多的量存在。因此，适宜于分解蛋白质和脂肪的细菌在其中生长繁殖，这样就产生了乳凝块被消化（液化）、乳液的 pH 值逐步提高向碱性方向转化，并有腐败的臭味产生的现象。这时的腐败菌大部分属于芽孢杆菌属、假单胞菌属以及变形杆菌属的一些细菌。

第五节　乳在加工过程中的变化

乳的加工方式主要有热加工、冷加工和发酵加工等类型。无论何种加工，乳都会产生一些变化，了解这些变化对乳制品加工中的质量控制有一定的指导意义，可避免或减少加工中营养成分的损失。

一、热加工对乳的影响

乳在生产过程中，将经历预热、杀菌、浓缩和干燥等一系列热处理，但乳是一种热敏性物质，在热处理后其理化性质将发生一定变化。这些变化与各种乳制品质量有很密切的关系。

（一）形成薄膜

牛乳在 40℃以上加热时，表面生成薄膜。随着加热时间的延长和温度的升高，薄膜的厚度也逐渐增加。这是由于蛋白质在空气与液体的界面形成不可逆的凝固物，这种凝固物中含有 7％以上的脂肪和 20％～25％的蛋白质，蛋白质中以乳白蛋白居多。这种产生薄膜的现象在预热乳、杀菌乳、浓缩乳的贮存缸或保温缸内常见。为防止形成薄膜，可在加热时进行搅拌或减少液面蒸发水分，否则，薄膜将随着贮存时间的延长而加厚、变硬，难以溶解、分散，给操作带来影响，甚至会使管路、喷头等堵塞，造成生产中断。

（二）褐变

牛乳长时间的加热则产生褐变（特别是高温处理时）。原因如下：①具有氨基（$—NH_2$）的化合物（主要为酪蛋白）和具有羰基（$>C=O$）的糖（乳糖）之间产生反应形成褐色物质。这种反应称之为美拉德（Mailard）反应。②乳糖经高温加热产生焦糖化也形成褐色物质。③牛乳中所含的微量的尿素，也被认为是褐变的重要原因。褐变反应的程度随温度、酸度及糖的种类而异，温度和酸度越高，棕色化越严重；糖的还原力越强（葡萄糖、转化糖），棕色化也越严重，这一点在生产加糖炼乳和乳粉时关系很大。在牛乳中添加 0.01％左右的 L-半胱氨酸，对抑制褐变具有一定的效果。

（三）形成乳石

牛乳在高温处理时，易在加热面上形成乳石。乳石的形成不仅降低了传热系数，影响杀菌效果，而且使乳干物质受到损失。乳石的主要成分是蛋白质、脂肪和无机物，无机物中主要是钙和磷，其次是镁和硫。乳石首先是由磷酸钙晶核生成，伴随以乳清蛋白质为主的乳干物质的沉淀，使乳石不断形成。

影响乳石形成的原因有：加热面的光洁程度、牛乳的热稳定性、加热温度。加热面光洁度和牛乳热稳定性越差，加热温度越高，就越容易形成乳石。

（四）蒸煮味

牛乳加热后会产生或轻或重的蒸煮味，蒸煮味的程度随加工处理的程度而异。例如牛乳经 74℃、15min 加热后，则开始产生明显的蒸煮味，这是由于 β-乳球蛋白和脂肪球膜蛋白的热变性而产生巯基（—SH），甚至产生挥发性的硫化物和硫化氢（H_2S）。蒸煮味的程度随加热温度升高而升高。

（五）乳糖的分解

乳糖对热比较稳定，在 100℃ 以下短时间加热，乳糖的化学性质没什么变化。但在 100℃ 以上经长时间处理时，乳糖分解成乳酸、甲酸、醋酸等物质，使牛乳酸度提高。

（六）蛋白质的变化

占乳清蛋白质大部分的白蛋白和球蛋白对热都不稳定。牛乳以 62～63℃、30min 杀菌时产生蛋白变性现象。牛乳用 80℃ 左右加热后则产生蒸煮味，且与牛乳中产生的巯基有关，这种巯基几乎全部来自乳清蛋白，并且主要由 β-乳球蛋白所产生。

正常牛乳的酪蛋白，在低于 100℃ 的温度加热时化学性质不会受影响，140℃ 时开始变性。100℃ 长时间加热或在 120℃ 加热时产生褐变。100℃ 以下的温度加热，化学性质虽然没有变化，但对物理性质却有明显影响。例如以高于 63℃ 的温度将牛乳加热后，再用酸或皱胃酶凝固时，凝块的物理性质产生变化。一般来说，牛乳经 63℃ 加热后，加酸生成的凝块比生乳凝固所产生的凝块小，而且柔软；用皱胃酶凝固时，随加热温度的提高，凝乳时间延长，而且凝块也比较柔软。用 100℃ 处理时尤为显著。

（七）脂肪的变化

牛乳即使以 100℃ 以上的温度加热，脂肪也不起化学变化，但是一些球蛋白上浮，促使形成脂肪球间的凝聚体。因此高温加热后，牛乳、稀奶油就不容易分离。但经 62～63℃、30min 加热并立即冷却时，不致产生这种现象。

（八）无机成分的变化

牛乳加热时受影响的无机成分主要为钙和磷，主要表现为可溶性钙与磷的减少，这是由于可溶性的钙和磷形成磷酸钙沉淀的结果。

二、冷加工对乳的影响

刚挤下的牛乳温度在 36℃ 左右，是大多数微生物发育最适宜的温度，如不及时冷却，乳中的微生物大量繁殖，酸度迅速增高，使乳的质量降低，甚至变质。所以挤出的鲜乳应迅速冷却，一般冷却到 4～6℃，以抑制乳中微生物的繁殖，保持乳的新鲜度。有时为了长时间贮存牛乳，特别是在寒冷地区，人们往往利用自然条件，采用冻结的方法保存牛乳，但是对牛乳的质量会产生一定的影响。

（一）冷冻对乳蛋白质胶体稳定性的影响

冻结乳解冻后会发生沉淀现象，这是由于冷冻后乳蛋白质的胶体稳定性受到破坏，使其稳定性降低。这种不稳定现象主要受盐的浓度、乳糖结晶、冻结和解冻方法等因素的影响。

冻结乳解冻温度高、解冻速度快，则易引起胶体稳定性的下降，特别是缓冻的牛乳若解冻的方法不当，更容易使牛乳凝聚而沉淀。融化冻结乳，在 82℃的水浴中解冻效果最好。

（二）冻结对乳脂肪乳浊状态的破坏

冻结乳解冻后，往往出现脂肪团块上浮的现象。这是由于在牛乳冻结过程中冰晶的生成和增大，脂肪球内部也因脂肪结晶而体积增大，脂肪球在内外压力的作用下，使脂肪球膜破坏，脂肪被挤压出来而聚合成大小不等的团块，使脂肪乳浊状态遭到破坏，故在解冻时，脂肪团块就浮在牛乳的表面。为了提高脂肪乳浊状态的稳定性，可在冻结前进行均质或添加蔗糖以及进行速冻并在较低的温度（−29℃）下贮藏等。

（三）冷冻时不良风味的出现

冷冻保存的牛乳，经常出现氧化味、金属味和鱼腥味，这主要是由于乳中混入铜等重金属离子，促进了不饱和脂肪酸的氧化。为了防止不良风味的产生，应避免重金属的污染，必要时可添加一些安全性高的抗氧化剂。

三、乳加工处理后的各部分名称

乳未加工处理之前可称之为全脂乳。全脂乳经离心分离处理后可产生两部分，分离出来的富含脂肪部分，称为稀奶油；另一部分含脂肪较少的称为脱脂乳。稀奶油继续搅拌还可产生两部分，一部分为脂肪（可加工成奶油），另一部分为酪乳。脱脂乳经酸或凝乳酶处理后可生成以酪蛋白为主要成分的凝乳和乳清两部分，乳清中含有水、乳糖、可溶性的乳清蛋白、矿物质、水溶性维生素等。

牛乳加工后各组分的名称见图 1-4。

牛乳 —离心分离→
- 稀奶油：脂肪（含脂溶性维生素）
- 脱脂乳
  - 酪蛋白凝块
  - 沉淀
    - 乳白蛋白、乳球蛋白
    - 乳清
    - 滤液：乳糖、矿物质、水溶性维生素

牛乳 —酸或凝乳酶→
- 乳凝块：酪蛋白和脂肪（含脂溶性维生素）
- 乳清：乳白蛋白、乳球蛋白、乳糖、矿物质、水溶性维生素

图 1-4　牛乳加工后各组分的名称

本章小结

本章介绍了乳的概念及分类、化学组成及性质、主要物理性质、主要微生物和加工对乳的影响。

乳是哺乳动物分娩后由乳腺分泌的一种白色或微黄色的不透明液体，分为常乳和异常乳。乳的成分十分复杂，含有上百种化学成分，主要包括水分、脂肪、蛋白质、乳糖、盐类、维生素、酶类及气体等。正常牛乳各种成分的含量大致是稳定的，当受到各种因素的影响时，其含量在一定范围内有所变动，其中脂肪变动最大。乳中含有较多的酶类，与乳品加工有密切关系的主要有解脂酶、磷酸酶、还原酶、蛋白酶、过氧化氢酶、过氧化物酶等。乳中某种酶的多少、存在与否可间接判断杀菌是否完全，还可以判断乳受微生物污染的程度。乳中最重要的无机物是钙，是人体最理想的钙源。乳中无机成分的含量虽然很少，但在牛乳加工，特

别是对于乳的热凝固方面起重要的作用。牛乳中钙、镁与磷酸盐、柠檬酸盐之间保持适当的平衡，对于牛乳的稳定性具有非常重要的意义。

乳的物理性质主要有：色泽、滋味与气味、相对密度、酸度、冰点、沸点、黏度等。这些物理特性是原料乳验收的重要指标，也是设计乳制品加工工艺及研发新产品的基础。色泽、滋味与气味常用来对原料乳和产品乳作感官评定；酸度、相对密度、冰点常用作乳新鲜度和掺水的判断；黏度、表面张力、电导率用于加工工艺的设计。经常进行实践操作的是酸度和相对密度，所以要熟练掌握它们的操作和准确测出它们结果的能力。

乳中微生物的种类、作用、来源关系到原料乳的质量。鲜乳的冷热加工对乳制品的品质均有影响，应严格加以控制。

复习思考题

一、名词解释

乳　常乳　异常乳　酪蛋白　乳相对密度　总酸度　酒精阳性乳　乳糖不耐症

二、简述题

1. 牛乳的主要化学成分包括哪些？
2. 常乳的验收标准有哪些？
3. 异常乳的种类有哪些？
4. 加热对鲜乳有哪些影响？
5. 什么是吉尔涅尔度？
6. 乳中微生物的来源有哪些？

三、技能题

1. 如何测定牛乳的酸度？
2. 如何测定牛乳的相对密度？

实训一　新鲜度检验(一)

一、乳的感官检验

(一)实训目的

掌握乳感官检验方法。乳的感官检验，主要指眼观其色泽和组织状态、鼻嗅其气味和嘴尝其滋味，判断乳的质量好坏。

(二)实训方法

鲜乳的感官标准表见表1-9，具体检定方法如下：

表 1-9 鲜乳感官标准表

色泽	乳白色或微黄色
组织状态	均匀的流体，无沉淀、凝块和机械杂质，无黏稠和浓厚现象
气味	具有乳特有的乳香味，无其他任何异味
滋味	具有鲜乳独具的纯香味，滋味可口而稍甜，无其他任何异常滋味

(1)色泽检定：将少量乳倒于白瓷皿中观察其颜色。

(2)气味检定：将乳加热后，闻其气味。

(3)滋味检定：取少量乳用口尝之。

(4)组织状态检定：将乳倒于小烧杯内静置1h左右后，再小心将其倒入另一小烧杯内，仔细观察第一个小烧杯内底部有无沉淀和絮状物。再滴1滴乳于大拇指上，检查是否黏滑。

(三)实训结果分析

根据各项感官鉴定，判断乳样是常乳或异常乳。

(四)实训思考题

乳感官鉴定的方法有哪些?

感官检验的其他方法如下：

(1)看挂瓶：新鲜牛奶装在透明的玻璃瓶中，用手摇动奶瓶，质量好的牛奶在奶瓶上部空处挂有一层薄薄的乳汁，该乳汁在缓慢地向下流动，一般叫挂瓶。若不挂瓶或挂得很少并很快流下，说明牛奶稀薄可能掺了水。若瓶上挂有微小的颗粒，则可能掺有淀粉类食物，或因牛奶酸度过高发生了质量变化。

(2)看下沉：把一滴牛奶滴入一碗清水中，牛奶立即下沉到水底的是好奶，牛奶在水面向四周扩散的是质量不好的奶。

(3)看形状：把一小滴牛奶滴在指甲盖上，形成珠球状的是好奶，不能形成珠球状的是质量不好的奶。

(4)看状态：取约10mL牛奶于试管中煮沸观察，如有凝结或絮状物产生，则牛奶已变质，无结的小块是好奶。

二、鲜乳的密度测定

(一)实训目的

掌握乳稠计的使用方法及其影响密度的因素。密度是指某物质在一定温度下，单位容积的质量，密度=质量/容积。乳的相对密度是指乳在20℃时的质量与水在4℃时的质量之比。

(二)所需材料

(1)乳稠计：有20℃/4℃及15℃/15℃两种，常用20℃/4℃。

(2)温度计：0～100℃。

(3)量筒：200～250mL。

(4)水浴锅：40℃。

(三)实训方法

(1)将乳样在40℃水浴锅中加热5min，这样可使脂肪呈液态。仔细混匀乳样，避免起泡和脂肪分离现象。

(2)冷至室温(20℃)。

(3)沿筒壁小心将乳样注入250mL量筒中至容积的3/4处，如有泡沫形成，可用滤纸条吸去。

(4)小心将乳稠计插入乳样中，使其沉入到相当于乳稠计计算尺上30刻度处，让其自由浮动，但要使其不与量筒内壁接触。

(5)待乳稠计静止1～2min后，眼睛对准筒内乳样表面层与乳稠计接触处，即在新月形表面的顶点处读取刻度数。所读出的读数即为该牛乳的密度数。

(6)量取牛乳温度进行温度校正，温度应在17～24℃之间，越接近20℃越好，并用校正因子进行校正。

也可以用经验公式计算：在15～25℃之间，温度每比20℃高出1℃，乳稠计读数增加0.2；反之，则减少0.2。例如：某乳样乳温是17℃，用乳稠计测得密度为30，而标准温度为20℃，温差为3(20－17)℃，则20℃的实际密度为29.4(30－3×0.2)。

(四)讨论

影响乳密度的因素有哪些？

三、鲜乳的酸度测定

(一)实训目的

熟练掌握乳酸度的测定方法。本法是利用酸碱中和的原理，当乳中的酸被加入的0.1mol/L氢氧化钠中和完而碱液稍微过剩时，则使预先加入的酚酞指示剂变成红色，观察并记录消耗氢氧化钠的毫升数，即可计算出乳样的酸度。

表示的方法有两种：

(1)吉尔涅尔度(°T)：是以中和100mL乳中的酸所消耗的0.1mol/L氢氧化钠的毫升数来表示。每消耗1mL即为1°T。正常乳的酸度是16～18°T。

(2)乳酸度(%)：乳酸度为0.15%～0.17%。

(二)实训材料

碱式滴定管、量筒、150mL三角烧瓶、1%酚酞指示剂、0.1mol/L氢氧化钠标准溶液。

(三)实训方法

(1)吉尔涅尔度操作法：量取10mL牛乳放入三角烧瓶内，用20mL蒸馏水稀释，再加0.5mL 1%酚酞指示剂，小心混合均匀，然后用0.1mol/L氢氧化钠溶液滴定，不断摇动，直至出现粉红色，并在30s内不消失为止，记录所消耗的氢氧化钠溶液毫升数。

计算：消耗的氢氧化钠的毫升数乘以10，即为鲜牛乳的酸度。

(2)乳酸度操作法：取10mL牛乳，用蒸馏水按2∶1稀释，然后加2mL 1%酚酞指示剂，再用0.1mol/L氢氧化钠溶液进行滴定，不断摇动，直至出现粉红色，并在30s内不消失为止，记录所消耗的氢氧化钠溶液毫升数。

$$\text{计算：乳酸}(\%)=\frac{0.1\text{mol/L 氢氧化钠毫升数}\times 0.009}{\text{供试乳样质量(g)或[供试乳样毫升数}\times\text{比重(g/mL)]}}\times 100\%$$

四、牛乳冰点的测定

(一)实训原理

牛乳冰点一般为－0.565～－0.525℃，平均为－0.540℃。乳中的乳糖和盐类是导致冰点下降的主要因素。正常的牛乳中乳糖和盐类含量变化很小，所以冰点很稳定。如果用水稀释，其冰点会升高，加入不同的水量的牛乳其冰点不同。

(二)实训试剂

(1)乙醚；

(2)无水乙醇。

(三)实训仪器

Hortvet 冰点测定器(图 1-5)，包括：

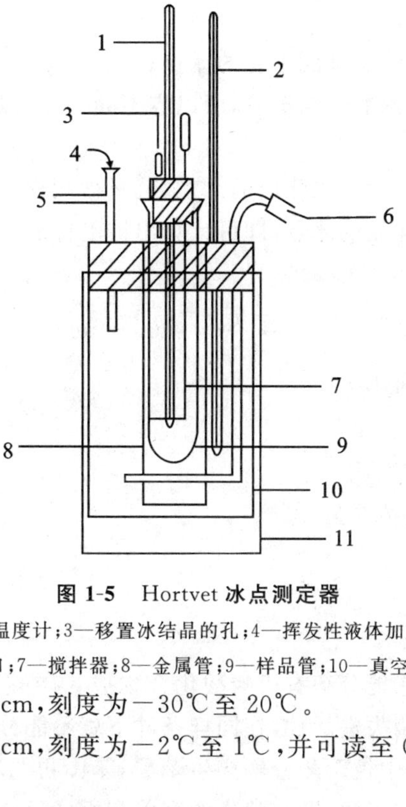

图 1-5 Hortvet 冰点测定器

1—标准温度计；2—控制温度计；3—移置冰结晶的孔；4—挥发性液体加入口；5—空气的逸出口；6—空气进口；7—搅拌器；8—金属管；9—样品管；10—真空瓶；11—套

(1)控制温度计：长约 58cm，刻度为－30℃至 20℃。

(2)标准温度计：长约 58cm，刻度为－2℃至 1℃，并可读至 0.001℃。

(3)搅拌器。

(4)短节金属管：为了通入诱冰棒而用。

(5)干燥空气的吹入口。

(6)空气的逸出口。

(7)乙醚加入口：当乙醚加入后，即用小木塞闭塞管口。

(8)内管(冰冻试管)：长约 24cm，直径为 2.9cm。

(9)外管：长约 25cm，直径为 3.2cm。

(10)真空瓶：深 27cm，直径为 7cm。

(11)软木塞。

(12)橡皮塞。

(四)操作方法

(1)把煮沸而放冷到 10℃以下的水足量(30～35mL)注入内管中备用。

(2)把冷却到 10℃以下的牛乳样品(30～35mL)注入另一内管中备用。

(3)从乙醚加入口加入乙醚 400mL，经缓慢速度通入干燥空气，由于乙醚的不断蒸发，真空瓶内的温度将在 5～10min 内从室温降到 0℃，并继续下降。当降至－2℃时，在外管中加入少量乙醇(只需充满外管与内管下部的空间，使传热更为均匀迅速)，即将已盛有蒸馏水的内管纳入外管中，加塞(塞上已附有标准温度计的搅拌器)，继续缓慢地吹入空气，保持搅拌器上下有规律地运动，并注视标准温度。一般情况下，内管温度应逐渐下降，直到－1.5～－1.2℃时会突然上升，至一点停止不动，这一点就是冰点。

如果温度已下降至－1.5℃以下，而温度仍继续下降时，即可用诱冰棒加入一小粒冰块催促结冰，使温度上升至恒点。

(4)按照上述操作过程，测定被测牛乳的冰点。

(5)在测定冰点时，由于乙醚不断蒸发，所以应不断补充，以保持乙醚温度在－3℃左右，加入乙醚时停止吹气。

(6)被测样品测出的冰点加上水测出的冰点，就是被测样品的真正冰点。

(7)根据正常乳和被测样品的冰点，即可计算出被测样品的掺水量。

(五)计算

$$w=\frac{t-t'}{t}\times(100-w_s)$$

式中 w——以质量计的加水量(%)；

t——正常乳的冰点(℃)；

t'——被检乳的冰点(℃)；

w_s——被检乳的乳固体含量(%)。

五、磷酸酶实验

(一)实训原理

生牛乳中含有磷酸酶，它能分解有机磷酸化合物成为磷酸及原来与磷酸相结合的有机单体。牛乳经消毒后，磷酸酶失去活性，在同样条件下就不能分解有机磷酸化合物。利用苯基磷酸双钠在碱性缓冲溶液中被磷酸分解产生苯酚，苯酚再与 2,6-双溴醌氯酰胺起作用显蓝色，蓝色深浅与苯酚含量成正比，即与消毒的完善与否成反比。

(二)仪器与试剂

(1)中性丁醇：沸点 115～118℃。

(2)吉勃氏酚试剂：称取 0.04g 2,6-双溴醌氯酰胺溶于 10mL 95%乙醇中，置棕色瓶中于冰箱内保存，临用时现配。

(3)硼酸盐缓冲液：称 28.472g 四硼酸钠溶液，溶于 900mL 水中，加 3.27g 氢氧化钠或加水稀释至 1000mL，临用时配制。

(三)实训步骤

吸取 0.5mL 样品置带塞试管中，加 5mL 缓冲基质溶液，摇后置于 36～44℃水浴或孵箱中 10min，然后加 6 滴吉勃氏酚试剂，立即摇匀，静置 5min，有蓝色出现表示消毒处理不够。为增加灵敏度，可加 2mL 中性丁醇，反复完全倒转试管，每次倒转后稍停使气泡破裂，分解丁醇，然后观察结果，并同时做空白对照试验。

六、美蓝(还原酶)试验

(一)实训原理

常用美蓝试验测定牛奶的新鲜度。主要根据美蓝这种蓝色的指示剂被还原时变为无色的原理。美蓝颜色变化的程度与微生物的数目多少有直接关系。当鲜乳被微生物污染，会产生大量的还原酶，使美蓝褪色，可通过褪色时间的长短来判定牛乳被微生物污染的程度。

(二)实训仪器和试剂

(1)10mL 试管及配套胶塞，37℃水浴锅，10mL 移液管。

(2)美蓝溶液：硫氰酸根美蓝 75mg/L 或美蓝氰化物 70mg/L。

(三)实训步骤

(1)吸取 10mL 牛乳于试管中，加入 0.25mL 美蓝溶液，混匀。

(2)塞上试管，移至 37℃水浴中加热，注意时间及温度。试管中液体须在 10min 内达到 37℃，用温度计测定检样溶液温度(可将温度计放在对照组试管中测得)。加热时试管中液面高度须低于水浴锅中水的高度。

(3)1h 内将试管转动两次，使受热均匀。

(4)根据间隔时间(例如 30min)，观察乳样褪色情况。观察后拿去白色乳试管，再转动其他试管(不要转动正在褪色的试管)。观察褪色情况时不要观察试样最上部 5mm 和最底部 5mm 的乳样。

(5)记录褪色所需时间。

(四)说明

实验所用试管需在 160℃保温 1h 干热灭菌。所用胶塞应在 100kPa 杀菌锅中保温杀菌 10min，或煮沸 30min。美蓝须溶解在煮沸过的热水中。每次水浴作两个对照实验，它们的组成为：

A：10mL 牛乳和 0.25mL 美蓝溶液的混合液。

B：10mL 牛乳和 0.25mL 水的混合液。

使用前将对照组试管在沸水中浸 3min，以破坏牛乳中固有的酶活性。用 A 作对照可看出褪色开始时间，用 B 作对照可看出褪色完成时间。

(五)结果(IDF 标准)(表 1-10)

表 1-10 IDF 标准

褪色所需时间	牛乳质量
<30min	很坏
30min～1h	坏
1～2h	较差
2～4.5h	合格
>4.5h	优秀

第二章　原料乳的验收及预处理

知识目标

1. 掌握原料乳的质量标准和验收方法。
2. 掌握原料乳的预处理方法。

技能目标

1. 能检测和验收原料乳。
2. 能对原料乳进行过滤、净化、冷却、标准化和均质等预处理。

第一节　原料乳的验收和贮存

一、质量标准

原料乳送到工厂必须根据指标规定及时进行质量检验。我国规定生鲜牛乳收购的质量标准(GB 19301—2010)包括感官指标、理化指标及微生物指标。

1. 感官指标

正常牛乳呈乳白色或微黄色,不得有红色、绿色或其他异色。具有乳固有的香味和滋味,不能有苦味、咸味、涩味、饲料味、青贮味、霉味等异常味。无沉淀,无凝块,无正常视力可见异物。

2. 理化指标

理化指标只有合格指标,不再分级。我国部颁标准规定原料乳验收时的理化指标见表2-1。

表 2-1　生鲜牛乳的理化指标

项　目	指　标	项　目	指　标
脂肪含量(%)	≥3.10	杂质度(mg/kg)	≤4
蛋白质含量(%)	≥2.8	冰点(℃)	－0.560～－0.500
相对密度(d_4^{20})	≥1.027	非脂乳固体(g/100g)	≥8.1
酸度(°T)	≤18	抗生素(IU/L)	<0.03

3. 微生物指标

GB 19301—2010 标准规定的微生物限量应符合表 2-2 规定。

表 2-2 生乳的微生物限量

项 目	限量[CFU/g(mL)]
菌落总数 ≤	2×10^6

此外,标准还规定了真菌毒素限量应符合 GB 2761 的规定,污染物限量应符合 GB 2762 的规定,农药残留和兽药残留限量应符合 GB 2763 及国家有关规定和公告。

随着生产技术、检测技术的不断进步和人们生活水平的不断提高,以及参与国际竞争的需要,我国对生乳的标准要求也会越来越高。

企业对原料验收指标进行分级是常用的质量管理方法,对原料进行分级分类,不同产品用不同级别的原料生产,做到优质优价,可充分发挥原料的价值,获取更高的效益。如把生乳蛋白质含量≥2.8%分为合格级,≥3.0%为良级,≥3.2%为优级。微生物指标也可按菌落总数进行分级。许多乳品收购单位还规定下述情况之一者不得收购:

(1)产犊后 7d 内的初乳和干奶期前 15d 内的末乳;

(2)牛乳颜色有变化,呈红色、绿色或者显著黄色者;

(3)牛乳中有肉眼可见的杂质者;

(4)牛乳中有凝块或絮状沉淀者;

(5)牛乳中有畜舍味、苦味、霉味、臭味、涩味、煮沸味及其他异味者;

(6)用抗生素或者其他对牛乳有影响的药物治疗期间和停药后 3d 内母牛所产生的乳;

(7)添加有防腐剂、抗生素和其他任何有碍食品卫生的乳;

(8)酸度超过 20°T 的乳。

二、验收

原料乳的品质不良,对乳制品的风味、保藏性能等都有直接的影响。验收原料乳时,必须对原料乳的嗅觉、味觉、外观、尘埃、温度、酸度、比重、脂肪率和细菌数等进行严格检验并分级。我国原料乳验收分为现场验收和入厂验收。现场验收主要进行感官检验,检测味觉、外观,测温度、比重,做酒精试验(判断酸度),方法要求快速;入厂验收主要检测脂肪率、滴定酸度、乳干物质、杂质度和细菌数(一般用美蓝试验或刃天青试验)等。

(一)感官检验

根据我国生鲜牛乳收购的质量标准,结合乳品加工厂内部所制定的一系列严格措施,在鲜乳验收时首先要进行感官检验。感官检验的主要项目有色泽、组织状态、滋气味等。即对鲜乳进行嗅觉、味觉、外观、尘埃、杂质等的鉴定。

正常鲜乳为乳白色或微带黄色,不得含有肉眼可见的异物,不得有红、绿等异色,不能有苦、涩、咸的滋味和饲料、青贮、霉等异味;是具有良好流动性的液体,不得呈黏稠状。

(二)酒精检验

酒精检验是为观察鲜乳的抗热性而广泛使用的一种方法。通过酒精的脱水作用,确定酪蛋白的稳定性。新鲜牛乳对酒精的作用表现出相对稳定;而不新鲜的牛乳,其中蛋白质胶粒已呈不稳定状态,当受到酒精的脱水作用时,则加速其聚沉。此法可验出鲜乳的酸度,以及盐类平衡不良乳、初乳、末乳和乳房炎乳等。

酒精试验一般以一定容量浓度中性酒精与原料乳等量相混合摇匀,无凝块出现为合格。

酒精试验结果可判断出乳的酸度，通过酸度测定可鉴别原料乳的新鲜度，了解乳中微生物的污染状况（表 2-3）。新鲜牛乳存放过久或贮存不当，乳中微生物繁殖使营养成分被分解，则乳中的酸度升高，酒精试验易出现凝块。

表 2-3 不同浓度酒精实验的酸度

酒精浓度（%）	不出现絮状物的酸度
68	20°T 以下
70	19°T 以下
72	18°T 以下

新鲜牛乳的滴定酸度为 16～18°T。为了合理利用原料乳和保证乳制品质量，用于制造淡炼乳和超高温灭菌乳的原料乳，用 75%的酒精试验；用于制造乳粉的原料乳，用 68%的酒精试验（酸度不得超过 20°T）。酸度不超过 22°T 的原料乳尚可用于制造奶油，但其风味较差。酸度超过 22°T 的原料乳只能供制造工业用的干酪素、乳糖等。

（三）美蓝试验与刃天青试验

两种试验都是检查原料乳新鲜度的有效而可行的方法。

美蓝试验：乳中的还原酶是细菌活动的产物，乳的细菌污染越严重，则产生还原酶的数量越多，使美蓝褪色越快，即以美蓝褪色速度间接地推断出鲜奶中的细菌数。该法除可迅速地间接查明细菌数外，对白细胞及其他细胞的还原作用也敏感，因此，还可检验异常乳（乳房炎乳及初乳或末乳）。刃天青试验与美蓝试验的原理相同。

（四）相对密度

相对密度是常作为评定鲜乳成分是否正常的一个指标，但不能只凭这一项来判断，必须结合脂肪、干物质及风味的检验，来判断鲜乳是否经过脱脂或是否加水。我国鲜乳的密度测定采用乳稠计，即乳专用密度计。具体操作见第一章。

（五）滴定酸度

滴定酸度就是用相应的碱中和鲜乳中的酸性物质，根据碱的用量确定鲜乳的酸度和热稳定性。一般用 0.1mol/L 氢氧化钠滴定，计算乳的酸度。该法测定酸度虽然准确，但在现场收购时受到实验室条件限制，所以常采用酒精试验法来判断鲜乳的酸度。

（六）细菌数、体细胞数、抗生素检验

一般现场收购鲜乳不做细菌检验，但在加工以前必须检查细菌总数、体细胞数，以确定原料乳的质量和等级。如果是加工发酵制品的原料乳，必须做抗生素检查。

1. 细菌检查

细菌检查的方法很多，有美蓝试验、稀释倾注平板法、直接镜检法等方法。

（1）美蓝试验同前述。

（2）稀释倾注平板法。该法是指取样稀释后，接种于琼脂培养基上，培养 24h 后计数，测定样品的细菌总数。该法适用于测定样品中的活菌数，需要时间较长。

（3）直接镜检法（费里德氏法）。该法是利用显微镜直接观察确定鲜乳中微生物数量的一种方法。取一定量的乳样，在载玻片涂抹一定的面积，经过干燥、染色、镜检观察细菌数，根据显微镜视野面积，推断出鲜乳中的细菌总数，而非活菌数。

直接镜检法比稀释倾注平板法更能迅速地判断结果，且通过观察细菌的形态还能推断

细菌数增多的原因。

2. 体细胞数检验

正常乳中的体细胞多数来源于上皮组织的单核细胞，如有明显的多核细胞（白细胞）出现，可判断为异常乳。常用的方法有直接镜检法（同细菌检验）或加利福尼亚细胞数测定法（GMT 法）。GMT 法是根据细胞表面活性剂的表面张力来加以判断，即细胞在遇到表面活性剂时会收缩凝固，细胞越多，凝集状态越强，出现的凝集片越多。

3. 抗生素残留量检验

常用的方法有以下两种。

（1）TTC 试验。如果鲜乳中有抗生素的残留，在被检乳样中接种细菌进行培养，细菌不能增殖，则此时加入的指示剂 TTC 保持原有的无色状态（未经过还原）。反之，如果无抗生素残留，试验菌就会增殖，使 TTC 还原，被检样变成红色。可见，被检样保持鲜乳的颜色，即为阳性；如果变成红色，即为阴性。

（2）纸片法。将指示菌接种到琼脂培养基上，然后将浸过被检乳样的纸片放在培养基上进行培养。如果被检乳样中有抗生素残留，会向纸片的四周扩散，阻止指示菌的生长，在纸片的周围形成透明的阻止带，根据阻止带的直径可判断抗生素的残留量。

（七）乳成分的测定

近年来随着分析仪器的发展，乳品检测方法出现了很多高效率的检验仪器，如采用光学法来测定乳脂肪、乳蛋白、乳糖及总干物质，并已开发使用各种微波仪器。

（1）微波干燥法测定总干物质（TMS 检验）。通过 2450MHz 的微波干燥牛乳，并自动称量、记录乳总干物质的质量，测定速度快，测定准确，便于指导生产。

（2）红外线牛乳全成分测定。通过红外线分光光度计自动测出牛乳中的脂肪、蛋白质、乳糖三种成分。红外线通过牛乳后，牛乳中的脂肪、蛋白质、乳糖的不同浓度，减弱了红外线的波长，通过红外线波长的减弱率可反映出三种成分的含量。该法测定速度快，但设备造价较高。

三、取样规则

生鲜牛乳的取样一般由乳品厂检验中心指定人员进行，乳槽车押运人员监督。取样前应在乳槽内上下连续打耙 20 次以上，均匀后取样，并记录乳槽车押运员、罐号、时间，同时检查乳槽车的卫生。

检验卫生指标取样时，工具和容器必须是清洁、干燥、无菌的。可采用以下方法灭菌：在 170℃干热灭菌 2h；120℃高压蒸汽灭菌 20min；100℃沸水浸泡 1min；用 75%酒精擦拭，再在火焰上加热去酒精。

四、原料乳的收集、计量净化、冷却和贮存

收奶过程包括收集、计量、净化、冷却和贮存，如图 2-1 所示。

具体过程如下：用乳槽车把牧场或奶站的原料乳运回乳品厂，由脱气装置 1 将牛乳中的气体除去，通过过滤器 2 将杂质过滤，由流量计 3 计量后，在中间贮存罐 4 暂存，经板式热交换器 5 预杀菌和冷却或仅为冷却后，再用离心泵送到奶仓 6 贮存。

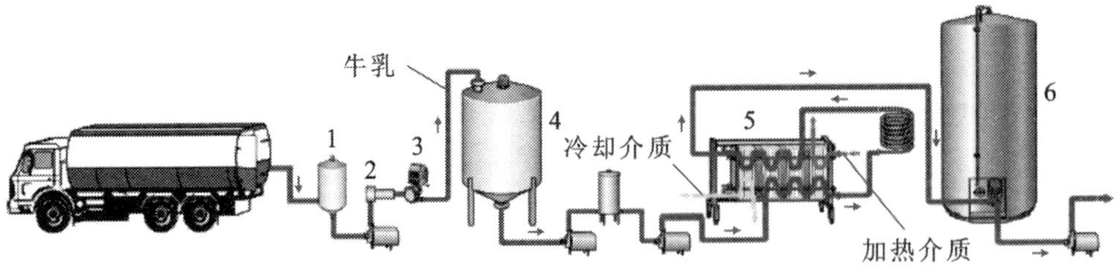

图 2-1　鲜奶收购过程

1—脱气装置；2—过滤器；3—牛乳流量计；4—中间贮存罐；5—预杀菌和冷却或仅为冷却；6—奶仓

（一）收集

牛乳是从奶牛场或收奶站用乳桶或乳槽车送到乳品厂进行加工的。目前，我国乳源分散的地方多采用乳桶运输，乳源集中的地方或运输距离较远的地方多采用乳槽车运输。

乳桶一般采用不锈钢或铝合金制造，容量为 40～50L。要求桶身具有足够的强度，耐酸碱；内壁光滑，便于清洗；桶盖与桶身结合紧密，保证运输途中无泄漏现象。

乳槽车是由汽车、乳槽、乳泵室、站立平台、人孔、盖、自动气阀等构成。乳槽是不锈钢制成的，其容量为 5～10t，内外壁之间有保温材料，以避免运输途中乳温上升（夏季运输牛乳，每小时升温 1℃以内）。乳泵室内有离心泵、流量计、输乳管等。在收乳时，乳槽车可开到贮乳间附近，将输乳管与牛乳冷却罐相连，流量计和乳泵可自动记录收乳的数量（也可根据乳槽的液位来计算收乳量）。冷却罐一经抽空，应立即停止乳泵，以避免空气混入牛乳。乳槽车的乳槽分成若干个间隔，每个间隔需依次充满，以防牛乳在运输时晃动。当乳槽车按收乳路线收完乳之后，应立即送往乳品厂。

无论采用哪种方式收集牛乳，都应注意以下几点。

(1)病牛的乳不能和健康牛的乳混合；含抗生素的牛乳必须与其他乳分开。如果少量含抗生素牛乳与大量正常牛乳混合，会导致所有乳都不能使用。

(2)运输容器需保持清洁卫生，并加以严格清洗和消毒。

(3)牛乳必须保持良好的冷却状态，而且不能混入空气。运输过程中尽量减少振动，乳桶和乳槽车要尽量装满，防止牛乳在容器中晃动。但是，冬季不得装得太满，以避免冻结而使容器破裂。

(4)防止乳在途中升温，特别是夏季。因此，夏季最好在夜间或早晨运输；若在白天运输，要采用隔热材料遮盖乳桶。

(5)运输途中应尽量缩短停留时间，以避免牛乳变质；长距离运输乳时，最好采用乳槽车。

（二）计量

收购鲜乳后要进行计量，方法主要有以下几种：

1. 体积法

体积法使用流量计。流量计在计量乳的同时也能把乳中的空气计量进去，为了提高计量的精确度，可在流量计前装一台脱气装置，如图 2-2 所示。

奶槽车的出口阀与一台脱气装置 1 相连，牛乳经过脱气后被泵送至流量计 2，流量计不断显示牛乳的总流量。当所有牛乳计量完毕，把一张卡放入流量计，记录下牛乳的总体积，然后送入储乳罐。

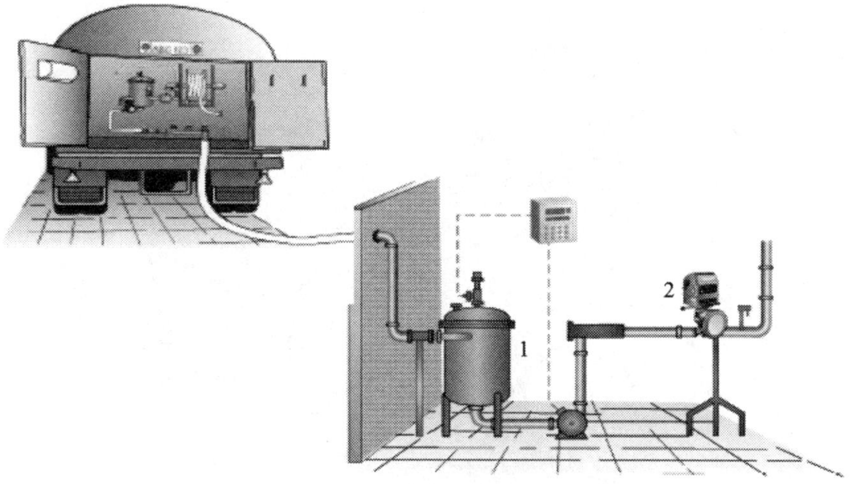

图 2-2　牛乳的收集通过空气分离器,利用容积计量装置计量

1—脱气罐;2—流量计

2. 重量法计量

(1)称量奶槽车卸奶前后的重量,然后将前者数值减去后者,如图 2-3 所示。

图 2-3　地磅与奶槽车

(2)用在底部带有称量元件的特殊称量罐称量,如图 2-4 所示。用称量罐称量时,牛乳从奶槽车被泵入一个罐脚装有称量元件的特殊罐中。该元件发出一个与罐重量成比例的信号。当牛乳进入罐中时,信号的强度随罐的重量增加而增加。因此,所有的奶交付后,该罐内牛乳的重量被记录下来,随后牛乳被泵入大贮奶罐。

(3)收集用乳桶送来的鲜乳,一般用磅秤计量,并配有磅奶槽和受奶槽,如图 2-5 所示。

(三)净化

原料乳净化的目的是去除乳中的机械杂质并减少微生物数量。净化乳的方法有过滤法和离心净乳法两种。

1. 过滤法

过滤的方法有很多种。可在收乳槽上装一个过滤网并铺上多层纱布,也可在乳的输送管道中连接一个过滤套筒,或者在管路的出口端装一个过滤布袋。进一步过滤还可以使用双联过滤器(图 2-6),但必须注意滤布的清洗和灭菌,不清洁的滤布往往是细菌和杂质的污

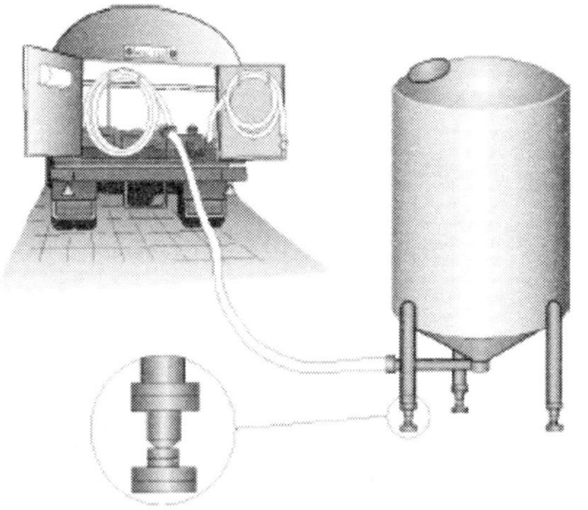

图 2-4　在底部带有称量元件的特殊称量罐

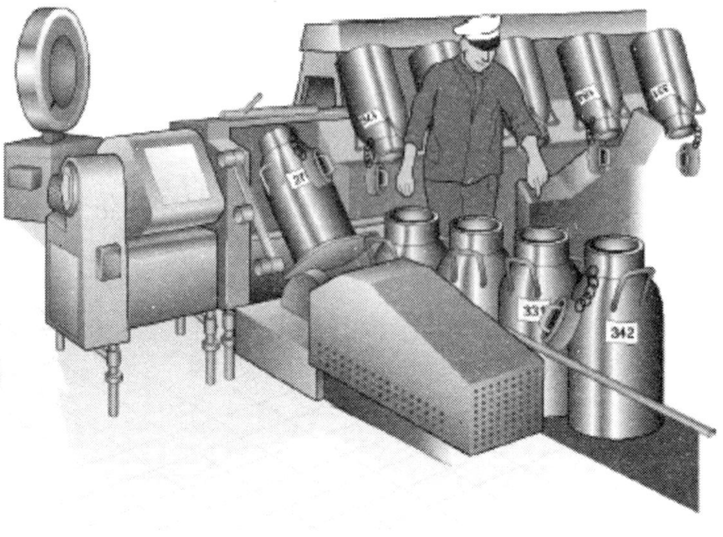

图 2-5　奶桶乳的接收，牛乳的称量和记录装置

染源。滤布或滤筒通常在连续过滤 5000～10000L 牛乳后就应进行更换、清洗和灭菌。一般连续生产都设有两个过滤器交替使用。

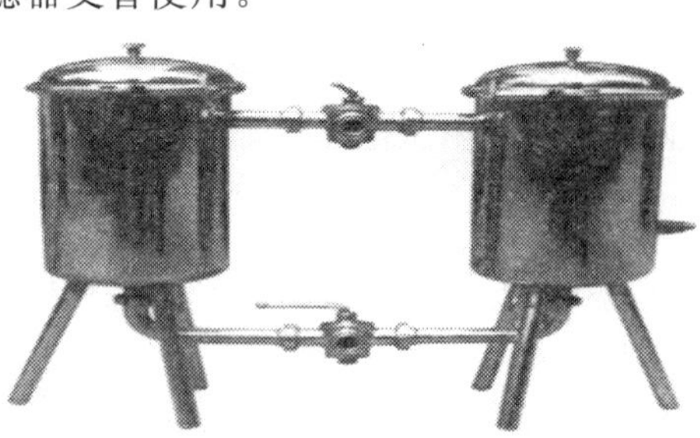

图 2-6　双联过滤器

所谓过滤就是将液体微粒的混合物，通过多孔质的材料（过滤材料）将其分开的操作。

过滤方法有常压(自然)过滤、吸滤(减压过滤)和加压过滤等。由于牛乳是一种胶体,因此多用滤孔比较粗的纱布、滤纸、金属绸或人造纤维等作过滤材料,并用吸滤或加压过滤等方法,也可采用膜技术(如微滤)除去杂质。

在牧场中,乳及时过滤具有很大的意义。在没有严格遵守卫生条件下挤乳时,乳容易被大量粪屑、饲料、垫草、牛毛和蚊蝇等所污染,因此挤下的乳必须及时进行过滤。

过去在牧场中,乳及时过滤的方法是用纱布过滤。即将消毒过的纱布折成3～4层结扎在乳桶口上,挤乳员将挤下的乳经称重后倒入扎有纱布的乳桶中,即可达到过滤的目的。用纱布过滤时,必须保持纱布的清洁,否则不仅失去过滤的作用,反而会使过滤出来的杂质与微生物重新侵入乳中,成为微生物污染的来源之一(表2-4)。所以,在牧场中要求纱布的一个过滤面不超过50kg乳。使用后的纱布,应立即用温水清洗,并用0.5%的碱水洗涤,然后再用清洁的水冲洗,最后煮沸10～20min杀菌,并存放在清洁干燥处备用。目前牧场中一般采用尼龙或其他类化纤滤布过滤,既干净,又容易清洗,且耐用,过滤效果好。

表2-4　过滤用纱布清洗程度与乳中细菌数的关系　　单位:个/毫升

纱布的处理情况	乳中的细菌	纱布的处理情况	乳中的细菌
清洁的纱布	6000	不清洁的纱布	92000

凡是将乳从一个地方送到另一个地方,从一个工序到另外一个工序,或者由一个容器送到另一个容器时,都应该进行过滤。有一种管式过滤,设备简单,并备有冷却器,过滤后可以马上进行冷却,适用于收乳站和小规模工厂的收乳间用,或用于原料乳进入贮乳罐之前的过滤。

2. 离心净乳法

原料乳经过数次过滤后,虽然除去了大部分的杂质,但是,由于乳中污染了很多极为微小的机械杂质和细菌细胞,难以用一般的过滤方法除去。为了达到最高的纯净度,一般采用离心净乳机净化。即乳的净化是利用机械的离心力,将肉眼不可见的杂质去除,使乳达到净化的目的。离心净乳机由一组装在转鼓内的圆锥形碟片组成,靠电机驱动,碟片高速旋转。牛乳在离心作用下达到圆盘的边缘,不溶性物质因为密度较大,被甩到机壳周围的污泥室,从而达到净乳的目的。离心净乳一般设在粗滤之后、冷却之前。净乳时乳温以30～40℃为宜,在净乳过程中要防止泡沫的产生。现代的离心净乳机既能处理冷乳(低于8℃)及热乳(50～60℃),还能自动定时排污。净化后的乳最好直接加工,如果短期贮藏时,必须及时进行冷却,以保持乳的新鲜度。

乳净化时的要求如下:

(1)原料乳的温度　乳温在脂肪熔点左右为好,即30～32℃。如果在低温情况下(4～10℃)净化,则会因乳脂肪的黏度增大而影响流动性和尘埃的分离。根据乳品生产工艺的设置,也可以采用40℃或60℃的温度净化,净化之后应该直接进入加工段,而不应该再冷藏。

(2)牛奶流量　根据离心净乳机的工作原理,进出分离机的牛奶流量越小,净化效果则越好。大流量时,牛奶在分离机中呆的时间短,净化不彻底。牛奶流量应低于分离机的生产能力,一般比额定数减少10%～15%。

(3)事先过滤　原料乳在进入分离机之前要先进行较好的过滤,去除大的杂质。一些大的杂质进入分离机内沉积在转鼓的四周内壁上,使转鼓的有效容积减小,影响净化效果。

（四）冷却

1. 冷却的意义

将乳迅速冷却是获得优质原料乳的必要条件。刚挤下的乳，温度在36℃左右，是微生物发育最适宜的温度，如果不及时冷却，则混入乳中的微生物就会迅速繁殖，酸度迅速增高，不仅降低乳的质量，甚至使乳凝固变质（表2-5）。所以挤出后的乳应迅速冷却到4℃左右，以抑制乳中微生物的繁殖，保持乳的新鲜度。

表2-5 乳的冷却与乳中细菌数的关系

单位：CFU/mL

贮存时间	冷却乳	未冷却的乳	贮存时间	冷却乳	未冷却的乳
刚挤出的乳	11500	11500	12h以后	7800	114000
3h以后	11500	18500	24h以后	62000	1300000
6h以后	6000	102000			

从表2-5中可以看出，未冷却的乳其中微生物增加迅速，而冷却乳的微生物则增加缓慢，6～12h微生物还有减少的趋势，这是因为低温和乳中自身抗菌物质——乳抑菌素（Lactenin）使细菌的繁殖受到抑制，但这种抗菌特性延续时间的长短随着乳温的高低和乳的细菌污染程度而异。

由表2-6可以看出，新挤出的乳，迅速冷却到低温，可以使抗菌特性保持相当长的时间。

表2-6 乳温与抗菌特性作用时间的关系

乳温(℃)	抗菌特性作用时间(h)	乳温(℃)	抗菌特性作用时间(h)
37	2以内	5	36以内
30	3以内	0	48以内
25	6以内	−10	240以内
10	24以内	−25	720以内

另外，抗菌特性与细菌污染程度的关系如表2-7所示。

表2-7 抗菌特性与细菌污染程度的关系

乳温(℃)	抗菌特性的作用时间(h)		乳温(℃)	抗菌特性的作用时间(h)	
	挤乳时严格遵守卫生制度的	挤乳时未严格遵守卫生制度的		挤乳时严格遵守卫生制度的	挤乳时未严格遵守卫生制度的
37	3.0	2.0	16	12.7	7.6
30	5.0	2.3	13	36.0	19.0

从表2-7可见原料乳污染越严重，抗菌作用时间越短。同时挤乳时严格执行卫生制度的乳样，其抗菌期比未严格执行卫生制度乳样的长。因此，挤乳时严格遵守制度和将挤出的乳迅速进行冷却，是保证鲜乳较长时间保持新鲜状态的必要条件。

2. 冷却的要求

刚挤出的乳马上降至10℃以下，就可以抑制微生物的繁殖；若降至2～3℃时，微生物几乎不繁殖；不马上加工的原料乳应降至5℃下贮藏。.

3. 冷却方法

乳的冷却方法很多，以下是几种常用的方法。

(1)水池冷却法　最普遍而简易的方法是将装乳的奶桶放在水池中用冰水或冷水进行

冷却(见图 2-7)。用水池冷却牛乳时,可使乳冷却到比冷却用水的温度高 3～4℃。在北方由于地下水温低,即使在夏天也在 10℃以下,直接用地下水即可达到冷却的目的。在南方为了使乳冷却到较低的温度,可在池水中加入冰块。

为了加速冷却,需经常进行搅拌,并按照水温进行排水和换水。池中水量应为冷却乳量的 4 倍。每隔 3d 应将水池彻底洗净后,再用石灰溶液洗涤一次。挤下的乳应随时进行冷却,不要将所有的乳挤完后才将奶桶浸在水池中。水池冷却的缺点是:冷却缓慢、消耗水量较多、劳动强度大和不易管理。

(2)冷排冷却法　冷排冷却器由金属排管组成(见图 2-8)。乳从上到下由分配槽底部的细孔流出,形成波层,流过冷却器的表面再流入贮乳槽中,冷却水(冷水或冷盐水)从冷却器的下部自下而上通过冷却器的每根排管,以降低沿冷却器表面流下的乳的温度。这种冷却器构造简单,价格低廉,冷却效率也比较高,适于小规模加工厂及乳牛场使用。

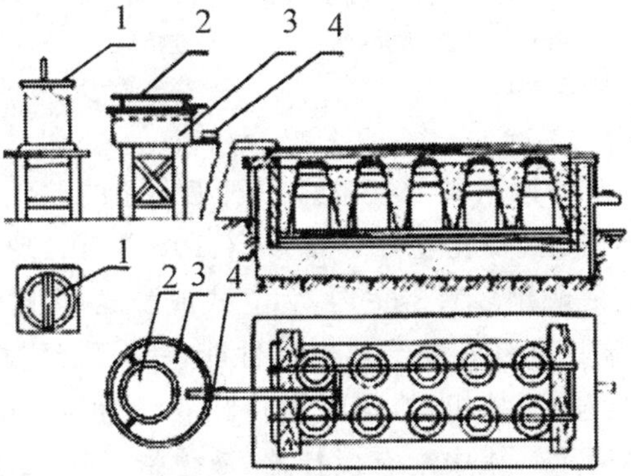

图 2-7　水池冷却乳的方法

1—量乳器;2—过滤器;3—接收槽;4—开关

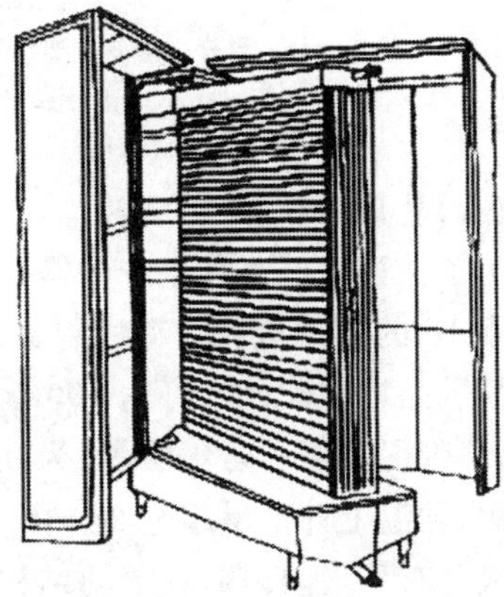

图 2-8　冷排冷却器

(3)浸没式冷却法　这是一种小型轻便灵巧的冷却器,可以插入贮乳槽或乳桶中以冷却牛乳(见图 2-9)。浸没式冷却器中带有离心式搅拌器,可以调节搅拌速度,并带有自动控制开关,可以定时自动进行搅拌,故可使牛乳均匀冷却,并防止稀奶油上浮,适合于奶站和较大规模的牧场。

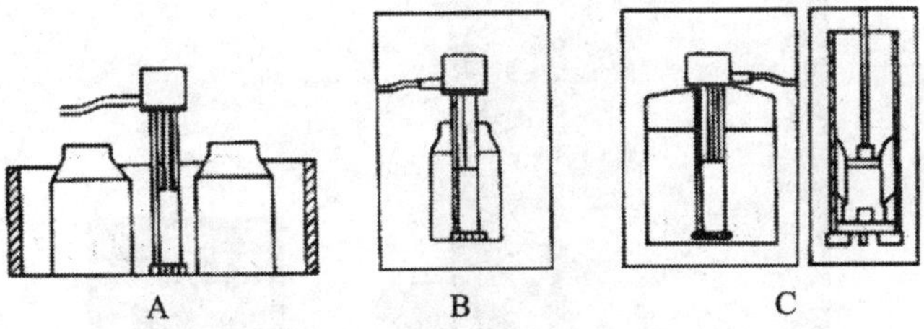

图 2-9　浸没式冷却器

A—奶桶外冷却;B—奶桶内冷却;C—奶罐内冷却

(4)板式热交换器冷却法　乳流过板式热交换器与制冷剂进行热交换后流入贮乳罐中。这种冷却器克服了浸没式冷却器因乳液暴露于空气而容易污染的缺点。其用冷盐水作冷媒,构造简单,冷却效率高,目前许多乳品厂及奶站都用此方法进行冷却,如图 2-10 所示。

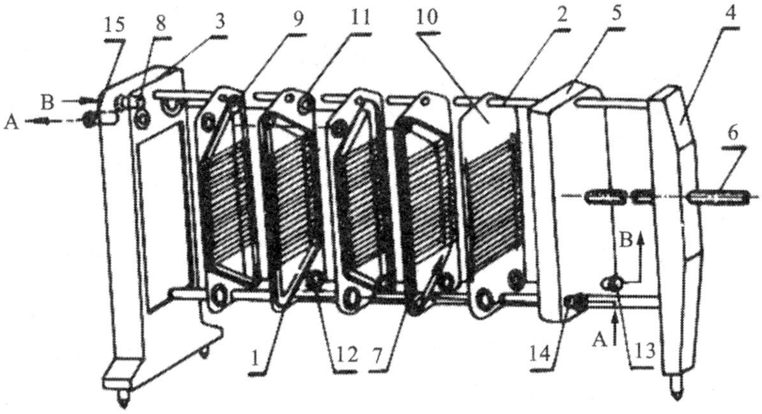

图 2-10　板式热交换器结构图

1—传热板；2—导杆；3—前支架（固定板）；4—后支架；5—紧压板；6—压紧螺杆；7—板框橡胶垫圈；8—连接管；9—上角孔；10—分界板；11—圆环橡胶垫圈；12—下角孔；13，14，15—连接管

A—乳液；B—冷盐水

(五)乳的贮存

为了保证工厂连续生产的需要，必须有一定的原料乳贮存量。一般工厂总的贮乳量应不少于1d的处理量。贮存原料乳的设备是贮乳罐，装乳能力一般为5t、10t或30t，现代化大规模乳品厂的贮乳罐可达100t。10t以下的贮藏罐多装于室内，为立式或卧式；大罐多装于室外，带保温层和防雨层，均为立式。贮乳罐具有良好的绝热保温性能，一般乳经过24h贮存后，乳温上升不得超过2～3℃，并配有适当的搅拌机构，定时搅拌乳液，防止脂肪上浮而造成分布不均匀。贮乳罐的结构如图2-11所示。罐中配有搅拌器、液位指示计、温度指示器、各种开口、不锈钢爬梯、视镜和灯孔、手孔或人孔。

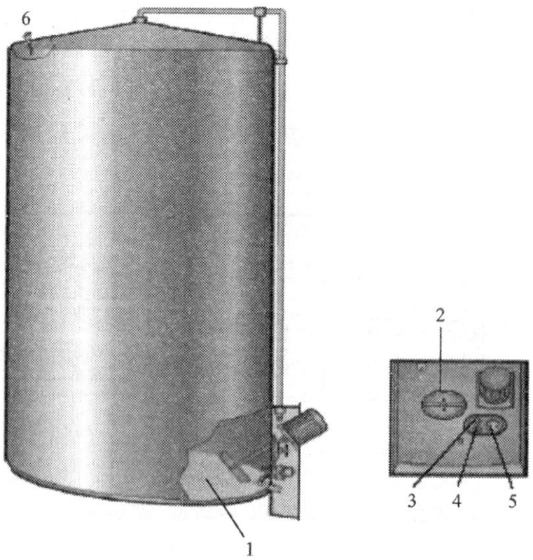

图 2-11　带探孔、指示器等的贮乳罐

1—搅拌器；2—探孔；3—温度指示器；4—低液位电极；5—气动液位指示器；6—高液位电极

贮乳罐使用前应彻底清洗、杀菌，待冷却后贮入牛乳。每罐须放满，并加盖密封。如果

装半罐，会加快乳温上升，不利于原料乳的贮存。贮存期间要开动搅拌机。

第二节　原料乳的预处理

一、原料乳的标准化

为了使产品符合要求，乳制品中脂肪与无脂干物质含量要求保持一定比例。但是原料乳中脂肪与无脂干物质的含量随乳牛品种、地区、季节和饲养管理等因素不同而有较大的差别。因此，必须调整原料乳中脂肪和无脂干物质之间的比例关系，使其符合制品的要求。一般把该过程称为标准化。如果原料乳中脂肪含量不足时，应添加稀奶油或分离一部分脱脂乳；当原料乳中脂肪含量过高时，则可添加脱脂乳或提取一部分稀奶油。标准化在贮乳罐的原料乳中进行或在标准化机中连续进行。

（一）标准化的原理

标准化后乳中的脂肪与无脂干物质之间的比值取决于原料乳中脂肪与无脂干物质之间的比例。若原料乳中脂肪与无脂干物质之间的比值不符合要求，则应对其进行调整，使其比值符合要求。

若设　F——原料乳中的含脂率（%）；

SNF——原料乳中无脂干物质含量（%）；

F_1——标准化后乳中的含脂率（%）；

SNF_1——标准化后乳中无脂干物质含量（%）；

F_2——乳制品中的含脂率（%）；

SNF_2——乳制品中无脂干物质含量（%）。

则：

$$\frac{F}{SNF}\xrightarrow{\text{调整}}\frac{F_1}{SNF_1}=\frac{F_2}{SNF_2}$$

因为$\frac{F_1}{SNF_1}=\frac{F_2}{SNF_2}$，所以 $F_1=\frac{F_2}{SNF_2}\times SNF_1$。

又因在标准化时调整量很少，标准化后乳中干物质含量变化甚微，标准化后乳中的无脂干物质含量大约等于原料乳中无脂干物质含量，即：$SNF_1=SNF$

故 $F_1=\frac{F_2}{SNF_2}\times SNF$。

若 $F_1>F$，则添加稀奶油或分离一部分脱脂乳；

若 $F_1<F$，则添加脱脂乳或提取一部分稀奶油。

（二）标准化的步骤

1. 由乳制品含脂率 F_2 计算出标准化后乳的含脂率 F_1。

2. 比较 F_1 和原料乳含脂率 F 的大小，根据生产需要决定采取的措施，是添加稀奶油（或脱脂乳）到原料乳中，还是从原料乳中分离一部分脱脂乳（或提取一部分稀奶油）。

3. 将标准化前、后的物料列入表中，进行脂肪恒算。有如下两种情况：

①如果是采取添加稀奶油（或脱脂乳）到原料乳中，如表 2-8 所示：

表 2-8　脂肪恒算(1)

项　　目		含脂率(%)	物料质量(kg)	乳脂肪质量(kg)
标准化前	原料乳	F	X	FX
	稀奶油(或脱脂乳)	Q	Y	QY
标准化后	标准化乳	F_1	$X+Y$	$F_1(X+Y)$

由于标准化前的原料乳和稀奶油(或脱脂乳)的脂肪总量等于标准化后的标准化乳脂肪总量，所以：$FX+QY=F_1(X+Y)$

式中只有一个未知数 Y，把数据代入即可求出。

②如果是采取从原料乳中分离一部分脱脂乳(或提取一部分稀奶油)，如表 2-9 所示：

表 2-9　脂肪恒算(2)

项　　目		含脂率(%)	物料质量(kg)	乳脂肪质量(kg)
标准化前	原料乳	F	X	FX
标准化后	稀奶油(或脱脂乳)	Q	Y	QY
	标准化乳	F_1	$X-Y$	$F_1(X-Y)$

对标准化前后的物料进行脂肪恒算得：$FX=QY+F_1(X-Y)$，代入数据即可求出 Y。

【例】　今有含脂率为 3.5%，总干物质含量为 12%的原料乳 5000kg，欲生产含脂率为 28%的全脂乳粉，试计算进行标准化时，需加入或者分离出多少千克含脂率为 35%的稀奶油或含脂率为 0.1%的脱脂乳。

解：(1)求标准化乳的含脂率：

由题意知原料乳 $F=3.5(\%)$，$SNF=12-3.5=8.5(\%)$

则标准化乳 $SNF_1=SNF=8.5(\%)$

由于乳制品 $F_2=28(\%)$，$SNF_2=100-28=72(\%)$(含水量忽略不计)

根据 $\frac{F_1}{SNF_1}=\frac{F_2}{SNF_2}$ 得：

$$F_1=\frac{F_2}{SNF_2}\times SNF_1=\frac{28}{72}\times 8.5=3.3(\%)$$

(2)由于 $F_1<F$，则应加脱脂乳或提取稀奶油进行标准化调整。

①如果是添加脱脂乳到原料乳中，结果如表 2-10：

表 2-10　脂肪恒算(1)

项　　目		含脂率(%)	物料质量(kg)	乳脂肪质量(kg)
标准化前	原料乳	3.5	5000	$3.5\%\times 5000$
	脱脂乳	0.1	Y	$0.1\%Y$
标准化后	标准化乳	3.3	$5000+Y$	$3.3\%(5000+Y)$

对标准化前后物料进行脂肪恒算得：

$$3.5\%\times 5000+0.1\%Y=3.3\%(5000+Y)$$

解方程得：$Y=312.5(\mathrm{kg})$

②如果是从原料乳中提取一部分稀奶油，结果如表 2-11：

表 2-11　脂肪恒算(2)

项目		含脂率(%)	物料质量(kg)	乳脂肪质量(kg)
标准化前	原料乳	3.5	5000	3.5%×5000
标准化后	稀奶油	35	Y	35%Y
	标准化乳	3.3	5000－Y	3.3%(5000－Y)

对标准化前后物料进行脂肪恒算得：

$$3.5\% \times 5000 = 35\% Y + 3.3\%(5000 - Y)$$

解方程得：$Y=31.5$(kg)

即需要加脂肪含量为 0.1%的脱脂乳 312.5kg 到原料乳中，或者从原料乳中提取出 35%的稀奶油 31.5kg。

为了使计算更精确，可先计算脱脂乳及稀奶油的无脂干物质(SNF)，再按上述方法进行标准化。

(1)脱脂乳中无脂干物质的计算　首先测定原料乳的含脂率及无脂干物质，然后按下式计算：

$$SNF(\%) = \frac{\text{牛乳的无脂干物质}(\%)}{100 - \text{牛乳的含脂率}(\%)} = \frac{SNF(\%)}{100 - F(\%)} \times 100$$

【例】 从含脂率 3.4%，无脂干物质 7.9%的原料乳分离脱脂乳。求该脱脂乳中的无脂干物质含量。

解：$SNF(\%) = \frac{7.9}{100-3.4} \times 100 = 8.18(\%)$

(2)稀奶油中无脂干物质的计算

$$\text{稀奶油的无脂干物质}(\%) = \frac{100 - \text{稀奶油的含脂率}(\%)}{100} \times \text{脱脂乳的无脂干物质}(\%)$$

即：

$$SNF_{稀}(\%) = \frac{100 - F_{稀}}{100} \times SNF_{脱}$$

【例】 把含脂率为 3.5%的原料乳分离，其脱脂乳中非脂乳固体含量为 8.2%，稀奶油中脂肪量为 40%。稀奶油中非脂乳固体含量为多少？

解：$F_{稀} = 40(\%)$，　$SNF_{脱} = 8.2(\%)$

$SNF_{稀} = \frac{100-40}{100} \times 8.2 = 4.9(\%)$

故稀奶油中的非脂乳固体含量为 4.9%。

二、均质

(一)均质的意义

在强大的机械作用下(16.7～20.6MPa)将乳中大的脂肪球破碎成小的脂肪球，并使其均匀一致地分散在乳中，这一过程称为均质。均质可防止脂肪球上浮。图 2-12 为均质前后脂肪球大小的变化。

牛乳在放置一段时间后，有时上部分会出现一层淡黄色的脂肪层，称为“脂肪上浮”。这种

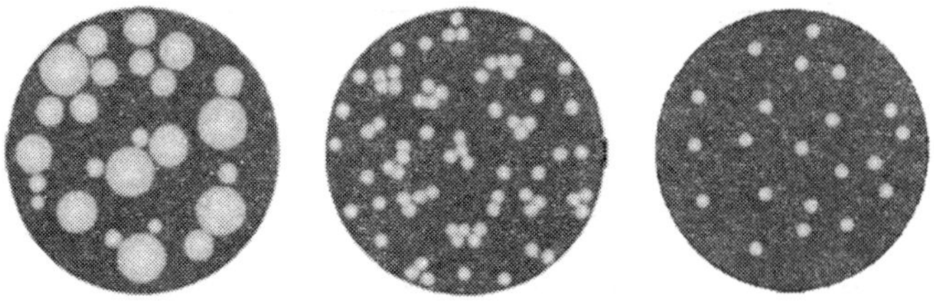

(a)　　(b)　　(c)

图 2-12　均质前后的脂肪球

(a)未均质；(b)一级均质；(c)二级均质

现象的产生主要是因为乳脂肪的比重小(0.945)、脂肪球直径大，容易聚结成团块。脂肪上浮影响乳的感官质量，所以原料乳在经过验收、净化、冷却、标准化等预处理之后，必须进行均质处理。均质使较大的脂肪球以数量更多的较小的脂肪球颗粒均匀一致地分散在乳中，脂肪球数目的增加，同时增加了光线在牛乳中折射和反射的机会，使得均质乳的颜色更白。

自然状态的牛乳，其脂肪球大小不均匀，直径变动于 1～10μm 之间，一般为 2～5μm。如经均质，脂肪球直径可控制在 1μm 左右，这时乳脂肪表面积增大，浮力下降，乳可长时间保持不分层，且不易形成稀奶油层脂肪，也就不易附着在贮乳罐的内壁和盖上。另一方面，经均质后的牛乳脂肪球直径减小，脂肪均匀分布在牛乳中，其他的维生素 A 和维生素 D 也呈均匀分布，促进了乳脂肪在人体内的吸收和同化作用。

在巴氏杀菌乳的生产中，一般均质机的位置处于杀菌机的第一热回收段；在间接加热的超高温灭菌乳生产中，均质机位于灭菌之前；在直接加热的超高温灭菌乳生产中，均质机位于灭菌之后，因此应使用无菌均质机。

均质不仅可以防止脂肪球上浮，而且还具有其他一些优点：经均质后的牛乳脂肪球直径减小，易消化吸收；使乳蛋白质凝块软化，促进消化和吸收；在配制干酪生产中，可使乳凝固加快，乳产品风味更加一致。

除以上优点外，均质后的牛乳也呈现出一些不足：对阳光、解脂酶等敏感，有时会产生金属腥味；蛋白质的热稳定性降低。

(二)均质的工艺要求

均质前需要进行预热，使乳温达到 60～65℃。均质方法一般采用二段式，即第一段均质使用较高的压力(16.7～20.6MPa)，目的是破碎脂肪球，如图 2-12(b)所示，第二段均质使用低压(3.4～4.9MPa)，目的是分散已破碎的小脂肪球，防止粘连，如图 2-12(c)所示。

(三)影响均质的因素

(1)含脂率　含脂率过高时会在均质时形成脂肪球粘连，因为大脂肪球破碎后形成许多小脂肪球，而形成新的脂肪球膜需要一定的时间，如果均质乳的脂肪率过高，那么新的小脂肪球间的距离就小，这样会在保护膜形成之前因脂肪球的碰撞而产生粘连。当含脂率大于 12%时，此现象就易发生，所以稀奶油的均质要特别注意。

(2)均质温度　均质温度高，均质形成的粘化乳现象就少，一般在 60～70℃为佳。低温下均质产生粘化乳现象较多。

(3)均质压力　均质压力低，达不到均质效果；压力过高，又会使酪蛋白受影响，对以后的灭菌十分不利，杀菌时往往会产生絮凝沉淀。

(四)均质效果检测

均质可采取全部式或部分式均质。全部式均质一般应用于含脂率大于12%的牛乳或稀奶油,这样不会产生粘化乳现象,即脂肪球粘连。部分式均质是一种只对原料的1/2或1/3进行均质的方法,这主要是对含脂率高的稀奶油而言,以防产生粘化乳现象。均质效果可以用显微镜、离心或静置的方法来检验。

(1)显微镜检验　一般采用100倍的显微镜镜检,可直接观察均质后乳脂肪球的大小和均匀程度。在显微镜下直接用油镜镜检脂肪球的大小是最方便、最直接和快速的方法,但缺点是只能定性不能定量,而且要有较丰富的实践经验。

(2)均质指数法　用分液漏斗或量筒取250mL均质乳样,放在4℃或6℃下保持48h,然后分别检测上层1/10和下层9/10两部分的含脂率,检测时每部分充分混匀。最后根据公式算出均质指数。牛乳均质指数应在1～10范围内。

$$均质指数=\frac{上层含脂率-下层含脂率}{上层含脂率}\times 100$$

(3)尼罗(NIZO)法　取25mL乳样在半径为250mm、转速为1000r/min的离心机内,于40℃条件下离心30min,然后取下层20mL样品和离心前样品分别测其含脂率,二者相除,乘以100即得尼罗值。一般巴氏杀菌乳的尼罗值在50%～80%的范围内。此法较迅速,但精确度不高。

(4)激光测定法　激光光束通过均质乳样时,其光的散射取决于脂肪球的大小和数量,然后将结果转换成脂肪球分布图即可。此法快速准确,但仪器昂贵,不适于乳品厂使用。

三、真空脱气

牛乳刚刚被挤出后含5.5%～7%的气体,经过贮存、运输和收购后,一般其气体含量在10%以上,而且绝大多数为非结合的分散气体。这些气体对牛乳加工的破坏作用主要有:

(1)用体积法计量时失去准确性;

(2)使巴氏杀菌机中结垢增加,影响传热效果;

(3)影响分离和分离效率;

(4)影响牛乳标准化的准确度;

(5)影响奶油的产量,使产量下降;

(6)产品容易发生氧化,质量下降;

(7)发酵乳制品稳定性降低(乳清析出)。

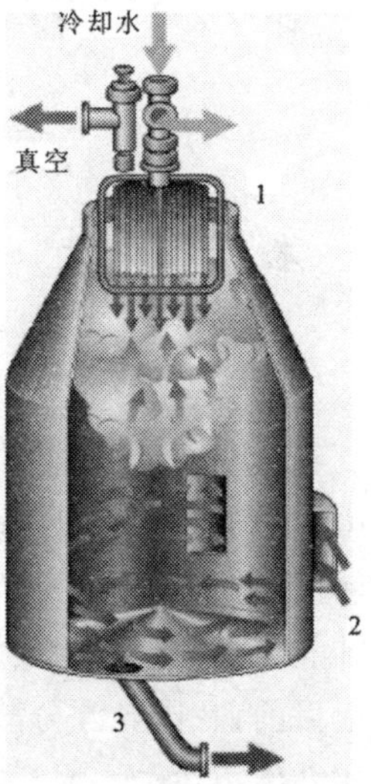

图2-13　真空脱气罐

1—安装在罐里的冷凝器;
2—切线方向的牛乳进口;
3—带水平控制系统的牛乳

所以,在牛乳处理的不同阶段进行脱气是非常必要的。首先,要在乳槽车上安装脱气设备,以避免泵送牛乳时影响流量计的准确度。其次,是在乳品厂收乳间流量计之前安装脱气设备,如图2-2所示。但是上述两种方法对乳中细小的分散气泡是不起作用的。因此在进一步处理牛乳的过程中,还应使用真空脱气罐,以除去细小的分散气泡和溶解氧。图2-13为牛乳和空气在带有冷凝器的空气分离器里的流动。

图2-14为带有真空脱气罐的牛乳处理工艺流程。工作时,牛乳经板式换热器预热到

68℃后，泵入真空脱气罐内，预先将真空罐内真空度调节到相当于沸腾温度为 60℃的真空度，则牛乳温度立刻降到 60℃。由于是超沸点进料，物料会立即沸腾，且低压下释放出牛乳中的空气，这时牛乳中空气和部分牛乳蒸发到罐顶部，遇到安装在罐内上部的冷凝器后，蒸发的牛乳被冷凝，再回到罐底部，而空气及一些非冷凝气体(异味)由真空泵抽吸除去。一般脱气的牛乳在 60℃条件下进行分离、标准化和均质，然后进入杀菌机杀菌。

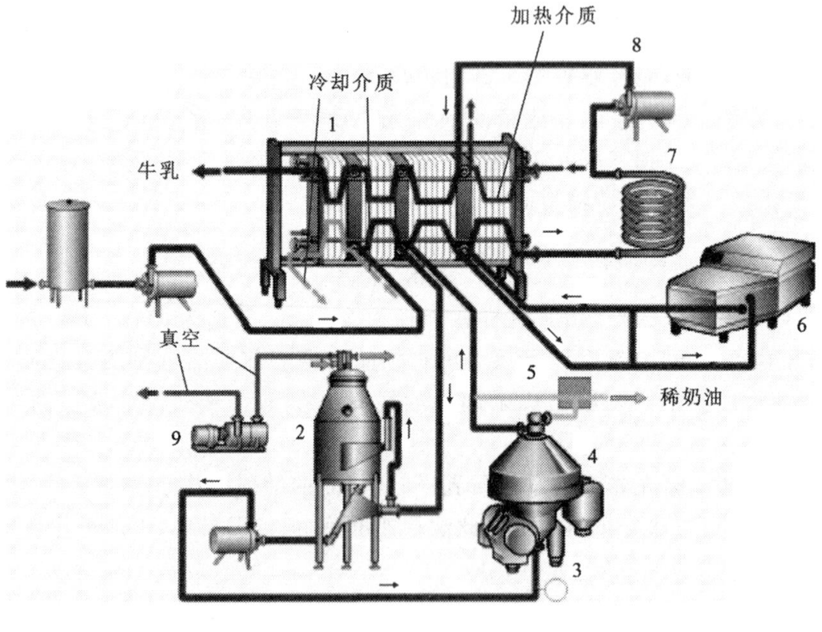

图 2-14 带有真空脱气罐的工艺流程图

1—巴氏杀菌机；2—真空脱气罐；3—流量控制器；4—分离机；
5—标准化单元；6—均质机；7—保温管；8—增压泵；9—真空泵

本章小结

本章主要阐述原料乳的质量标准、验收方法及预处理方法。

我国规定生鲜牛乳收购的质量标准包括感官指标、理化指标及微生物指标，执行 GB 19301—2010。原料乳进行验收时，通常要进行以下项目的检验：感官(色泽、滋气味、组织状态)检验、酸度(煮前酸度、煮后酸度)及 pH 值检验、煮沸试验、酒精试验、杂质度检验、各种成分(可利用红外线牛乳全成分测定仪)检验、掺假检验、细菌总数检验、新鲜度检验、抗生素检验。

目前，我国乳源分散的地方多采用乳桶运输；乳源集中的地方或运输距离较远的地方多采用乳槽车运输。原料乳的预处理包括：计量、净化、冷却、标准化、均质和脱气等。原料乳净化的目的是去除乳中的机械杂质并减少微生物数量。净化乳的方法有过滤法和离心净乳法两种，净化一般采用离心净乳机进行。

乳的冷却方法有多种，主要包括水池冷却法、冷排冷却法、浸没式冷却器冷却法、板式热交换器冷却法。乳的贮存设备一般采用不锈钢材料制成，贮乳罐外边有绝缘层(保温层)或冷却夹层，以防止罐内温度上升。贮罐要求保温性能良好，一般乳经过 24h 贮存后，乳温上升不得超过 2～3℃。

乳的标准化就是根据不同产品的要求，对原料乳的成分（脂肪和蛋白质）进行调整，以达到产品的标准要求。乳脂肪标准化有两种操作方式：一种是根据计算，将全脂乳和脱脂乳（或稀奶油）按一定比例混合；一种是利用标准化设备直接在管线上进行。

乳的均质是指在机械处理条件下，将脂肪球破碎成较小的脂肪球，并使其均匀分散于乳中。常用的均质设备是均质机。

复习思考题

一、名词解释

乳的过滤　乳的标准化　均质　酒精试验　乳的净化

二、填空题

1. 目前，我国乳源分散的地方多采用（　　）运输，乳源集中的地方或运输距离较远的地方多采用（　　）运输。

2. 原料乳净化的目的是去除乳中的机械杂质并减少（　　）。

3. 净化乳的方法有（　　）和（　　）两种。

4. 乳的冷却方法有多种，主要包括（　　）、（　　）、（　　）。

5. 贮乳罐要求保温性能良好，一般乳经过 24h 贮存后，乳温上升不得超过（　　）。

三、简述题

1. 原料乳的质量标准有哪些？

2. 我国原料乳验收分哪些方面？

3. 影响均质的因素有哪些？

四、技能题

1. 简述原料乳的验收项目及各验收项目操作步骤要求。

2. 今有含脂率为 3.5％的原料乳 5000kg，要将其标准化成含脂率为 3.1％的标准化乳，试计算标准化时需加入含脂率为 0.1 ％ 的脱脂乳或者分离出含脂率为 35％的稀奶油多少千克？

实训二　新鲜度检验（二）

一、酒精试验

（一）实训原理

乳中的酪蛋白在鲜乳中以稳定的胶体状态存在，当加入酒精后，酒精具有脱水作用，使酪蛋白胶粒周围的水化层被脱掉，胶粒变成只带负电荷的不稳定状态。当乳的酸度增高或因某种原因盐类平衡发生变化时，氢离子或钙离子与负电荷作用，使乳发生絮状沉淀。

经试验证明，乳的酸度与引起酪蛋白沉淀的酒精浓度存在着一定的关系，故可利用不同浓度的酒精测定被检乳样，以是否结絮来判定乳的酸度。

（二）实训试剂

中性酒精 68°、70°和 72°（酒精计上的读数）。

（三）实训仪器

试管，吸管。

（四）操作方法

取 2～3mL 乳样注入试管内，加入等量的中性酒精，迅速充分混匀后观察结果。

（五）判定标准

在 68°酒精中不出现絮片者，酸度低于 20°T；在 70°酒精中不出现絮片者，酸度低于 19°T；在 72°酒精中不出现絮片者，酸度低于 18°T。

二、杂质度测定

（一）实训原理

为了测定牛乳中肉眼可见的不溶性异物，从而判定牛乳挤出后的处理是否卫生或乳粉等乳制品的加工质量情况，必须作杂质测定，此为原料乳检查的主要项目之一。标准杂质比色板根据国家标准要求制备成 1～4 号，分别代表杂质的相对含量。用样品杂质板和标准杂质板对照即可得出乳样每千克含杂质的毫克数。

（二）仪器与试剂

（1）抽滤瓶装置。

（2）棉质过滤板。

（3）标准杂质比色板。

（三）实训步骤

（1）取 500mL 充分搅拌后的乳样，或取乳粉 62.5g 用经过过滤的水充分调和，加热至 60℃。

（2）用棉质过滤板对乳样进行过滤或抽滤。

（3）用水冲洗粘附在过滤板上的牛乳。

（4）过滤板置烘箱中烘干后，与标准杂质比色板比较，即可得出过滤板上的杂质量。

实训三　牛乳的理化检验（脂肪含量，盖玻氏法）

（一）实训原理

这是一种容量法，即在乳中加入一定浓度的硫酸，可破坏乳的胶态性质，使牛乳中的酪蛋白钙盐变成可溶性的重硫酸酪蛋白化合物，并能减少脂肪球的附着力，同时还可增加液体比重，使脂肪更容易浮出。加入异戊醇能促使脂肪从蛋白质中游离出来，并能强烈地降低脂肪球的表面张力，从而促使其结合成为脂肪团。在操作中加热和离心，更能使脂肪完全而迅速地分离。

（二）仪器与试剂

（1）乳脂瓶（盖玻氏管）。

(2)浓硫酸(H_2SO_4,分析纯):密度 $d_{20}=1.82$g/mL。

(3)异戊醇:$d_{20}=0.81$g/mL(要求纯度很高的试剂,否则结果很难显示)。

(4)吸管:10mL;1mL。

(5)水浴锅:保持温度在 65℃。

(6)盖玻氏离心器(1100r/min)。

(三)实训步骤

(1)充分混匀乳样,注意尽量减少空气混入量,可以稍等片刻让牛奶释放气泡。在吸液前再次缓慢摇匀。

(2)在乳脂瓶中加入硫酸 10mL。

(3)再沿管壁小心加入乳样 11mL,不要使其混合。

(4)然后加 1mL 异戊醇。

(5)塞上橡皮塞,用布包裹乳脂瓶用力摇动,颠倒乳脂瓶几次,直到所有牛乳变成均匀棕色液体。静置数分钟(瓶口向下),置 65℃水浴中至少 5min,直到蛋白质彻底溶解。整个液体体积必须浸没在水面以下。

(6)取出颠倒乳脂瓶(瓶口向上),置乳脂瓶于离心机中以 1100r/min 的转速离心 5min。

(7)再次颠倒乳脂瓶(瓶口向下),置 65℃水浴中 5min。取出立即读数,读数以脂肪柱弯弓面下限为准,所得数即为乳脂肪百分数。可读至 0.5%。如果脂肪层呈现浊液状或脂肪在内表面形成柱塞,这个实验就不成功。

实训四　掺假检验

一、掺碱(碳酸钠)的检验

(一)实训原理

鲜乳保藏不好时酸度往往升高,加热煮沸时会发生凝固。为了避免被检出高酸度乳,有时向乳中加碱。感官检查时对色泽发黄,有碱味,口尝有涩味的乳应进行掺碱检验。常用的有玫瑰红酸定性法。玫瑰红酸的 pH 值测定范围为 6.9～8.0,鲜牛乳中加碱后,氢离子浓度发生变化,可使酸碱指示剂变色,其颜色由黄色变为玫瑰红色,由颜色的不同,判断加碱量的多少。

(二)主要材料及仪器

试管 2 支,0.05%玫瑰红酸酒精溶液(0.05g 玫瑰红酸溶解于 100mL 95%的酒精中)。

(三)操作步骤

取 5mL 乳样于试管中,向其中加入 5mL 玫瑰红酸酒精溶液,摇匀,观察结果,同时用已知未掺碱乳做空白对照试验。

(四)结果判定

未掺碱乳呈黄色,掺入碱时呈玫瑰红色,且掺入越多,玫瑰红色越深、越鲜艳。

二、掺淀粉的检验

(一)实训原理

掺水的牛乳,乳汁变得稀薄,相对密度降低。向乳中掺淀粉可使乳变稠,相对密度接近正常。对怀疑掺淀粉的乳，可利用淀粉遇碘变色的原理进行检验。

(二)主要材料及仪器

碘溶液(将 2g 碘和 4g 碘化钾溶解定容至 100mL 即可)，试管 2 支，5mL 移液管 1 支。

(三)操作步骤

取乳样 5mL 注入试管中，加入碘溶液 2～3 滴，观察颜色变化。

(四)结果判定

如果牛奶中掺有淀粉、米汁，则出现蓝色或蓝青色；如掺入糊精类，则为紫红色。

三、掺食盐的检验

(一)实训原理

向乳中掺盐，可以提高乳的相对密度和降低冰点，口尝有咸味的乳有掺盐的可能，需进行掺盐检验。乳本身含有的氯离子与硝酸银作用生成氯化银沉淀，过量的硝酸银与铬酸钾反应生成红色的铬酸银沉淀。但当乳中有过量的氯离子时，就会将红色的铬酸银转化为氯化银，使乳液呈黄色。

(二)主要材料及仪器

0.01mol/L 硝酸银溶液，10%铬酸钾水溶液，试管 2 支，1mL 移液管 1 支。

(三)操作步骤

取乳样 1mL 于试管中，滴入 10%铬酸钾 2～3 滴后，再加入 0.01mol/L 硝酸银 5mL(如果检测羊乳，则加入硝酸银 7mL)摇匀，观察试管中乳样的颜色变化，同时做空白对照试验。

(四)结果判定

溶液呈黄色表明掺有食盐，呈棕红色表明未掺食盐。

四、掺芒硝的检测

(一)实训原理

芒硝($Na_2SO_4 \cdot 10H_2O$)较大量地掺入牛奶中而不会引起凝结，可增加牛奶的比重。玫瑰红酸钠与氯化钡($BaCl_2$)生成红色的玫瑰红酸钡沉淀，如果牛奶中掺入芒硝，则含硫酸根离子(SO_4^{2-})较高，SO_4^{2-} 与 Ba^{2+} 生成细腻的 $BaSO_4$ 沉淀，使玫瑰红酸钡的红色褪去。

(二)试剂

20%醋酸溶液，1%氯化钡溶液，1%玫瑰红酸钠乙醇溶液。

(三)操作方法

吸取被检乳 5mL 于试管中，加 1～2 滴 20%醋酸、4～5 滴 1%氯化钡溶液、2 滴 1%玫瑰红酸钠乙醇溶液，混匀，静置，观察试管中乳样的颜色变化，同时做空白对照试验。

(四)结果判定

掺芒硝的牛乳呈淡褐黄色，而不含芒硝的牛乳为玫瑰红色。

五、掺碳酸铵的检测

(一)实训原理

牛乳中的铵离子或氨气与碘化汞的复盐试液反应，使乳液变色。本法检测灵敏度为 0.06%。

(二)试剂

纳氏试剂:称取 45.5g 碘化汞、34.9g 碘化钾溶于约 100mL 水中;在另一大烧瓶内加约 500mL 水,加 112g 氢氧化钾,混匀,使溶解,此液会发热,待冷至室温时将上述两液混合,并用水补足至 1000mL,静置 2~3 天后,取上清液贮于聚乙烯塑料瓶中,备用。

(三)操作方法

取 5mL 被检测牛乳于试管中,加 6~7 滴纳氏试剂,摇匀,观察颜色及混浊情况,同时做空白对照试验。

(四)结果判定

如牛奶中掺有碳酸铵,则试管中溶液呈黄色或淡橙色;正常乳的颜色无变化。

六、掺豆浆的检测

(一)原理

豆浆中含有皂角素,可溶于热水或酒精中,然后可与氢氧化钠(或氢氧化钾)生成黄色化合物,据此进行检测。

(二)试剂和仪器

醇醚混合液:乙醇和乙醚等量混合,25%氢氧化钠(钾)溶液,200mm×20mm 试管和 2mL、5mL 试管。

(三)操作步骤

取 2mL 乳样于试管中,加入 3mL 醇醚混合液,充分混匀,加入 5mL 25%氢氧化钠(钾)溶液,混匀,在 5~10min 内观察颜色变化。同时用纯牛乳做对照实验。

(四)结果判定

如掺入 10%以上豆浆,则试管中液体呈微黄色;纯牛乳呈乳白色。

七、掺牛尿的检测

(一)实训原理

牛尿中含有肌酐,乳样经去蛋白质后,在碱性条件下,肌酐与苦味酸盐作用,生成橙红色的苦味酸肌酐。本法灵敏度为 2%。

(二)试剂

(1)钨酸蛋白沉淀剂:水 800mL,0.34mol/L 硫酸 100mL,85%磷酸 0.1mL,10%钨酸盐 10mL,将上述试剂依次加入水中,混合均匀。

(2)10%氢氧化钠溶液。

(3)碱性苦味酸盐试剂:取 5mL 饱和苦味酸,加 1mL 10%氢氧化钠溶液,临用前混合。

(三)仪器

离心机,吸管,试管等。

(四)操作方法

(1)取 5mL 乳样于试管中,加 5mL 钨酸蛋白沉淀剂,摇匀,离心,取上清液 5mL 于另一试管中,加 4~5 滴 10%氢氧化钠溶液。

(2)再加 0.5mL 碱性苦味酸盐试剂,充分混匀,放置 15min,观察试管中液体颜色变化,同时做空白对照试验。

(五)结果判定

如牛乳中掺入牛尿，则呈红褐色，正常乳仍为苦味酸试剂固有的黄色。

八、掺尿素的检测

(一)实训原理

在酸性条件下，乳样中的尿素与亚硝酸钠作用生成黄色物质。而当乳样中无尿素时，亚硝酸钠与对氨基苯磺酸发生重氮反应，其产物与萘胺起偶氮作用，生成紫红色物质。

(二)试剂

1%亚硝酸钠溶液；浓硫酸；格里斯试剂：称取 89g 酒石酸、10g 对氨基苯磺酸、1g 萘胺，混合研磨成粉末，贮存于棕色试剂瓶中，暗处保存。

(三)操作方法

(1)取 3mL 待检乳于试管中，加 1mL 1%亚硝酸钠溶液、1mL 浓硫酸，摇匀放置 5min。

(2)待泡沫消失后，加 0.5g 格里斯试剂，摇匀，观察试管中液体颜色的变化，同时作空白对照试验。

(四)结果判定

如牛乳中掺有尿素，则试管中的液体呈黄色，正常牛乳试管中液体为紫红色。

九、掺蔗糖的检测

(一)实训原理

在酸性条件下，乳样中的蔗糖与间苯二酚作用，呈红色。

(二)试剂

10%间苯二酚酒精溶液，1+2 稀盐酸。

临用前将两者等体积混合，得改良史氏试剂。

(三)操作方法

取牛乳 1ml 于试管中，加改良史氏试剂 1ml，在酒精灯上煮沸半分钟后立即观察颜色变化，同时做空白对照试验。

(四)结果判定

掺蔗糖乳加热后呈红色，正常乳呈微黄色。

十、掺硼酸、硼砂的检测

(一) 原理

姜黄试纸被硼酸或其盐类的酸性溶液润湿后烘干时，有棕红色的斑点出现。加酸时，斑点的颜色不改变，加碱时变为蓝绿色或墨绿色。

(二) 试剂

6N 盐酸；4%碳酸钠溶液；0.1N 氢氧化钠溶液；姜黄试纸：称取 20g 姜黄粉末，用冷水浸渍 4 次，每次各 100mL，除去水溶性物质后，残渣置 100℃ 干燥，加 100mL 乙醇，浸渍数日，过滤，取 1cm×8cm 滤纸条，浸入溶液中，取出，于空气中干燥，贮于有色玻璃瓶中。

(三) 仪器

瓷坩埚，电炉，水浴锅，表面皿。

(四)操作方法

(1)取 20mL 乳样于瓷坩埚中,加 4%碳酸钠溶液至呈碱性,置水浴上蒸干。

(2)移至电炉上小火炭化,再移至高温炉(500℃)中灰化,取出冷却,加 10mL 水后加热煮沸,使残渣溶解,放冷,过滤,滤液滴加 6N 盐酸使呈酸性。

(3)把姜黄试纸浸入酸性的滤液中,片刻后取出,将试纸置于表面皿上,置 60℃干燥,观察颜色变化,在其变色部分熏以氨水,再观察颜色变化。

(五)结果判定

如果乳中有硼酸、硼砂存在时,试纸先是显红色或橙红色,变色部分熏以氨水后显墨绿色。

(六)说明

结果判定也可采取焰色反应。在瓷坩埚中,加硫酸及乙醇各数滴,直接点火,如有硼酸或硼砂存在时,火焰呈绿色。

十一、掺甲醛的检测

(一)原理

在硫酸溶液中,乳中的甲醛与变色酸作用生成紫红色化合物。

(二)试剂

稀硫酸(水∶浓硫酸＝1∶5),溴化钾结晶。

(三)操作方法

取 3mL 稀硫酸于试管中,加溴化钾结晶一小粒,摇匀,立即沿管壁加牛乳 1mL,观察颜色变化,同时做空白对照试验。

(四)结果判定

牛乳中有甲醛存在,则显紫色环带,否则为橙黄色。本法灵敏度为 0.002%。

十二、掺过氧化氢的检测

(一)原理

过氧化氢分解碘化钾淀粉溶液,碘和淀粉反应呈蓝色。

(二)试剂

碘化钾淀粉溶液:将 3g 淀粉用 5～10mL 凉水混匀,然后边搅拌边加沸水至 100mL,在此溶液内溶入 3g 纯碘化钾,此试剂极不稳定,不宜贮存。

(三)操作方法

取 5mL 检样乳于试管中,加 0.5mL 碘化钾淀粉溶液,充分混匀后,观察乳的颜色变化。

(四)结果判定

如 10min 后乳仍为白色,则表示乳中无过氧化氢;如乳略变蓝色,则表示乳中有过氧化氢。

(五)说明

假如乳中有微量的过氧化氢存在,则应将乳放在 80～85℃的温度下加温数分钟,然后重新用上述方法检查。

生产上为提高效率,通常用“过氧化氢(双氧水)检测试纸条”快速检测。其原理是将能与过氧化氢起高特异性化学反应的酶试剂固定于吸水纸上，选择合适的显色剂，产生颜色变化，其变色程度(快慢、深浅)和待测样品中过氧化氢浓度呈正相关，通过与标准色卡比较，即可判断结果。

十三、掺石灰水的检测

(一)原理

正常牛乳含钙量小于1%，加入硫酸钠溶液、玫瑰红酸钠溶液及氯化钡溶液后呈现红色，如牛乳中掺有石灰水，则生成硫酸钙沉淀，呈白土色。

(二)试剂

1%硫酸钠溶液，1%氯化钡溶液，1%玫瑰红酸钠溶液。

(三)操作方法

取5mL乳样于试管中，加入1%硫酸钠溶液、1%氯化钡溶液、1%玫瑰红酸钠溶液各1滴，观察颜色变化，同时做空白对照试验。

(四)结果判定

正常牛乳呈红色，掺石灰水的牛乳呈白土色沉淀，本法的灵敏度为0.01%。

十四、掺重铬酸钾的检测

(一)原理

重铬酸钾与硝酸银反应发生颜色变化。

(二)试剂

2%硝酸银溶液。

(三)操作方法

取2mL乳样注入试管中，加等量2%硝酸银溶液，混匀后观察其颜色变化，同时做空白对照试验。

(四)结果判定

若溶液呈淡红色或红黄色，则表示乳中含有重铬酸钾。

十五、掺洗衣粉的检测

(一)实训原理

牛乳中掺洗衣粉后，十二烷基苯磺酸钠在紫外线下发荧光。此法检测的灵敏度为0.1%。

(二)仪器

紫外线分析仪(365nm)。

(三)操作方法

取10mL乳样于蒸发皿上，在暗室中置于波长为365nm的紫外线分析仪下观察荧光，同时做空白对照试验。

(四)结果判定

如牛乳中掺洗衣粉，则发出银白色荧光；正常牛乳无荧光，呈乳黄色。

实训五　卫生指标检验

一、抗生素残留检验(TTC 法)

在防治乳牛疾病时，经常使用抗生素，特别是治疗牛乳房炎，有时将抗生素直接注射到乳房内。因此，经抗生素治疗过的乳牛，其乳中在一段时期内会残存着抗生素，它会影响发酵乳品的生产，对某些人引起过敏反应，也会使某些菌株产生抗药性等，所以，对鲜乳进行抗生素残留检验十分必要。

(一)实训原理

抗生素残留检验是通过 TTC 试验来判定的。往检样中先后加入菌液和 4% TTC 指示剂(2,3,5-氯化三苯四氮唑)，如检样中有抗生素存在，则会抑制细菌的繁殖，TTC 指示剂不被还原、不显色；反之，则细菌大量繁殖，TTC 指示剂被还原而显红色，从而可以判定有无抗生素残留。

(二)仪器和试剂

(1)10mL 试管及配套胶塞，10mL、1mL 移液管，250mL 三角瓶，秒表，(36±1)℃水浴锅，80℃水浴锅。

(2)菌液制备：将嗜热乳酸链球菌接种入灭菌脱脂乳，置(36±1)℃水浴锅中保温 15h，然后再用灭菌脱脂乳以 1∶1 比例稀释备用。

(三)操作步骤

(1)取乳样 9mL 放入试管中，置 80℃水浴中保温 5min，冷却至 37℃以下。

(2)加入菌液 1mL，置(36±1)℃水浴锅中保温 2h，加入 4% TTC 指示剂水溶液 0.3mL，置(36±1)℃水浴锅中保温 30min，观察牛乳颜色的变化。

(四)结果的判定

加入 TTC 指示剂并于水浴中保温 30min 后，如检样呈红色，说明无抗生素残留，即报告结果为阴性；如检样不显色，再继续保温 30min 作第二次观察，如仍不显色，则说明有抗生素残留，即报告结果为阳性，显色状态判断标准见表 2-12。

表 2-12　显色状态判断标准

显色状态	判　断
未显色者	阳性
微红色者	可疑
桃红色→红色	阴性

二、菌落总数的检验

参见 GB 4789.2—2016《食品安全国家标准　食品微生物学检验　菌落总数测定》

三、大肠菌群的检验

参见 GB 4789.3—2016《食品安全国家标准　食品微生物学检验　大肠菌群计数》

第三章 液态乳的加工技术

知识目标

1. 了解液态乳的概念及分类。
2. 掌握巴氏杀菌乳、超高温灭菌乳的加工原理和工艺流程。

技能目标

1. 掌握巴氏杀菌乳加工技术和质量管控方法。
2. 掌握超高温灭菌乳的加工技术和质量管控方法。

第一节 液态乳简述

市乳(Market Milk)泛指上市供应的各种液态牛乳，包括不同脂肪含量的消毒牛乳，经调香或添加果汁、可可、咖啡等的花色牛乳(风味牛乳)，稀奶油(咖啡奶油、搅拌奶油)，各种酸牛乳、酪乳及发酵酪乳，各种含乳饮料。常见种类如下：

1. 按成品组成分类

(1)全脂牛乳：含脂率在3%以上。

(2)低脂牛乳：含脂率在1.5%～3%的消毒牛乳。

(3)高脂肪牛乳：普通牛乳与含脂率20%的稀奶油等量混合而成的消毒牛乳。

(4)强化牛乳：添加多种维生素、铁盐、钙盐的消毒牛乳，如有添加维生素A、B族、C、E等以供应特殊需要。

(5)花色牛乳：在牛乳中加入咖啡、可可、果汁等调料组成的牛乳，又称风味牛乳。

2. 按杀菌方法分类

(1)低温长时间杀菌牛乳：或称保持式杀菌消毒牛乳(或称巴氏杀菌乳)。牛乳经62～65℃、30min的杀菌法杀菌、冷却、包装后的产品。即LTLT法。

(2)高温短时杀菌牛乳：牛乳经80～85℃、10～15min的杀菌法杀菌、冷却、包装后的产品。即HTST法。

(3)超高温灭菌乳：牛乳经130～150℃、0.5～4s杀菌或灭菌。即UHT法。

3. 按包装式样分类

(1)玻璃瓶装消毒牛乳。

(2)塑料瓶装消毒牛乳。

(3)塑料涂层的纸盒装消毒牛乳。

(4)塑料薄膜包装的消毒牛乳。

(5)多层复合纸包装的消毒牛乳。

4. 含乳饮料

(1)超高温灭菌中性含乳饮料。

(2)超高温灭菌酸性含乳饮料。

液态乳的种类丰富多样，在本章中根据目前市场和消费的需求，重点向大家讲解巴氏消毒牛乳和超高温灭菌乳的加工。

第二节　巴氏杀菌乳的加工

一、巴氏杀菌乳及其分类

巴氏杀菌乳主要是指用新鲜的优质原料乳，经过离心净化、标准化、均质、巴氏杀菌和冷却，以液体状态灌装，在冷链条件下储存和分销的商品乳。

巴氏杀菌乳可按以下方法进行分类：

1. 按脂肪含量不同分类

(1)全脂牛乳。含乳脂肪在3.1%以上的牛乳。

(2)低脂牛乳。含乳脂肪在1.0%～2.0%的牛乳。

(3)脱脂牛乳。含乳脂肪在0.5%以下的牛乳。

2. 按营养成分不同分类

(1)普通消毒乳。除脂肪含量标准化调整外，其他成分不变。

(2)强化消毒乳。根据不同消费群体的日常营养需要，有针对性地强化维生素和矿物质，如早餐奶、学生专用奶、高钙奶等。

3. 按添加风味不同分类

在牛乳中加入咖啡、可可、果汁等而组成的花色牛乳，如可可乳，巧克力乳，各种果汁乳、果味乳等。

二、巴氏杀菌乳的加工工艺

巴氏杀菌乳的工艺流程如下：

原料乳验收 → 预处理 → 标准化 → 均质 → 巴氏杀菌 → 冷却 → 包装 → 冷藏 → 检验 → 分销

关于原料乳的验收、预处理、标准化、均质在第二章有详细介绍，此处只对其后的工艺进行说明。

(一)杀菌

生产巴氏杀菌乳时，杀菌是最重要的工序。此工序的优劣不仅影响产品的安全性，而且影响产品风味、色泽等品质。杀菌的目的有两个，一个是杀死乳中全部的病原微生物，使之不含致病菌；另一个就是尽可能多地破坏这些微生物以及酶类系统，以保证产品质量，这就需要比杀死致病微生物更强的热处理。

1. 巴氏杀菌的意义

杀灭对人体有害的病原菌和杀死绝大部分非病原菌。原料乳的生产过程中，受到大量微生物的污染，其中危害消费者健康的致病微生物必须杀灭，以维护公共卫生和消费者的健康，同时需要杀死绝大部分能引起乳品酸败的非致病微生物，以保证产品在保质期内质量稳定。

钝化酶的活性。牛乳中存在解脂酶、磷酸酶、蛋白酶、过氧化物酶等多种酶，加热使酶失去活性，以免产生脂肪氧化、酶促褐变、苦味等不良现象，从而保证产品的质量。

2. 巴氏杀菌的方法

(1)初次杀菌。在许多规模较大的乳品厂中，不可能在收乳后立刻进行巴氏杀菌或进行加工。因此有一部分牛乳必须在大的贮奶罐中贮存数小时。在这种情况下，即使深度冷却也不足以防止牛乳的严重变质。因此许多乳品厂对牛乳进行预巴氏杀菌，这种工艺称为初次杀菌，即把牛乳加热到 63～65℃，持续约 15s。

初次杀菌的目的主要是杀死嗜冷菌，因为长时间低温贮存牛乳会导致嗜冷菌大量繁殖，进而产生大量的耐热解脂酶和蛋白酶。为了防止热处理后需氧芽孢菌在牛乳中繁殖，必须将牛乳迅速冷却到 4℃或者更低的温度。

但是初次杀菌只是一种例外情况的措施。实际上牛乳在到达乳品加工企业后的 24h 内应全部进行巴氏杀菌。

(2)低温长时巴氏杀菌(LTLT)。又称保温杀菌法或保持杀菌法。这是一种间歇式巴氏杀菌方法，即牛乳在 62～65℃下保持 30min 以达到巴氏杀菌的目的。这种方法基本上不会影响牛乳的原有营养价值和风味，但对病原菌的消灭率只达到 85%～90%，而且生产效率低。目前，这种方法已很少使用。

(3)高温短时巴氏杀菌(HTST)。是用管式或板式热交换器使乳在流动的状态下进行连续加热处理。其最大的优点是能连续处理大量牛乳，提高生产效率。HTST 的具体时间和温度的组合可根据所处理的产品类型而变化。用于新鲜乳的高温短时间杀菌工艺是把乳加热到 80～85℃，保持 15～20min 后冷却。此法由于受热时间短，热变性现象很少，风味浓厚，无蒸煮味。加工巴氏杀菌乳常用这种方法。

3. 加热杀菌对微生物的致死效果

(1)热致死率的计算：

$$\text{热致死率}=\frac{\text{杀菌前的细菌数}-\text{杀菌后的细菌数}}{\text{杀菌前的细菌数}}\times 100\%$$

(2)乳中各种微生物的热致死条件。乳中微生物的热致死条件，受微生物的种类、生存状态、加热的温度和加热的时间等因素所影响。牛乳中常见微生物菌群的热致死条件如表 3-1 所示。

表 3-1　牛乳中常见微生物菌群的热致死条件

菌　群	热致死温度和时间	菌　群	热致死温度和时间
大肠杆菌	60℃、22～75min；78.6℃、0.5s	立克次氏体	63～65℃、30min；71.4℃、15s
耐热性乳酸菌	62.8℃、5～30min	非耐热性乳酸菌	57.8℃、30min；60～61℃、1min
结核菌	60℃、10min；71.1℃、0.5s	葡萄球菌	62.8℃、6.8min；65.5℃、1.9min
耐热性小球菌	88.1℃、0.5s；88.8℃、0.25s	肉毒梭状芽孢杆菌	121℃、0.45～0.5s
伤寒菌	59～60℃、2min；72℃、0.5s	布氏杆菌	61.5℃、23min；71.1℃、21min
痢疾菌	71.1℃、16s；72.2℃、0.5s	溶血性链球菌	60℃、30min；70.5℃、0.25s

4. 杀菌温度及时间对牛乳的影响

(1)杀菌温度及时间对牛乳理化性质的影响。在乳品加工中,各种杀菌方式都会引起牛乳成分理化性质的变化,从而影响牛乳的色泽、质感、风味及营养价值。不同的加热方法及不同的处理时间对其理化性质的影响也是不同的,见表 3-2。因此,在生产中必须根据不同的生产要求选择相应的杀菌方法。

表 3-2 几种常见杀菌方法对牛乳理化性质的影响

杀菌温度	处理时间	酸度	蛋白质	酶及维生素	磷酸钙	稀奶油层	乳糖
63℃	30min	降低	稍有凝固,5%左右	淀粉酶破坏,维生素 C 减少 7.9%	—	影响极少	—
70~72℃	5~10min	降低	部分沉淀,50%左右	部分酶被破坏	沉淀 3%~4%	—	—
85~87℃	10s	增高	大量沉淀,60%以上	全部酶被破坏,维生素 C 减少 12.5%	沉淀 4%左右	—	—
煮沸	10s	增高	全部沉淀	全部酶被破坏,维生素 C 破坏严重	沉淀 6%左右	上浮,有油珠	焦糖化,分解产酸
116~120℃	10~30s	增高	全部沉淀	全部酶被破坏,维生素 C 破坏严重	沉淀 6%以上	上浮较慢	焦糖化,分解产酸

(2)杀菌温度及时间对牛乳营养价值及风味的影响。实践证明,杀菌的效果与处理的温度及时间成正比。在一定范围内,随温度的提高、时间的增长,杀菌效果明显提高,但同时会影响牛乳的营养价值及其风味和口感。因此,加热杀菌对温度和时间的要求是非常严格的,必须严格执行。

5. 杀菌的操作要点

采用的杀菌工艺不同,对牛乳成分的影响程度及杀菌效果也不相同。生产中应根据本地区的市场需要采用最为合适的杀菌工艺。不同的杀菌工艺采用的设备不同,不同的设备采用的杀菌规范制度也不相同,但无论采用哪一种杀菌工艺都要严格执行设备的清洗与消毒。

设备的清洗和消毒是两个单独而相承接的程序,不得合并进行,都要符合生产标准。各种设备及管路使用以后,要立即用温水洗涤,避免残留的牛乳附着在设备表面,蛋白质变性与盐类形成坚固的附着物,造成不易清洗的情况。洗涤剂清洗时温度需保持在 69~72℃。如果用洗涤剂处理后仍有乳垢,则必须用弱酸或弱酸盐等处理。洗涤后的设备、器具等应保持干燥状态。

常用的消毒方法有沸水法、蒸汽法及次氯酸盐消毒法。

(1)沸水法是最简便的方法,生产中也容易做到。用沸水消毒时,消毒设备必须在 90℃以上保持 2~3min。

(2)蒸汽法:此法是用蒸汽直接喷射在要消毒的设备上。当消毒管道及保温缸等设备通入蒸汽后，应使冷凝水出口温度达到 82～85℃，然后将冷凝水彻底放尽。

(3)次氯酸盐消毒法：这是乳品工业常用的方法。消毒时须将设备充分清洗，以除去有机质。次氯酸盐容易腐蚀金属(包括不锈钢)，特别是使用软水而 pH 值很低时更易腐蚀，故必须注意浓度和 pH 值。通常杀菌剂溶液中氯的含量不要大于 0.02%，使用软水时应添加 0.01%的碳酸钠。用此法消毒时，必须将消毒液彻底冲洗干净，直到无氯味为止。

(二)冷却

乳品经杀菌后，虽然绝大部分细菌都已经失去活性，但仍有部分细菌存活，加之在以后的各项操作中还有被污染的可能，因此牛乳经杀菌后应立即冷却至 5℃以下，以抑制乳中残留细菌的繁殖，增加产品的保存性，同时也可以防止因温度高而使黏度降低导致脂肪球膨胀、聚合上浮的现象产生。凡连续式杀菌设备处理的乳一般都直接通过热回收部分和冷却部分冷却到 2～4℃。非连续式杀菌时需采用其他方法加速冷却。冷却后的牛乳应直接分装、及时销售。如不能及时发送，应贮存在 5℃以下的冷库里。

(三)灌装、冷藏

1. 灌装的目的

灌装的目的主要是便于分送和零售，便于消费者饮用；防止外界杂质混入成品和微生物再污染，保持乳的原有风味和防止吸收外界气味而产生异味；减少维生素等营养成分的损失以及传播产品信息。

2. 灌装容器

我国乳品厂最早使用的容器是玻璃瓶，随着行业的发展、科技的进步，容器品种开始多样化，有玻璃瓶、塑料瓶、塑料袋、塑料夹层纸盒和涂覆塑料铝箔纸等。现将市场上的消毒奶的几种主要包装介绍如下。

(1)玻璃瓶包装。成本低、可反复循环使用。与乳品接触不发生化学反应、无毒、易于清洗回收。缺点是瓶重、易碎、运输成本高；易受阳光照射影响原有的营养价值和风味；回收的空瓶污染严重，清洗、消毒成本较高。

(2)塑料瓶包装。塑料瓶多用聚乙烯或聚丙烯塑料制成。其优点是瓶轻，可降低运输成本；可反复循环使用，与玻璃瓶比较其破损率更低；便于碱性消毒液及高温清洗消毒处理。缺点是高温、日射情况下易产生异味影响质量；回收瓶表面易磨损、变形而影响美观；污染程度较大，清洗消毒成本较大。

(3)塑料袋包装。塑料袋多用聚乙烯或聚丙烯塑料制成。其优点为质量轻、强度大，不易造成破损漏奶；便于携带、饮用。缺点是现阶段还不能很好地解决其回收再利用问题，易造成“白色污染”。

(4)塑料夹层纸盒和涂覆塑料铝箔纸包装。这种包装除具有塑料袋包装的优点外，还具有不透光性，减少了营养物质的损失和风味的影响，同时减少了“白色污染”的影响。缺点是强度不高，易漏奶，成本高。

就包装材料本身而言，它应具备以下特点：

(1)保证产品的质量及其营养价值。

(2)保证产品的卫生及清洁，对所包装的产品没有任何污染。

(3)避光、密封，有一定的抗压强度。

(4)便于运输。

(5)便于携带和开启。

(6)减少食品腐败和废物产生的概率。

(7)有一定的装饰作用。

在巴氏杀菌乳的包装过程中,首先应该注意的就是避免二次污染,如包装环境、包装材料及包装设备的污染。尤其是使用可回收奶瓶时,很难使之清洗干净并达到灭菌的条件。其次是应尽量避免灌装时使产品温度升高。最后,对包装材料应提出较高的要求,具有一定的机械强度。

3. 冷藏

灌装后的消毒奶装入包装箱后,便可送入冷库进行销售前的暂存。冷库温度一般为2～5℃。

(四)产品的检验及质量控制

1. 巴氏杀菌乳的检验标准

(1)巴氏杀菌乳。应符合GB 19645—2010的规定(表3-3～表3-5)。

(2)食品营养强化剂。应选用GB 14880—2012中允许使用的品种,并应符合相应国家标准或行业标准的规定。食品营养强化剂的添加量应符合GB 14880—2012的规定。

(3)感官特性。应符合表3-3的规定。

表3-3　巴氏杀菌乳的感官要求

项　　目	特　　性
色泽	呈乳白色或微黄色
滋味和气味	具有乳固有的香味,无异味
组织状态	呈均匀一致的液体,无沉淀, 无凝块,无正常视力可见异物

(4)理化指标。应符合表3-4的规定。

(5)卫生指标。应符合表3-5的规定。

表3-4　巴氏杀菌乳的理化指标

项　　目		指　　标
脂肪[a](g/100g)	≥	3.1
蛋白质(g/100g) 　牛乳 　羊乳	 ≥ ≥	2.9 2.8
非脂乳固物(g/100g)	≥	8.1
酸度(°T) 　牛乳 　羊乳		12～18 6～13

[a]仅适用于全脂巴氏杀菌乳。

表 3-5　巴氏杀菌乳的卫生指标

项　目	n	c	m	M
菌落总数	5	2	50000	100000
大肠菌群	5	2	1	5
金黄色葡萄球菌	5	0	0/25g(mL)	—
沙门氏菌	5	0	0/25g(mL)	—

注：采样方案及限量若非指定，均以 CFU/g 或 CFU/mL 表示。

2. 巴氏杀菌乳的质量控制

质量控制是生产高品质产品的极为重要的一个环节。巴氏杀菌乳的质量控制通常包括以下内容。

(1)原料乳的控制。原料乳品质的优劣直接影响产品的质量。若原料乳品质不高，会造成产品营养成分的损失及不良风味和口感的生成。因此，原料乳的严格验收是质量控制的首要环节。原料乳的要求应符合 GB 19301—2010“生鲜牛乳收购标准”中一级品规定。原料乳应严格验收。

(2)生产环节的控制

①齐全的生产设备。合格的生产车间应具有贮乳罐、净乳设备、均质设备、巴氏杀菌设备、灌装设备、制冷设备、清洗设备、保温运输工具等必备的生产设备。

②规范的操作程序。生产过程中，应严格执行操作规程，对温度、时间和量的控制上应合理、规范。

③生产过程中应避免杀菌剂或清洗剂残留导致产品异味。生产中对杀菌剂和清洗剂的使用要规范明确。生产设备的清洗消毒应符合生产标准。

(3)在生产、贮藏、运输过程中的质量控制。由于乳成分的特性所致，牛乳产品容易被化学物质污染，以及在光线下暴露受到影响，特别是经均质以后。因此，一个合格的乳品生产厂应具备良好的清洗设施，以及高质量的清洗剂、消毒剂和用水。在贮藏和运输过程中必须防止较强光线的直接照射，以避免光线对营养物质的损害和对乳产品口味的影响，并保持冷却链的持续性，防止因温度忽高忽低而影响产品品质。

(4)成品的质量控制。执行严格的成品乳检验制度，严格实施定期抽样检查，保证商品乳的质量，为消费者的健康负责。

(5)贮藏、分销的控制。在巴氏杀菌乳产品的贮存和分销过程中，必须保持冷却链的连续性，尤其从乳品厂至商店的运输过程与产品在商店的贮存过程是冷却链的两个薄弱环节。产品在装车、运输到运至商店卸车的整个过程中，时间不应超过 3h，而且应选用保温密封车甚至是冷藏车运输。

除温度外，在巴氏杀菌产品的贮存和分销中还应该注意以下几点。

①小心轻放，避免产品与尖硬物体碰撞。

②应远离有异味的物质。

③避光。

④防尘和避免高温。

⑤避免强烈振动。

第三节　超高温灭菌乳的加工

一、灭菌乳简述

超高温灭菌乳又称长久保鲜奶，指以鲜乳为原料，经净化、标准化、均质、灭菌和无菌包装或包装后再进行灭菌，从而具有较长保质期的可直接饮用的商品乳。

根据其热处理条件不同，灭菌乳可分为三类：

(1)一次灭菌乳。将乳装瓶后，用110～120℃、10～20min加压灭菌所得的乳制品。

(2)二次灭菌乳。将乳预先经巴氏杀菌，装入容器后，再用110～120℃、10～20min加压灭菌所得的乳制品。

(3)超高温(简写UHT)灭菌乳。超高温灭菌乳是指牛乳在密闭系统连续流动中，通过换热器加热至130～150℃的高温并保持很短时间的灭菌处理，杀死乳中所有的微生物，然后在无菌条件下包装制成的乳制品。

现将一些与超高温灭菌相关的术语介绍如下：

(1)灭菌。是指杀灭产品中微生物的过程。

(2)无菌。是指没有活体细胞存在或所有活体细胞已被杀死的状态。

(3)商业无菌。是指产品处于无致病微生物、无微生物毒素，以及在正常的贮存、运输条件下，微生物不发生增殖的状态。超高温灭菌法处理的产品也经常说成是“商业无菌”的。

(4)产品灭菌。是指对产品进行高温处理，以杀死所有微生物和耐热酶。灭菌后的产品能较好地保持其中的营养成分，并能在室温下长期贮存。

(5)货架期。是指产品能够贮存的时间，在贮存期内产品质量不会低于一个可接受的最低水平。货架期的概念具有一定的主观性。货架期的理化限制因素是出现凝胶化、黏度增加、沉淀和脂肪上浮。限定货架期的感官因素是滋味、气味和颜色的变败。

二、超高温灭菌方法

超高温灭菌法是英国于1956年开始，1957—1965年通过大量的基础理论研究和细菌学实验后，才用于生产的。利用超高温灭菌法可使乳中所有的致病菌都被杀死，大部分物理、化学性质(色泽、风味)都保持不变。

根据热处理条件不同，灭菌方法可以分为以下三种。

1. 一次灭菌

将乳装瓶后，用110～120℃、15～40min加压灭菌。

2. 二次灭菌

牛乳的二次灭菌从操作程序的变化可分为三种方法：一段灭菌、二段灭菌和连续灭菌。

(1)一段灭菌。牛乳先预热到80～85℃，然后灌装至预热的干净容器中，密封后放入杀菌器中，在110～120℃温度下灭菌10～40min。

(2)二段灭菌。牛乳在130～140℃温度下预杀菌2～20s。这段处理可在管式或板式热交换器中靠间接加热的办法进行，或者是用蒸汽直接喷射牛乳。当牛乳冷却到约80℃后，灌装到成品容器中。密封后再放到灭菌器中进行灭菌。后一段处理不需要像前一段杀菌那样强烈，因为第二阶段杀菌的主要目的只是为了消除第一阶段杀菌后重新染菌的危险。

(3)连续灭菌。牛乳或者是装瓶后的乳在连续工作的灭菌器中处理，或者是在无菌条件下于一封闭的连续生产线中处理。在连续灭菌器中灭菌可以用一段灭菌，也可以用二段灭菌。奶瓶缓慢地通过杀菌器中的加热区和冷却区往前输送。这些区段的长短应与处理中各个阶段所要求的温度和停留时间相适应。

3. 超高温灭菌

超高温灭菌是指将产品加热到130～150℃保持几秒钟，然后冷却到一定温度后再进行无菌灌装。由于采用了超高温瞬时加工工艺，因而在保证灭菌效率的同时降低了产品的化学变化，保证了产品的品质。超高温瞬时灭菌法具有卫生、安全、快捷等优点。超高温灭菌生产中常用的有以下两种方法。

(1)直接蒸汽加热法：①喷射式。将蒸汽喷入制品中。②注入法。将制品注入蒸汽中。即牛乳先经预热后，有蒸汽直接喷入牛乳或牛乳喷入蒸汽中两种方式，使乳在瞬时被加热到150℃，然后进入真空室，由于蒸发立即冷却，最后在无菌条件下进行均质、冷却。

(2)间接加热法：间接加热法根据换热器传热面的不同可分为以下三种类型：①片式加热器灭菌。②环形管式加热器灭菌。③刮面式加热器灭菌。即原料乳在换热器内被前阶段的高温灭菌乳预热至88℃之后，再进入换热器的加热段，被加热到138～150℃。整个灭菌过程原料乳不与加热介质直接接触，避免再次污染，又可以节约能源，因此是生产中常用的灭菌方法。

三、超高温灭菌乳的加工工艺及质量标准

(一)直接加热法的加工工艺

直接加热法的工艺流程如下。

原料乳 → 预处理 → 预热至约80℃ → 蒸汽混合直接加热至135～150℃ → 保温1～4s → 减压冷却至约80℃ → 无菌均质 → 冷却 → 无菌灌装

1. 原料的质量和预处理

用于灭菌的牛乳必须是高质量的，即牛乳中的蛋白质能经得起剧烈的热处理而不变性。为了适应超高温处理，牛乳必须至少在75%的酒精中保持稳定，剔除由于下列原因而不宜于超高温处理的牛乳：①酸度偏高的牛乳；②盐类平衡不适当的牛乳；③含有过多的乳清蛋白(白蛋白、球蛋白等)的牛乳，即初乳。另外牛乳的细菌数量，特别对热有很强抵抗力的芽孢及其数目应该很低。

2. 灭菌

用直接喷射杀菌时，原料乳用乳泵从平衡槽泵入预热器，预热至72～80℃，再由乳泵调节阀送入直接喷射杀菌器内，使乳温瞬间升至150℃，并在保温管中保持2～4s，然后送至膨胀罐中，使乳温急剧冷却到78℃左右，接着用无菌乳泵将牛乳送至无菌均质器中。牛乳均质处理放在加热灭菌之后，是为了稳定蛋白质和脂肪。灭菌后的牛乳在灭菌乳冷却器中进一步冷却后，直接送至无菌灌装器进行灌装。

(二)间接加热法的加工工艺

间接加热法的加工工艺如下：

原料乳 → 预处理 → 预热至约 80℃ → 均质 → 换热器间接加热至 135℃以上 → 保温 1～4s → 冷却 → 无菌灌装

(1)预热和均质。牛乳从料罐泵送至超高温灭菌设备的平衡槽,在热交换器的预热段与高温乳热交换,使其预热到约 88℃,经预热的乳在 15～25MPa 的压力下均质。在杀菌前均质意味着可以使用普通的均质机,它要比无菌均质机便宜得多。

(2)杀菌。经预热和均质的牛乳进入板式热交换器的加热段,在此被加热到 138～150℃。所用的热水温度由蒸汽喷射予以调节。加热后,牛乳在保持管中流动 2～4s。

(3)回流。如果牛乳在进入保温管之前未达到正确的杀菌温度,在生产线上的传感器便把这个信号传给控制盘,然后回流阀开动,把产品回流到冷却器,在这里牛乳冷却到 75℃,再返回平衡槽或流入一单独的收集罐。一旦回流阀移动到回流位置,杀菌操作便停下来。

(4)设备的操作。如同直接加热设备一样,继电器保证在正确的温度下至少预杀菌 30min。在预杀菌期间,通向无菌罐或包装线的生产线也应灭菌。然后产品可以开始流动。

关于用无菌水运转和设备清洗,包括延长运转时间的中间清洗,与直接加热方法中的情况是一致的。

(5)无菌冷却。牛乳离开保温管后,进入无菌预冷却段,用冰水从 137℃冷却到 76℃。牛乳在灌装之前还需要进一步冷却到灌装温度 10～15℃。

(三)超高温灭菌乳质量标准

(1)理化指标见表 3-6。

表 3-6 超高温灭菌乳的理化指标

项目	指标	项目	指标
相对密度	≥全脂乳 1.032	酸度(°T)	≤18
脂肪含量(%)	≥3.1	杂质度(mg/kg)	≤2
总乳固体含量(%)	≥11.2		

(2)超高温灭菌乳的生产过程各阶段的细菌总数指标见表 3-7。

表 3-7 细菌总数指标 单位:CFU/mL

类别	指标
原料乳	<100000
原料乳在乳品厂贮存不得超过 36h	<200000
超温乳	<1
超温乳在 38℃下培养 5d	<1

(四)超高温灭菌乳在加工和储藏过程中的质量变化

合适的灭菌工艺主要需考虑从微生物和酶的角度来达到理想的商业无菌,同时要尽量减轻对产品及其质量特性的不良影响。生产灭菌乳采用的高温处理,会使产品产生一系列的物理化学变化(见表 3-8)。灭菌牛乳的稳定性主要受产品在储藏过程中发生的一些物理变化的影响,这些物理变化包括蛋白质的沉积、脂肪的分离、胶凝作用等。这些变化可能会明显地影响产品的感官质量特性,但影响的程度可以通过调整加工工艺和储藏条件来控制。

脂肪分离可以通过均质条件和热处理条件来控制；蛋白质的沉积可通过改善生产的单元操作来减少。大量的研究结果表明，对超高温灭菌乳来说，产品中的物理变化，尤其是产品在储藏中的胶凝化是产品储藏稳定性的决定性因素。

表 3-8　灭菌牛乳在高温处理及储藏过程中产生的物理化学变化

化学成分或特性	产生的变化
蛋白质	发生变性(50%～85%)，在酪蛋白胶粒表面与 k-酪蛋白形成复合物，酪蛋白胶粒发生一定的分解，形成单个的酪蛋白；在储藏过程中发生水解、非蛋白态氮增加、聚合作用
矿物质	由于在加工过程中形成磷酸盐沉积，钙和镁的含量会降低
乳糖	美拉德反应，异构化形成乳果糖
凝乳酶凝结时间	在超高温灭菌和保持灭菌过程中增加，而 UHT 乳在储藏过程中减少
对酒精的敏感性	超高温灭菌乳：在储藏过程中增加；保持灭菌乳：在储藏过程中没有变化
对钙的敏感性	超高温灭菌乳：在储藏过程中显著增加；保持灭菌乳：一定程度的增加
脂类	在储藏过程中会发生氧化分解

(1)物理变化。牛乳在加热灭菌的过程中会发生一系列的变化，这些变化会直接影响产品的货架期和感官特性。在加热灭菌的过程中乳清蛋白的变性以及乳清蛋白和酪蛋白的结合，变性的比例为 50%～85%。在灭菌过程中乳球蛋白和 k-酪蛋白在酪蛋白胶粒表面形成不可逆转的含二硫键的产物，这些产物会改变酪蛋白胶粒的凝集性能。在灭菌过程中酪蛋白还会发生分解作用并使酪蛋白胶粒分散，从而影响产品的感官和物理化学特性。

(2)乳糖的变化。在灭菌过程中乳糖会发生褐变反应，同时也会发生异构化。乳糖的异构化使灭菌乳聚集了乳果糖。乳糖的异构化是可逆的。同时，可能会发生一些其他方面的异构化：乳糖与蛋白质的残留氨基酸通过美拉德反应结合，发生异构化。

(3)沉积物的形成。在加工灭菌乳的过程中存在污染就会形成沉积物。间接加热法生产的灭菌乳沉积物较少。对超高温灭菌乳而言形成沉积物也是很常见的现象，但并不一定表示产品质量有很大的问题。如果在产品中形成了沉积物表明在加工过程中有污染。如果产品中有少量的沉积物可能与预加热的程度以及牛乳中钙离子的比例有关。

(4)灭菌乳产品的老化凝胶作用。灭菌乳在储藏过程中黏度会明显地变化，发生老化凝胶现象，最终使产品变成凝胶状。这是灭菌乳一个重要的质量问题，同时也是灭菌乳保质期结束的信号。一般来说，超高温灭菌乳在最初的储藏阶段产品会有一定程度地变稀，随后会在很长一段时间内保持稳定，在此阶段产品的黏度没有明显的变化。然后，在储藏过程中会发生脱水作用，产品的黏度会急剧增加，形成不可逆的凝胶。

影响灭菌牛乳老化凝胶的因素很多，而且是这些因素综合影响的结果，这些因素主要是牛乳的化学成分、加工和储藏的条件。

四、无菌包装

UHT 灭菌乳多采用无菌包装。经过超高温灭菌生产出的商业无菌产品，必须分装于单个的包装中才能便于储存、运输和销售，使产品更具有商业价值，因此，无菌包装系统是超高温灭菌乳不可缺少的。

所谓无菌包装是将杀菌后的牛乳，在无菌条件下装入事先杀过菌的容器内。该过程包括包装材料或包装容器的灭菌。

1. 包装材料的性能

为确保消费者饮用安全且能达到长期保存的目的，无菌包装用的材料一般要求具备以下性能：

(1)热稳定性。在无菌热处理期间不产生化学变化或物理变化。

(2)抗化学性、耐紫外线性。用化学剂或紫外线进行无菌处理的过程中，材料的有机结构不改变。

(3)热成型稳定性。在无菌热处理过程中，容器外形不发生明显改变。

(4)韧性和刚性。具有合适的韧性和刚性，便于机械化充填、封口。贮存和运输过程中不易破损、渗漏。

(5)防潮性。阻止水分的穿透，以保证产品质量不受外界环境湿度的影响。

(6)阻气性。一方面能阻隔外部空气中的氧气渗入；另一方面能保持充入容器的惰性气体不外渗。

(7)避光性。避免因为阳光直射造成的营养物质的损失和风味、口感的下降。

(8)卫生性。材料应是无毒的、符合食品卫生标准，且易杀菌。

(9)经济环保性。来源丰富，成本低；环保性好，易于回收。

2. 包装的形式及材料

现以几种市场上常见的包装形式说明无菌包装的包装形式及所使用的材料。

①无菌砖。无菌砖是由纸、铝箔及塑料(PE)复合层压加工而成，厚约 0.35mm。典型结构如下。

a. 利乐包。PE/纸板/黏合层/铝箔/PE/PE。

b. 康美包。PE/白纸板/PE/铝箔/黏合层/PE。内层为热封和包容食品之用，铝箔提供了最好的阻氧、阻水及避光性，黏合层使铝箔与纸板之间相连接，纸板提供了刚性挺度及印刷性，外层的 PE 保护油墨及纸板。

②无菌枕。无菌枕也是多层纸、铝、塑复合材料，与砖包接近，但是纸板材料不同。其结构为：PE/纸/黏合层/铝箔/黏合层/PE。纸张为印刷层，可柔印也可胶印，具有良好的阻隔性、避光性。

③屋顶包。屋顶型包装材料，一是 PE/纸板/黏合树脂/铝箔/黏合树脂/PE，具有类似砖包的保质期；二是 PE/纸板/PE 三层结构的新鲜层，通常屋顶包一般指三层复合的材料。

④无菌杯。无菌杯以埃卡杯(NAS)为典型代表。埃卡杯的无菌包装材料分为杯材、盖材和商标材三部分，其结构和生产工艺要求比较复杂。NAS 塑料杯无菌包装系统用的包装材料称为中性无菌包装材料，简称 NAS 片材。其结构为：PP/PE/EVA/EVOH/HIPS；PP/PE/EVA/PVDC/HIPS；PP/PE/EVA/PS/PVDC/HIPS。PP 层是无菌保护层，PE 层是密封层及隔水层，EVA 是黏合层，PVDC、EVOH 是阻隔层。无菌杯盖材结构为铝箔/PE/EVA/PP、铝箔/PE/FVA/PET。PP、PET 为保护层，PE 膜为带孔膜，铝箔可揭开露出饮料孔。无菌杯商标材结构为铝箔/PE/纸/热熔胶结构。

3. 包装容器的灭菌方法

容器的灭菌方法有很多，包括物理法(紫外线辐射、饱和蒸汽)和化学试剂法(双氧水)。

(1)紫外线辐射灭菌。波长为2537nm的紫外线具有很强的杀菌力。杀菌原理是细菌细胞中的DNA直接吸收紫外线而被杀死。因此，紫外线杀菌灯在乳品工厂被广泛采用，且主要用于空气杀菌。其缺点为只对照射的表面有杀菌效果。

紫外线也可对包装材料表面进行杀菌，但结果不令人满意，存在的问题主要有：辐射强度在整个包装容器中不均匀，对不同形状的包装容器进行灭菌的效果不理想，无法排除灭菌过程中灰尘及脏物对细菌的保护作用等。若将紫外线与双氧水结合起来使用，灭菌效果会更好。

(2)饱和蒸汽灭菌。饱和蒸汽灭菌是一种比较可靠、安全的灭菌方法。

(3)双氧水(H_2O_2)灭菌。由于双氧水的强氧化作用使微生物(包括芽孢)破坏，而且处理后容易排除，因此这种方法被广泛采用。与一般灭菌过程一样，双氧水灭菌的主要影响因素也是时间和温度。总体来说，目前双氧水杀菌系统主要有两种：一种是将双氧水加热到一定温度，然后对包装盒或包装材料进行灭菌，这种灭菌一般在双氧水槽中进行；另一种是将双氧水均匀地涂布或喷洒于包装材料表面，然后通过电加热或辐射或热空气加热蒸发双氧水，从而完成灭菌过程，用于这种灭菌的双氧水中一定要加入表面活性剂以降低聚乙烯的表面张力，使双氧水均匀分布于包装材料表面。真正的灭菌过程是在双氧水加热和蒸发的过程中进行的。实际生产中，双氧水的含量一般为30%～35%。

4. 无菌包装的设备：

可进行无菌包装的设备主要有：

(1)无菌菱形袋包装机；

(2)无菌包装机；

(3)无菌纯包装机；

(4)多尔无菌灌装系统；

(5)安德逊成型密封机。

5. 包装流程

以在市场上应用较多的无菌砖形包装和无菌菱形包装为例加以说明。图3-1为无菌菱形袋包装机的主要机件构成。包装流程为：包装纸通过一双氧水浴浸渍，进行纵向封口，然后进入管状加热器，该加热器由纸筒外另一套管和约1m长围着加料管的电热元件组成，纸筒内壁加热5s后，双氧水分解为氧和蒸汽，使灌装段的上部成为干燥无菌环境。加料管此时将灭菌乳导入其中，在通过横向封口钳时进行横向封口。整个成型、灌装封口操作均在无菌环境中进行。无菌砖形包装的包装流程与无菌菱形包装基本相似，见图3-2。

6. 包装的安全卫生要求

乳制品是一种高时效性产品，在加工包装过程中必须保证最终产品的各项卫生指标达到食品安全卫生的标准要求，以保证消费者的健康。

(1)乳品灭菌杀毒、包装材料灭菌杀毒、生产环境的净化等级等工艺控制应严格、规范。

(2)应充分考虑作为包装材料的树脂、纸板及所含的添加剂、油墨、黏合剂的化学物质及溶剂残留在包装乳品后与乳品的相容性，以及迁移、转移所带来的卫生安全性。

(3)包装应使消费者的二次贮存、开包、饮用方便、合理，不易再次污染。

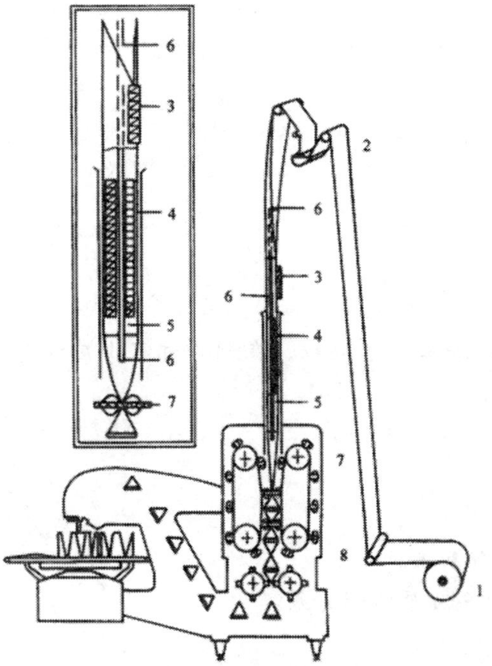

图 3-1 无菌菱形袋包装机

1—纸卷；2—双氧水浴；3—纵向封口钳；4—管形加热元件；5—无菌环境；6—加料管；7—横向封口钳；8—切割钳(图中绘出的是该机的主要机件，由利乐包装有限公司提供)

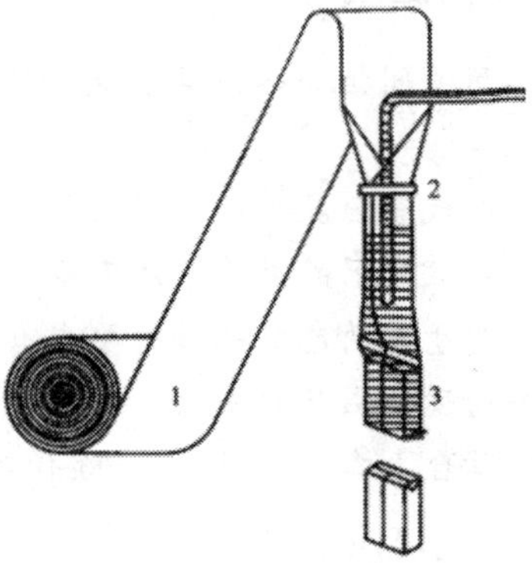

图 3-2 无菌砖形袋包装机

1—由纸卷的涂塑纸成型为纸筒；2—连续把产品灌到纸筒中去；3—在液体制品的液面下，纸筒横向封口，制成砖形盒(由利乐包装有限公司提供)

本章小结

液态加工乳可分为巴氏杀菌乳和超高温灭菌乳两种。巴氏杀菌乳部分简单介绍了巴氏杀菌乳的概念及分类(按脂肪含量不同、按营养成分不同、按添加风味不同)，要求学生了解；重点介绍了巴氏杀菌乳的加工工艺、工艺要点及质量标准和质量控制，要求学生通过理论学习和实验实训熟练掌握原料乳的验收、分级和预处理、原料乳标准化的计算、杀菌工序的温度和时间的控制、成品质量的检验及控制的操作。

超高温灭菌乳部分概括介绍了超高温灭菌乳的概念和分类(根据其热处理条件不同)，学生在了解的同时要能明白其与巴氏杀菌乳的不同之处(主要就是杀菌工艺的不同)；主要介绍了超高温灭菌方法(一次灭菌、二次灭菌、超高温灭菌)、超高温灭菌乳的加工工艺(直接加热法的加工工艺和间接加热法的加工工艺)、无菌包装(无菌包装材料的种类、要求、杀菌方法、包装的安全卫生要求)，要求学生重点掌握。

液态加工乳的发展极大丰富了市场供应，解决了不同消费群的需求，为提高消费者的生活水平作出了贡献。因此，液态乳是目前市场销售的重要乳制品之一，其相关知识和技能是食品专业学生必须掌握的。

复习思考题

一、名词解释

超高温灭菌乳　巴氏杀菌乳　无菌包装

二、简述题

1. 简述间接加热法生产超高温灭菌乳的加工工艺流程。在制作过程中应注意哪些问题？

2. 巴氏杀菌乳与超高温灭菌乳有何区别？各有何优势？

3. 包装容器的灭菌方法有哪些？

4. 对于无菌包装材料的要求有哪些？

5. 简述低温长时杀菌与高温短时杀菌的优缺点。

6. 结合本章的学习，谈一谈你对液态加工乳发展前景的见解。

实训六　液态乳加工技能综合实训

（一）实训目的

(1)掌握生产巴氏杀菌乳和超高温灭菌乳的基本工艺流程，并且掌握影响生产巴氏杀菌乳和超高温灭菌乳品质的主要工艺条件，同时注意主要设备的使用方法及生产工艺参数。

(2)掌握巴氏杀菌乳和超高温灭菌乳的理化指标及微生物指标的测定。

（二）实训原理

由于在挤奶过程中微生物很多，因此牛乳在饮用前需要进行加热处理，也就是进行杀菌。加热杀死细菌的原理是细菌细胞里的活性蛋白质因受热变性而致死。但与此同时，牛乳里的活性营养成分也不可避免地受到损害。加热程度不同，牛乳中蛋白质、氨基酸和钙质等营养成分和风味也会受到不同程度的影响。

（三）实训要求

从原料乳检验及加工机械设备开始，要求学生掌握操作过程中的品质控制点，抓住关键操作步骤，使最终的产品质量达到应有要求。

（四）材料与设备

牛乳、用于测定牛乳理化指标及微生物指标的化验器具及试剂等。

净乳机、巴氏杀菌机、脱气罐、均质机、灌装机、超高温杀菌机、无菌灌装机等。

（五）实训方法和步骤

1. 巴氏杀菌乳的加工

巴氏杀菌乳的工艺流程如下：

原料乳验收→预处理→标准化→均质→巴氏杀菌→冷却→包装→冷藏→检验→分销

(1)原料乳的验收　原料乳的验收主要包括感官检验、理化检验和微生物检验三个方面。

①感官指标。正常牛乳应为乳白色或微黄色，不得含有肉眼可见的异物，不得有红色、绿色或其他异色，不能有苦、咸、涩和饲料、青贮、霉等其他异常气味。

②理化指标。GB 19301—2010 中规定原料乳的验收理化指标为：脂肪≥3.10%，蛋白质≥2.8%，相对密度（20℃/4℃）≥1.027，酸度 12～18°T，杂质度≤4mg/kg。此外，污染物限量符合 GB 2762 的规定，真菌毒素限量符合 GB 2761 规定，农药最大残留限量、兽药最大残留限量符合 GB 2763 以及国家有关规定和公告。

③微生物指标。菌落总数≤200 万个/毫升。通常收购鲜乳微生物指标有两个，分别为平皿总数计数法和美蓝褪色时间分级指标。二者只能采用一个，不能重复。企业通常对原料乳指标进行分级，例如表 3-9。

表 3-9 原料乳分级指标

分级	Ⅰ	Ⅱ	Ⅲ
菌落总数（万个/毫升）	≤50	≤100	≤200
美蓝褪色时间分级	≥4h	≥2.5h	≥1.5h

（2）原料乳的净化 通常过滤材料选用滤孔较粗的人造纤维、纱布等。在乳品厂中，过滤是在乳槽上装不锈钢金属网加多层纱布进行粗滤，进一步的过滤可以通过管道过滤器或者双联过滤器进行。

（3）乳的标准化 我国规定消毒乳的含脂率为 3.1%。

（4）均质 均质的温度为 65℃，均质压力为 10～20MPa。

（5）巴氏杀菌。

①低温长时间杀菌：62～65℃，保持 30min。

②高温短时间杀菌：72～75℃，保持 15～20s。

（6）冷却 通常将奶冷却至 4℃左右。

（7）灌装 灌装所用的容器主要为玻璃瓶、聚乙烯塑料瓶、塑料袋和涂塑复合纸袋包装。

（8）质量检验 对于生乳和巴氏杀菌乳，分别按照 GB 19301—2010 和 GB 19645—2010 两个国家标准进行检验。产品经批次检查合格后出厂。

2. UHT 灭菌乳的加工

UHT 灭菌乳的工艺流程，以间接加热法为例：

原料乳收购→预处理→标准化→巴氏杀菌→脱气 83℃→均质 65～75℃、15～20MPa→超高温灭菌 137℃、4s→超无菌平衡罐→无菌灌装→入库→分销

（1）原料及其预处理 用于加工灭菌乳的牛乳其中的蛋白质必须能经得起剧烈的热处理而不变性。为了适应超高温处理，牛乳至少应在 75%的酒精浓度中保持稳定。原料乳细菌总数应少于 10 万个/毫升，嗜冷菌细菌总数应少于 1000 个/毫升。

原料乳预处理方法及要求同巴氏杀菌乳。

（2）超高温灭菌

①蒸汽喷射直接超高温加热。

a. 预热。经过预处理的原料乳，在预热段预加热到 80～90℃。

b. 升压及灭菌。经过预热的乳通过一台排液泵升压到 0.4MPa。加热是通过蒸汽喷射头将过热蒸汽吹进牛乳中，使牛乳瞬间升高到 140℃灭菌，并在保温管中保持 3～4s。压力

是通过紧靠膨胀管前部的节流盘来维持的，温度传感器安装在保温管中以监测和记录杀菌温度。

c. 回流。如果牛乳在进入保温管之前未达到规定的杀菌温度，在生产线上的传感器便把这个信号传给控制盘。然后回流阀开动，把产品回流到冷却器，在这里牛乳冷却到75℃再返回平衡槽或流入一单独的收集罐。一旦转流阀移动到回流位置，杀菌设备便停下来。

d. 均质。均质机通常在16～25MPa压力下进行均质。

e. 无菌冷却。经过均质后，用泵将牛乳送向无菌板式热交换器，将其冷却到包装温度。

②间接超高温加热。

a. 预热和均质。牛乳从料罐泵送到超高温灭菌设备的平衡槽，由此进入到板式热交换器的预热段与高温乳热交换，使其加热到约66℃，同时无菌乳冷却，经过预热的奶在均质压力为15～25MPa下均质。

b. 杀菌。经过预热和均质的牛乳进入板式热交换器的加热段，在此被加热到137℃。此时的热水温度由蒸汽喷射予以调节，加热后的牛乳在保温管中流动4s。

c. 回流。如果牛乳在进入保温管之前未达到正确的杀菌温度，在生产线上的传感器便把这个信号传给控制盘。然后回流阀开动，把产品回流到冷却器。在这里牛乳冷却到75℃再返回平衡槽或流入一单独的收集罐。一旦回流阀移动到回流位置，杀菌操作便停下来。

d. 无菌冷却。牛乳离开保温管后，进入无菌预冷却段，用水从137℃冷却到76℃。进一步冷却是在冷却段通过与乳热交换完成，最后冷却温度要达到约20℃。

(3)无菌包装　杀菌后的牛乳，在无菌条件下装入无菌的容器内，利用牛乳制品无菌包装设备进行包装。

(4)质量检验　对于生乳和UHT灭菌乳，分别按照GB 19301—2010和GB 25190—2010两个国家标准进行检验。产品经批次检查合格后出厂。

实训七　再制乳加工技能综合实训

(一)实训目的

本实训重点在于掌握生产再制乳的基本工艺流程，并且掌握影响生产再制乳的主要工艺条件，同时注意主要设备的使用方法及生产工艺参数。

(二)实训要求

从原料检验及加工机械设备开始，要求学生掌握操作过程中的品质控制点，抓住关键操作步骤，使最终的产品质量达到应有要求。

(三)材料与设备

用于测定牛乳理化指标及微生物指标的化验器具及试剂等。净乳机、巴氏杀菌机、脱气罐、均质机、无菌灌装机等。

(四)实训方法和步骤

(1)再制乳加工的原料：包括脱脂乳粉和无水黄油、水、添加剂(乳化剂、着色剂、风味料、水溶性胶类、盐类等)。

(2)再制乳的加工工艺

①水、粉的混合：混合时水的温度通常为40℃，混合时间一般要求30min以上。每批

所需要的水和脱脂乳粉的量要计算准确，要考虑到乳粉的损耗率，一般为 3%。

②添加无水黄油。无水黄油溶化后与脱脂乳混合有两种方法，即罐式混合法和管道式混合法。

a. 罐式混合法：将已溶化好的无水黄油加入贮罐中，再用泵送到混合罐中。重新开动搅拌器，使乳脂在脱脂乳中分散开来。再用泵把混合后的乳从罐中吸出，经过双联过滤器滤出杂质及外来物。

b. 管道式混合法：基本操作过程与罐式混合法相同，只是脂肪不与脱脂乳在混合罐中混合，而是在管道中混合。经溶化后的无水黄油，通过一台精确的计量泵，连续地按比例与另一管中流过的脱脂乳相混合，再经管道混合器进行充分混合。

③预热均质：混合后的原料在热交换器中加热到 60～65℃在压力 15～23MPa 下进行均质。

④杀菌、冷却、灌装。均质后的乳在热交换器中进行巴氏杀菌或超高温瞬时灭菌，经灭菌冷却后打入缓冲罐或直接灌装，或与鲜乳混合以提高乳香味再灌装。

再制乳加工过程中可以根据消费者需求添加适量咖啡、可可、巧克力及各种果汁制成种类繁多的花色再制乳。

第四章 酸乳生产

知识目标

1. 了解酸乳的概念、分类及营养保健功能。
2. 了解发酵剂的种类，掌握发酵剂的选择和制备方法。
3. 掌握凝固型和搅拌型酸乳的加工工艺流程、工艺参数及操作要点。
4. 了解我国酸乳的质量标准。

技能目标

1. 学会酸乳发酵剂的选择与制备方法。
2. 能够制作凝固型和搅拌型酸乳；能够解决酸乳生产中的一般问题。

第一节 酸乳概述

酸乳是众多的发酵乳制品中最原始、产量最大的品种。最原始的酸乳只是利用牛乳或其他动物乳中天然存在的乳酸菌使乳糖转化成乳酸而制作的一种发酵乳制品。酸乳在地中海地区、亚洲和中欧地区的国家消费量最大。各地区酸乳的黏稠度、风味和香味各不相同。有些地区生产的酸乳是高黏性液态状，而有的国家的酸乳是一种比较软的胶体状，还有以冷冻形式作为甜点或饮料的酸乳。酸乳的风味和香味不同于其他酸性产品，挥发性芳香物质中包括少量醋酸和乙醛。

随着人们对乳酸菌认识的加深，以及发酵剂的出现和酸乳生产工艺的改善，根据所用的原料和发酵剂的菌种不同，形成了名目繁多的系列产品，但其生产加工的方法仍大同小异。

一、酸乳的概念、分类和营养价值

（一）酸乳的概念

酸乳是以牛乳或其他乳畜乳为主要原料，经杀菌后接种乳酸菌等有益微生物，经保温发酵而制成的具有特殊风味的乳制品。原料乳中的乳糖在微生物产生的乳糖分解酶的作用下，首先被分解成二分子的单糖，进一步在乳酸菌（主要是保加利亚乳杆菌和嗜热链球菌）的作用下生成乳酸。当乳酸达到一定浓度时，牛乳发生凝固。同时在发酵过程中因生成某些风味物质，如乙醛、联乙酰、丁二酮等，使酸乳具有特殊的风味。

联合国粮农组织（FAO）、世界卫生组织（WHO）与国际乳品联合会（IDF）于 1977 年对酸乳作出如下定义：酸乳是指在添加（或不添加）乳粉（或脱脂乳粉）的乳中（杀菌乳、浓缩乳），经保加利亚乳杆菌和嗜热链球菌进行乳酸发酵而制成的凝乳状产品，成品中必须含有大量的、相应的活性微生物。

我国食品安全国家标准（GB 19302—2010）对酸乳的定义是，酸乳是以生牛（羊）乳或乳粉为原料，经杀菌、接种嗜热链球菌和保加利亚乳杆菌（德氏乳杆菌保加利亚亚种）发酵制成的产品。

（二）酸乳的分类

根据成品的组织状态、风味、原料乳的脂肪含量、生产工艺和菌种的组成，通常将酸乳分成不同种类。

1. 按成品的组织状态分类

（1）凝固型酸乳　其发酵过程在包装容器中进行，从而使成品因发酵而保留其凝乳状态。

（2）搅拌型酸乳　成品是先发酵后灌装而制得的。发酵后的凝乳已在灌装前和灌装过程中搅碎成黏稠状组织状态。

2. 按成品的风味分类

（1）天然纯酸乳　产品只由原料乳加菌种发酵而成，不含任何辅料和添加剂。

（2）加糖酸乳　产品由原料乳和糖加入菌种发酵而成。加糖酸乳在我国市面上常见，糖的添加量一般为4%～8%。

（3）调味酸乳　在天然酸乳或加糖酸乳中加入香料而成。

（4）果料酸乳　成品是由天然酸乳与糖、果料混合而成。

（5）复合型或营养健康型酸乳　通常在酸乳中强化不同的营养素（维生素、食物纤维等）或在酸乳中混入不同的辅料（如谷物、干果等）而成。这种产品在西方国家极为盛行。

（6）疗效酸乳　包括低乳糖酸乳、低热量酸乳、维生素酸乳或蛋白质强化酸乳等。

3. 按发酵后的加工工艺分类

（1）浓缩酸乳　是将一般酸乳中的部分乳清除去而得到的浓缩产品，因其除去乳清的方式与干酪类似，故又称为酸乳干酪。

（2）冷冻酸乳　是在酸乳中加入果料、增稠剂或乳化剂，然后进行凝冻处理而得到的产品，所以又称为酸奶冰淇淋。

（3）充气酸乳　是在酸乳中加入稳定剂和起泡剂（通常是碳酸盐）后，经均质处理而成的酸乳饮料。

（4）酸乳粉　是在酸乳中加入淀粉或其他水解胶体后，经冷冻干燥或喷雾干燥将酸乳中约95%的水分除去而得到的粉状产品。

4. 按原料中的脂肪含量分类

据FAO/WHO规定，将酸乳分为如下三类：

（1）全脂酸乳　脂肪含量为3.0%。

（2）部分脱脂酸乳　脂肪含量为3.0%～0.5%。

（3）脱脂酸乳　脂肪含量为0.5%。

5. 按使用的菌种种类分类

（1）普通酸乳　通常指仅用保加利亚乳杆菌和嗜热链球菌发酵而成的产品。

（2）双歧杆菌酸乳　所用的酸乳菌种中含有双歧杆菌。

（3）嗜酸乳杆菌酸乳　所用的酸乳菌种中含有嗜酸乳杆菌。

（4）干酪乳杆菌酸乳　所用的酸乳菌种中含有干酪乳杆菌。

（三）酸乳的营养价值与保健功能

1. 酸乳的营养价值

酸乳制品不仅具有原料乳本身的营养价值，而且优于原料乳，主要表现在：

(1)具有极好生理价值的蛋白质。由于在发酵过程中，乳酸菌发酵产生蛋白质水解酶，使原料乳中部分蛋白质水解，而使酸乳含有比原料乳中更多的肽和比例更合理的人体所需的必需氨基酸，因此酸乳中的蛋白质更易被机体所利用。另外，发酵产生的乳酸使乳蛋白质形成微细的凝块，使酸乳中的蛋白质比牛乳中的蛋白质在肠道中释放速度更慢、更稳定，这样就使蛋白质分解酶在肠道中充分发挥作用，使蛋白质更易被人体消化吸收，所以酸乳蛋白质具有更高的生理价值。

(2)含有更多易于吸收的矿质元素。原料乳发酵后，乳酸可以与乳中钙、磷、铁等矿物质形成易溶于水的乳酸盐，大大提高了其吸收利用率。

(3)维生素丰富。酸乳中含有大量的B族维生素（维生素B_1、B_2、B_6）和少量其他脂溶性维生素。其中维生素的含量主要取决于原料乳，但是与菌株种类的关系也很大，如B族维生素就是乳酸菌生长代谢的产物之一。

2. 酸乳的保健功能

研究证实，长期饮用酸乳可以延年益寿，这是因为酸乳能有效地清除肠道中的有毒、有害物质，利于人体健康。酸乳的保健功能，归纳起来有以下几个方面：

(1)调整肠道菌群，抑制有害菌，促进消化吸收，改善胃肠道功能。每天喝1～2杯酸乳，坚持几个月后可使消化吸收功能明显改善，便秘和腹泻等问题得到有效缓解，胃胀、腹胀等不适感觉也渐渐消失。

(2)改善乳糖不耐症，提高对乳制品的适应能力。酸乳中的乳酸菌可以分泌出乳糖酶，帮助人体消化乳制品中的乳糖，诱导人体肠道产生乳糖酶。经常喝酸乳，可提高对乳制品的消化能力，渐渐适应牛乳、冰淇淋等其他含乳食品。

(3)提高钙、铁等矿物质的吸收率。酸乳中含有促进矿物质吸收的乳酸，还有蛋白质分解产生的CPP等肽类物质，可有效提高钙、磷、铁、锌等矿物质的吸收率。尤其是对于矿物质吸收能力较差的老年人来说，酸乳是极好的营养食品。

(4)提高肠道免疫功能，防治肠道感染。人体和动物实验都证明，在摄入酸乳之后，对各种肠道致病菌和病毒的抵抗能力明显增强，腹泻发病率低，症状轻，恢复快。甚至有些国家已经开发出“旅行者用酸乳”，专门用于预防肠道疾病。

(5)激活免疫系统功能，提高巨噬细胞的吞噬能力和T细胞功能。国内外研究都证明，摄入酸乳可以激活全身的免疫系统功能，并提高人体对各种逆境的抵抗能力，有抑制肿瘤的作用。

(6)降低血清胆固醇。摄入酸乳不仅不会升高血清甘油三酯和血胆固醇，反而具有降低血脂的作用。这种作用一方面来自其中的乳酸菌及其菌体碎片，另一方面来自酸乳中所含的蛋白质类成分。

(7)减轻辐射损伤，抑制辐射后淋巴细胞数目下降。实验证明，摄入酸乳之后的小鼠受到辐射后身体耐受力更强，免疫系统的破坏较轻。

(8)常饮酸乳还有美容、明目、固齿和健发等作用。酸乳中含有丰富的钙，有益于牙齿、骨骼；酸乳中还有一定的维生素，其中维生素A和B_2都有益于眼睛；酸乳中丰富的氨基酸有益于头发;由于酸乳能改善消化功能,防止便秘,抑制有害物质如酚、吲哚及胺类化合物在肠道内产生和积累,因此能防止细胞老化,使皮肤白皙而健美。

二、现代酸乳制品的发展动态和趋势

酸乳制品的种类越来越多,新型酸乳不断涌现,如长货架期酸乳、冷冻酸乳和浓缩酸乳等,大大丰富和扩展了传统意义上酸乳概念的内涵。现代酸乳技术概括起来呈以下态势:

(1)酸乳的品种由原味淡酸乳向调味酸乳(添加各类香精)、果料酸乳(添加各类水果果料)和功能性酸乳(特殊有益菌;营养成分的功能性,如低脂低糖高钙高蛋白;添加维生素和矿物元素)转变。健康、美味将是酸乳发展永恒的主题。

(2)保加利亚乳杆菌和嗜热链球菌为生产普通酸乳的最优菌种组合,双歧杆菌酸乳和嗜酸乳杆菌酸乳已越来越被消费者所接受。20 世纪 90 年代以后芬兰、挪威、荷兰等国出现了新型功能性酸乳——干酪乳杆菌酸乳。具有良好的产香和滑爽细腻质构类酸乳菌种选育已备受关注,无后酸化酸乳菌种的研究逐渐引起人们的重视。

(3)通过改变牛乳基料的成分生产低热量的发酵产品。添加剂应用的变化可能包括:使用各种填充剂如纤维素和亲水胶体,使用强甜味剂而不是高热量的糖,降低基料中脂肪和非脂乳固体的含量,使用脂肪代用品、微粒蛋白质、植物油等。

(4)生产方便、口味温和的长货架期产品。利用后杀菌技术、无菌包装技术,添加亲水性稳定剂和天然食品防腐剂,通过基因工程技术,人工诱变育种技术和细胞膜通透性、改变乳酸菌所能利用的水分活度值,采用高频或微波技术等方法来延长酸乳的保质期,已成为酸乳发展的新热点,这类酸乳因常温下具有半年以上的保质期更适于运输和消费。

(5)在冷链情况下消费的包装形式是现阶段和未来产品的热点和趋势,这一方面源于冷链技术的发展,另一方面有利于保持酸乳中有足够的对人体有益的活菌数。

总之,近年来酸乳品种发展趋势主要集中在降低所含热量、降低脂肪含量、延长货架期以及儿童酸乳等方面。

第二节　发酵剂选择与制备

一、发酵剂的概念与种类

(一)发酵剂的概念

所谓发酵剂,是指生产发酵乳制品时所用的特定微生物培养物。它的质量优劣与酸乳产品质量关系密切。

(二)发酵剂的种类

1. 按发酵剂的使用方法分类

按发酵剂的使用方法,可将发酵剂分为直投式发酵剂和继代式发酵剂。

(1)直投式发酵剂　直投式发酵剂,简称 DVS,是指经高度浓缩和标准化的、含菌量高、活力较强的冷冻或冷冻干燥的特定微生物培养,可直接用于生产的发酵剂。主要特点是:活菌含量高($10^{10}\sim10^{12}$ CFU/g),保质期长,使得每批发酵产品质量稳定,也防止了菌种的退化和污染,不需要经过活化、扩大繁殖过程,大大提高了发酵酸乳制品工业的劳动生产率和产

品质量。但由于直投式发酵剂的制作技术在国内还没有完善，生产尚未产业化，国内少有企业生产，且菌种发酵质量不及国外进口的产品。现国内使用的直投式菌种大多从丹麦（如Hansen公司）、法国、瑞典等国进口或分装，价格较高。

（2）继代式发酵剂　继代式发酵剂由于自身活性较弱，不能直接用于生产，必须经过活化、扩培的过程。它的特点是菌种活化、制作过程较烦琐，发酵剂质量不统一；但成本较低。目前继代式发酵剂仍然是国内大部分企业的首选。发酵剂的调制程序可分为三个阶段，即乳酸菌纯培养物、母发酵剂和生产发酵剂。

①乳酸菌纯培养物：是含有纯乳酸菌的用于生产母发酵剂的牛乳菌株发酵剂或粉末发酵剂。主要接种在脱脂乳、乳清、肉汤等培养基中使其繁殖。现多用升华法制成冷冻干燥粉末或用浓缩冷冻干燥法来保存菌种。

②母发酵剂：是指在无菌条件下扩大培养的用于制作生产发酵剂的乳酸菌纯培养物。生产单位或使用者购买乳酸菌纯培养物后，用脱脂乳或其他培养基将其溶解活化，接代培养来扩大制备的发酵剂，并为生产发酵剂做基础。

③生产发酵剂：又称为工作发酵剂，是直接用于生产的发酵剂。应在密闭容器内或发酵罐内进行生产发酵剂的制备。

2. 按菌种配合形式分类

（1）混合发酵剂　这一类型的发酵剂含有两种或两种以上的菌，如保加利亚乳杆菌和嗜热链球菌按1∶1或1∶2比例混合的酸乳发酵剂，且两种菌比例的改变越小越好。

（2）单一发酵剂　一般是将每一种菌株单独活化，生产时再将各菌株混合在一起。其优点是：容易继代，且易于保持保加利亚乳杆菌和嗜热链球菌比例；容易更换菌株；根据酸乳生产的类型不同，容易调整保加利亚乳杆菌和嗜热链球菌的比例；选择性的接种到乳中是可能的，如在果料酸乳生产中，可先接种球菌，1.5h后再接种杆菌；通过单一活化不同菌株，菌株间的共生作用减弱了，从而减慢了酸的生成；单一菌株在冷藏条件下易于保持性状，液态母发酵剂可以数周活化一次。

（3）补充发酵剂　其作用是增加酸乳的黏稠度、风味或增强产品的保健目的。可以选择以下菌种，一般可单独培养或混合培养后加入乳中。

①产黏发酵剂。为了防止产黏菌过度增殖，应将其与保加利亚乳杆菌或嗜热链球菌分开培养。

②产香发酵剂。当生产的天然纯酸乳的香味不足时，可考虑加入特殊产香的保加利亚乳杆菌菌株或嗜热链球菌丁二酮产香菌株。

③加入嗜酸乳杆菌、干酪乳杆菌或双歧杆菌等生产保健酸乳。

3. 按发酵剂产品形态分类

发酵剂在生产、分发时，有液态、粉状（或颗粒状）及冷冻状三种形式。其中，粉状发酵剂是通过冷冻干燥培养到最大乳酸菌数的液体发酵剂而制成的。因冷冻干燥是在冷冻下进行，因此能最大限度减少对乳酸菌的破坏。

二、发酵剂的选择和制备

(一)发酵剂的主要作用

1. 发酵乳糖产生乳酸

通过乳酸菌的发酵，使生乳中的乳糖转变成乳酸，乳的 pH 值降低，产生凝固和形成风味。

2. 产生风味物质

乳糖发酵可使产品产生良好的风味。与风味有关的微生物以明串珠菌、丁二酮链球菌为主，并包括部分链球菌和杆菌。这些菌能使乳中所含柠檬酸分解生成丁二酮、羟丁酮、丁二醇等化合物和微量的挥发酸、酒精、乙醛等。

3. 产生抗生素

乳酸链球菌和乳油链球菌中的个别菌株，能产生乳酸链球菌素(Nisin)和乳油链球菌素(Diplococcin)抗生素，可防止杂菌和酪酸菌的污染。

4. 降解蛋白质和脂肪

发酵剂具有一定的降解蛋白质、脂肪的作用，从而使酸乳更利于消化吸收。

(二)发酵剂的选择

菌种的选择对发酵剂的质量起着重要作用，在生产实践中，厂家根据自己所加工的酸乳品种、口味与市场消费者的需求来选择合适的发酵剂。选择发酵剂时以产品的主要技术特性，如产香味、产酸、产生黏性物质及蛋白水解能力等作为发酵剂菌种的选择依据。通常选用两种或两种以上的发酵剂菌种混合使用，相互产生共生作用。如嗜热链球菌和保加利亚乳杆菌配合常用作发酵乳的发酵剂菌种。选择发酵剂菌种应从以下几方面考虑：

(1)产酸能力　不同的发酵剂产酸能力会有很大的不同。判断发酵剂产酸能力的方法有两种，即测定酸度和产酸曲线。产酸能力强的发酵剂在发酵过程中容易导致产酸过度和后酸化过强，所以生产中一般选择产酸能力中等或弱的发酵剂。

(2)后酸化　后酸化是指酸乳生产中终止发酵后，发酵剂菌种在冷却和冷藏阶段仍能继续缓慢产酸，它包括三个阶段：①冷却过程产酸，即从发酵终点(42℃)冷却到 19℃或 20℃时酸度的增加，产酸能力强的菌种，此过程产酸量较大，尤其在冷却比较缓慢时；②冷却后期产酸，即从 19℃或 20℃冷却至 10℃或 12℃时酸度的增加；③冷藏阶段产酸，即在 0～6℃冷库中酸度的增加。酸乳生产中应选择后酸化尽可能弱的发酵剂，以便控制产品质量。

目前我国冷链系统尚不完善，从酸乳产品出厂到消费者饮用之前，冷链经常被打断，因此在酸乳生产中选择产酸较温和的发酵剂显得尤为重要。

(3)产香性　优质酸乳必须具有良好的滋气味和芳香味。与酸乳特征风味相关的芳香物质主要有醛、酰、酯、酮和挥发酸等，因此选择能产生良好滋气味和芳香味的发酵剂很重要。评价方法有：

①感官评价。进行感官评价时应考虑样品的温度、酸度和存放时间对品评的影响。品尝时样品温度应为常温，因为低温对味觉有阻碍作用；酸度不能过高，酸度过高会将香味完全掩盖；样品要新鲜，用生产 24～48h 内的酸乳进行品评为佳，因为这段时间内是滋气味和芳香味的形成阶段。

②挥发性酸的量。通过测定挥发性酸的量来判断芳香物质的产生量。挥发性酸含量越

高就意味着产生的芳香物质含量越高。

③乙醛生成能力。乙醛形成酸乳的典型风味，不同的菌株产生乙醛的能力不同，因此乙醛生成能力是选择优良菌株的重要指标之一。

(4)黏性物质的产生　发酵剂在发酵过程中产黏有助于改善酸乳的组织状态和黏稠度，特别是酸乳干物质含量不太高时显得尤为重要。但一般情况下产黏发酵剂往往对酸乳的发酵风味会有不良影响，因此选择这类菌株时最好和其他菌株混合使用。

(5)蛋白质的水解性　乳酸菌的蛋白水解活性一般较弱，如嗜热链球菌在乳中只表现很弱的蛋白水解活性，保加利亚乳杆菌则可表现较高的蛋白水解活性，能将蛋白质水解，产生大量的游离氨基酸和肽类。影响蛋白质水解活性的因素主要有：

①温度。低温(如3℃冷藏)蛋白质水解活性低，常温下增强。

②pH值。不同的蛋白水解酶具有不同的最适pH值。pH值过高，易积累蛋白质水解的中间产物，给产品带来苦味。

③菌种与菌株。嗜热链球菌和保加利亚乳杆菌的比例和数量会影响蛋白质的水解程度。不同菌株其蛋白质水解活性也有很大的不同。保加利亚乳杆菌的某些菌株由于水解蛋白质能力强会产生苦味。

④贮藏时间。贮藏时间长短对蛋白质水解作用也有一定的影响。乳酸菌的蛋白质水解作用可能对发酵剂和酸乳产生一些影响，如刺激嗜热链球菌的生长、促进酸的生成、增加了酸乳的可消化性，但也带来产品黏度下降、出现苦味等不利影响。所以若酸乳保质期短，蛋白质水解问题可不予考虑；若酸乳保质期长，应选择蛋白质水解能力弱的菌株。

(三)发酵剂的制备

1. 培养基的选择

(1)母发酵剂、中间发酵剂的培养基制备　母发酵剂、中间发酵剂的培养基一般用高质量、无抗生素残留的脱脂乳粉制备，最好不用全脂乳粉，因游离脂肪酸的存在可抑制发酵剂菌种的增殖。培养基干物质含量为10%～12%。推荐杀菌温度和时间是90℃保持30min，也有用蒸汽高压锅杀菌(121℃、15min)的。

(2)工作发酵剂培养基的制备　工作发酵剂培养基的原料最好与生产酸乳的原料相同，以避免生产酸乳时因菌种生长环境改变而影响其活力。

2. 发酵剂的活化和扩大

发酵剂的活化和培养步骤见图4-1。

(1)菌种的复活及保存　菌种通常保存在试管或安瓿瓶中，需恢复其活力，即在无菌操作条件下接种到灭菌的脱脂乳试管中多次传代、培养，而后保存在0～5℃冰箱中，每隔1～2周移植一次。但在长期移植过程中，可能会有杂菌污染，造成菌种退化或菌种老化、裂解。因此，菌种须不定期的纯化、复壮。

(2)母发酵剂和中间发酵剂的调制　将充分活化的菌种接种于盛有灭菌脱脂乳的三角瓶中，混匀后放入恒温箱中进行培养，凝固后再移入灭菌脱脂乳中，如此反复2～3次，使乳酸菌保持一定活力，然后再制备生产发

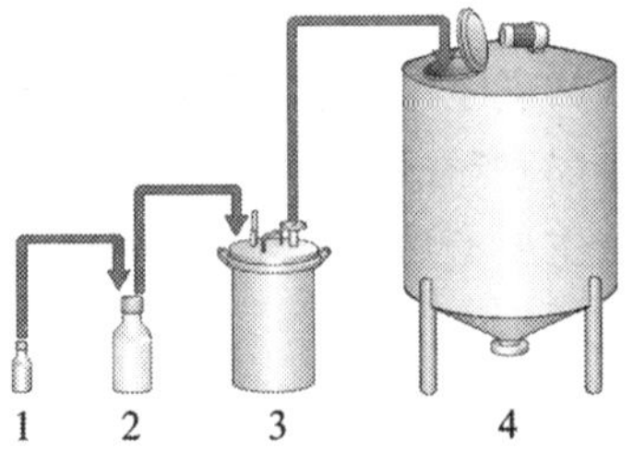

图4-1　发酵剂的活化和培养步骤

1—商品菌种；2—母发酵剂；3—中间发酵剂；4—生产发酵剂

酵剂。纯菌种活化或母发酵剂制备工艺流程如下：

复原脱脂乳(总固形物 10%～12%)→115℃、15min 灭菌→冷却至 43℃→接种(接种量 1%～3%)→培养至凝乳(42℃)→冷却至 4℃→冰箱保存

(3)工作发酵剂的制备　工作发酵剂室最好与生产车间隔离，要求有良好的卫生状况，最好有换气设备。每天要用 200mg/L 的次氯酸钠溶液喷雾，在操作前操作人员也要用 100～150mg/L 的次氯酸钠溶液洗手消毒。氯水由专人配制并每天更换。

工作发酵剂制备可在小型发酵罐中进行，整个过程可全部自动化，并采用 CIP 清洗。工作发酵剂的制备流程如图 4-2 所示。为了不影响生产，发酵剂要提前制备，可在低温条件下短时间储藏。

脱脂乳、新鲜全脂乳或复原脱脂乳(总固形物含量 10%～12%)

↓

90℃、30～60min 灭菌

↓

冷却至 43℃(或菌种所要求的温度)

↓

接种←母发酵剂

↓

发酵至酸度>0.8%

↓

冷却至 4℃

↓

工作发酵剂

图 4-2　酸乳工作发酵剂制备工艺流程

发酵剂常用乳酸菌的形态、特性及培养条件等见表 4-1。

表 4-1　常用乳酸菌的形态、特性及培养条件

细菌名称	细菌形状	菌落形状	发育最适温度(℃)	最适温度下凝乳时间(h)	极限酸度(°T)	凝块性质	滋味	组织形态	适用的乳制品
乳酸链球菌	双球菌	光滑，微白，菌落有光泽	30～35	12	120	均匀稠密	微酸	针刺状	酸乳、酸稀奶油、牛乳酒、酸性奶油、干酪
乳油链球菌	链状	光滑，微白，菌落有光泽	30	12～24	110～115	均匀稠密	微酸	酸稀奶油状	酸乳、酸稀奶油、牛乳酒、酸性奶油、干酪

续表 4-1

细菌名称	细菌形状	菌落形状	发育最适温度(℃)	最适温度下凝乳时间(h)	极限酸度(°T)	凝块性质	滋味	组织形态	适用的乳制品
产生芳香物质的细菌： 柠檬明串珠菌、 戊糖明串珠菌、 丁二酮乳酸链球菌	单球状 双球状 长短不同的细长链状	光滑，微白，菌落有光泽	30	不凝结 48～72 18～48	 70～80 100～105	均匀稠密	微酸	酸稀奶油状	酸乳、酸稀奶油、牛乳酒、酸性奶油、干酪
嗜热链球菌	链状	光滑，微白，菌落有光泽	37～42	12～24	110～115	均匀	微酸	酸稀奶油状	酸乳、干酪
嗜热性乳酸杆菌：保加利亚乳杆菌、干酪乳杆菌、嗜酸杆菌	长杆状，有时呈颗粒状	无色的小菌落如絮状	42～45	12	300～400	均匀稠密	酸	针刺状	酸乳、马乳酒、干酪、乳酸菌制剂
嗜酸杆菌、双歧杆菌、两歧双歧杆菌、长双歧杆菌、婴儿双歧杆菌、短双歧杆菌	是多形性杆菌，呈 Y、V 形弯曲状，勺状，棒状等	中心部稍突起、表面灰褐色或乳白色、稍粗糙	37	17～24	—	均匀	微酸、有醋酸味	酸稀奶油状	酸乳、乳酸菌制剂

3. 控制影响菌种活力的因素

(1)菌种　当培养液酸度达到 85～90°T 时，球菌产酸停止，而杆菌能在 150°T 左右产酸。杆菌对产酸及芳香物质的形成至关重要。

(2)培养基浓度　以 11%为基点，高浓度(20%以内)利于杆菌生产，产酸量大；较低浓度利于球菌生产。

(3)培养温度　45～47℃利于杆菌的生产；41～44℃促进球菌生长。

(4)接种量　以 3%为基点，接种量大有利于杆菌生长，接种量小有利于球菌生长。

三、发酵剂的质量控制

(一)发酵剂的质量要求

酸乳的发酵剂应该满足以下质量要求：

(1)凝块需要有适当的硬度，细滑而富有弹性，组织均匀一致，表面无变色、龟裂、产生气泡及乳清分离等现象。

(2)需具有优良的酸味及风味，不得有腐败味、苦味、饲料味和酵母味等异味。

(3)凝块完全粉碎后细腻滑润，略带黏性，不含块状物。

(4)按要求接种后，在规定时间内产生凝固，无延长现象，活力测定符合规定指标。

(二)发酵剂的质量检查

生产发酵乳时，发酵剂质量的好坏直接影响成品的质量，故对发酵剂的质量必须进行严格检查。常用的质量评定方法如下：

1. 感官检查

首先观察发酵剂的质地、组织状态、色泽及有无乳清分离等；其次检查凝块的硬度、黏度及弹性等；然后品尝酸味是否过高或不足，有无苦味和异味等。

2. 化学性质检查

检查方法很多，最主要的是测定酸度和挥发性酸。酸度一般采用滴定酸度表示法，一般乳酸度为0.9%～1.1%时为宜。

3. 检查形态与菌种比例

将发酵剂涂片，用革兰氏染色，在高倍光学显微镜(油镜头)下观察乳酸菌形态、杆菌与球菌的比例及数量等。

4. 活力测定

使用前对发酵剂的活力进行检查，从发酵剂的酸生成状况或色素还原进行判断。常用的测定发酵剂活力的方法如下：

(1)产酸活力检查　在灭菌冷却后的脱脂乳中加入3%的待测发酵剂，在37.8℃恒温箱中培养3.5h，然后取出，加入2滴1%酚酞指示剂，用0.1mol/L氢氧化钠标准溶液滴定，若乳酸度达0.8%以上表示活力良好。

(2)刃天青还原试验　在9mL脱脂乳中加入1mL发酵剂和0.005%的刃天青溶液1mL，在36.7℃的恒温箱中培养35min以上，如刃天青溶液完全褪色表示发酵剂活力良好。

5. 检查污染程度

(1)催化酶试验检测纯度。乳酸菌催化酶试验应呈阴性，阳性反应是污染所致。

(2)阳性大肠菌群试验检测粪便污染情况。

(3)检查乳酸菌发酵剂中是否污染酵母、霉菌、噬菌体等。

第三节　酸乳生产工艺

一、凝固型酸乳的加工工艺及质量控制

乳酸菌在乳中生长繁殖时，会分解乳糖形成乳酸，使乳的pH值随之下降，乳酪蛋白在

等电点附近形成沉淀凝聚物。由于产品中凝块较硬，并且最终产物是半固体状的凝胶，因此称为凝固型酸乳。

(一)凝固型酸乳的工艺流程(见图 4-3)

原料乳
↓
预处理
↓
标准化(按要求进行脂肪标准化)
↓
辅料(蔗糖等)→ 配料
↓
预热(50 ～ 60℃)
↓
均质(15.0 ～ 25.0MPa)
↓
杀菌(90 ～ 95℃、5 ～ 10min或 118 ～ 120℃、3 ～ 5s)
↓
冷却(至 45℃)
↓
种子发酵剂 → 母发酵剂 → 生产发酵剂 → 接种(接种量 2% ～ 5%)
↓
灌装
↓
发酵(41 ～ 43℃、2.5 ～ 4h)
↓
冷却
↓
后熟冷藏(2 ～ 6℃)

图 4-3 凝固型酸乳的生产工艺流程

(二)凝固型酸乳的工艺操作要点

图 4-4 为一凝固型酸乳典型的连续生产线。

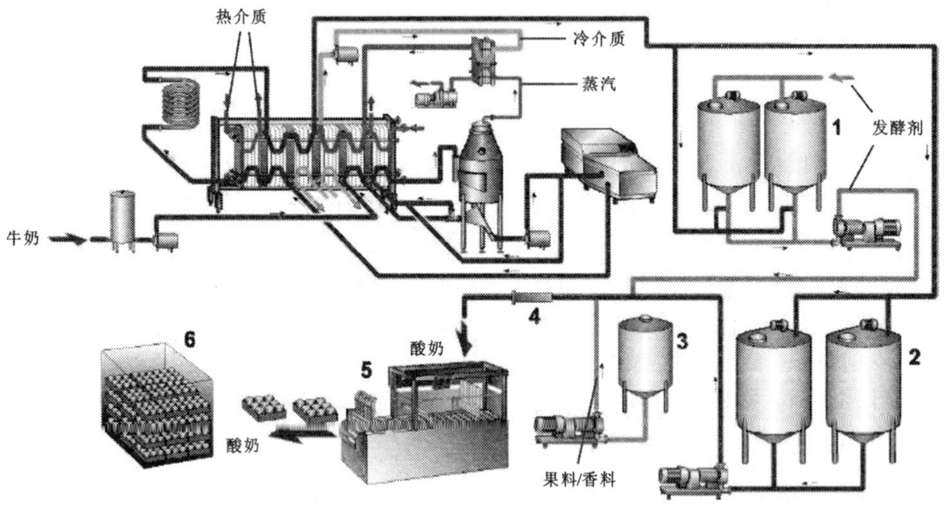

图 4-4 凝固型酸乳生产线

1—生产发酵剂罐；2—缓冲罐；3—香精罐；4—混合器罐；5—包装；6—培养

1. 原辅乳

(1)原料乳的要求。生产酸乳所用原料通常采用新鲜全脂牛乳或全脂乳粉还原乳，也可以是部分脱脂牛乳或脱脂牛乳。为了增加成品的营养或改进其组织状态，有些国家允许添加某些牛乳成分进行原料乳的标准化。

除应符合一般原料乳验收标准要求外，还应特别注意不得使用残留抗生素乳、残留杀菌剂乳，因为乳酸菌对这些物质极为敏感，乳中微量的抗生素都会使乳酸菌不能生长繁殖，从而给酸乳的生产带来重大损失。还不得使用乳房炎乳，否则会影响酸乳的风味和蛋白质的凝胶力。

(2)其他原辅料的要求

①脱脂乳粉。用作发酵乳的脱脂乳粉要求质量高、无抗生素和防腐剂。脱脂乳粉可提高干物质含量，改善产品组织状态，促进乳酸菌产酸。一般添加量为1%～1.5%。

②稳定剂。少量的稳定剂可增加酸乳制品的凝固性和防止乳清的析出，因此在酸乳生产中，通常添加稳定剂。常用的稳定剂有明胶、果胶、CMC-Na 和琼脂等，其添加量应控制在0.1%～0.5%。

③糖及果料。在酸乳生产中，常添加4%～8%的蔗糖或葡萄糖。适当的蔗糖对菌株产酸是有益的，但浓度过量，不仅抑制了乳酸菌产酸，而且增加生产成本。

在凝固型酸乳中很少使用果料，但在搅拌型酸乳中常常使用果料及调香物质，如果酱等。

2. 预处理

为了保证酸奶的品质，在其加工前，需要对原料乳进行计量和净化，对于暂时不能加工的，需要立刻进行冷却，然后放入贮奶罐或冷库中暂时贮存。在加工前，应对样品进行脂肪检查，为乳的标准化提供依据。

3. 标准化

为了保证成品酸乳的质量要求，应使原料乳具有固定的组成成分及比例。因此，需要在允许的范围内，适当地改善乳中的化学组成，对原料乳进行标准化。由于乳中的脂肪含量不仅取决于家畜的品种和泌乳期，还取决于家畜的饲养管理，因此为使全年获得的产品符合标准中的规定，一般需要对乳中的脂肪进行标准化，使脂肪与无脂干物质之间保持一定的比例。目前乳品厂对原料乳进行标准化时，通过以下三种途径来实现。

(1)直接加混原料组成　本法通过在原料乳中直接加混全脂或脱脂乳粉或强化原料乳中某一乳的组分来达到原料乳标准化的目的。

(2)浓缩原料乳　作为乳品加工的重要工艺之一，浓缩通常采用蒸发浓缩、反渗透浓缩、超滤浓缩等三种方法。

(3)复原乳　在某些国家，由于奶源条件的限制，常以脱脂乳粉、全脂乳粉、无水奶油为原料，根据所需原料乳的化学组成，用水来配制成标准原料乳。利用这种复原乳生产的酸乳产品质量稳定，但往往带有一定程度的“乳粉味”。

4. 配料

一般添加4%～8%的蔗糖。加糖方法如下：①先将用于溶糖的原料乳加热到50℃左右，再加入蔗糖，升温至65℃，待完全溶解后，经过滤除去杂质，再加入到标准化乳罐中。②先溶糖、杀菌、过滤后按比例加入杀菌后的牛乳中。

5. 均质

均质前先预热至60～70℃，这样可杀死原料乳中的部分细菌，有利于糖的溶解，提高均质效果。

均质的目的主要是使原料充分混合均匀、阻止奶油上浮、提高酸乳的稳定性和稠度，并保证乳脂肪均匀分布，从而获得质地细腻、口感良好的产品，它在酸乳生产中往往是不可缺少的加工步骤。物料通过均质机在 15.0～20.0MPa 压力下均质，均质后回到杀菌器中。

6. 杀菌及冷却

经均质后，原料乳在杀菌器内继续升温并保持一定时间，可采用保温式杀菌(90～95℃、5～10min)或高温短时杀菌(118～120℃、3～5s)。牛奶通过 90～95℃、5min 的热处理效果最好，因为在这样的条件下乳清蛋白变性 70%～80%，尤其是主要的乳清蛋白中 β-乳球蛋白会与 κ-酪蛋白相互作用，使酸乳成为一个稳定的凝固体。杀菌的目的是：杀灭物料中的致病菌和有害微生物，以保证食品安全；为发酵剂的菌种创造一个杂菌少、有利于生长繁殖的外部条件。此外，热处理可以使乳清蛋白变性，改善最终产品的质构，保证在货架期内不出现乳清分离现象。同时热处理也会产生一些对乳酸菌生长具有促进作用的物质，降低氧化还原电势等。

杀菌后的物料应迅速冷却到 45℃左右，稍高于发酵温度的原因，是考虑到在后续的接种和灌装过程中温度会略有下降。

7. 接种

接种前应将生产发酵剂充分搅拌，使凝乳完全破坏。根据活力，以适当比例加入，一般加入量为 2%～5%。发酵剂中球菌和杆菌的比例可根据产品保质期的长短等进行调整，如生产短保质期普通酸乳，发酵剂中球菌和杆菌的比例应调整为 1∶1 或 2∶1；生产保质期为 14～21d 的普通酸乳时，球菌和杆菌的比例应调整为 5∶1；对于制作果料酸乳而言，两种菌的比例可以调整到 10∶1，此时保加利亚乳杆菌的产香性能并不重要，这类酸乳的香味主要来自添加的水果。

接种是造成酸乳受微生物污染的主要环节之一，因此应严格注意操作卫生，防止霉菌、酵母、细菌噬菌体和其他有害微生物的污染，特别是在不采用发酵剂自动接入设备的情况下更应如此。发酵剂加入后，要充分搅拌 10min，使菌体能与杀菌冷却后的牛乳完全混合，还要注意保持乳温，特别是对非连续灌装工艺或采用效率较低的灌注手段时，因灌装时间较长，保温就更为重要。

如果用的是直投式发酵剂，只需按照比例将它们撒入生产发酵罐中，或撒入制备工作发酵剂的乳罐中扩大培养一次即可用作工作发酵剂，再接种到生产发酵罐中。

8. 灌装

接种后的牛乳应立即灌装到零售容器中。可根据市场需要选择包装容器的材质及大小形状。凝固型酸乳使用较多的是玻璃瓶，装瓶前需对瓶进行蒸汽灭菌。玻璃瓶的优点是能很好地保持酸乳的凝固状态，容器没有有害物质的浸出；但重量大，回收、清洗、消毒麻烦。目前，凝固型酸乳也有用其他包装形式的，如塑料袋、塑杯、纸杯，它们没有上述玻璃瓶的缺点，但在凝固型酸乳的“保型性”方面却不如玻璃瓶。

9. 发酵

发酵温度应保持在 41～43℃，这是嗜热链球菌和保加利亚乳杆菌最适生长温度的折中值。发酵时间随菌种及其添加量而异，一般为 2.5～4.0h。发酵期间应注意避免振动，否则会影响其组织状态；发酵温度应恒定，避免忽高忽低；掌握好发酵时间，防止酸度不够或过度以及乳清析出。

发酵终点的判断非常重要，是制作凝固型酸乳的关键技术之一。一般发酵终点可依据如下条件来判断：发酵一定时间后，抽样观察酸乳的凝乳情况，若已基本凝固，马上测定酸度，酸度达到 70～80°T 以上；pH 值低于 4.6；表面有少量水痕；倾斜酸奶杯，奶变黏稠，则可终止发酵。但酸度的高低还应取决于消费者的喜好，还要考虑到后熟期酸度的升高。

在某些特殊情况下，需要在低于 41℃或低于 38℃的温度下进行培养，将其称为降温培养。其目的是防止酸乳产酸过度、降低乳酸发酵速度、在培养后期可促进风味物质的形成。在特殊情况下，于 30～37℃培养 8～12h（长时间培养）。这种低温长时间培养是为了防止酸乳产酸过度，但会使酸乳风味受到影响。

10. 冷却

酸乳结束发酵后应强制冷却，使所生产酸乳的特征（质地、口感、风味、酸度等）达到所设定的要求。正常情况下降温到 18～20℃，这时的关键是要立刻阻止细菌的进一步生长。冷却的效果要参照包装个体的大小，包装的设计和材料，包装箱堆放的高度，每一个箱子之间的空间和箱子的设计等。

11. 后熟与冷藏

冷却后的酸乳应立即放入 2～6℃的冷库中，冷藏的作用除了达到冷却的目的外，还有促进香味的产生、改善酸乳硬度的作用。香味物质产生的高峰期一般是在酸乳终止发酵后的第 4 小时，而有关人员的研究表示这一时间更长，特别是形成酸乳特征风味是多种风味物质相互平衡的结果，一般是 12～24h 完成。通常把该储藏过程称为后熟。酸乳的一般储藏期为 7～14d。

（三）凝固型酸乳常见的质量问题及控制

1. 凝固不良或不凝固

（1）原料乳　原料乳中含有抗生素、防腐剂会抑制乳酸菌生长，影响正常发酵，从而导致酸乳凝固性差；原料乳掺水使乳的总干物质含量降低，原料乳因变酸而掺碱中和等，都会造成酸乳凝固不好。因此，必须把好原料验收关，杜绝使用含有抗生素、农药、防腐剂及掺碱、掺水牛乳生产酸乳。对干物质含量低的牛乳，可适当添加脱脂奶粉，提高其总干物质含量。

（2）发酵温度与时间　发酵温度与时间低于乳酸菌发酵的最适温度与时间，会使乳酸菌凝乳能力降低，从而导致酸乳凝固性降低。另外，发酵室温度不均匀也会造成酸乳凝固性降低。因此生产中一定要控制好发酵温度与时间，并尽可能保持发酵室温度恒定。

（3）发酵剂活力　发酵剂活力减弱或接种量太少会造成酸乳凝固性下降。

（4）加糖量　加糖量过大会产生高渗透压，抑制了乳酸菌的生长繁殖，也会使酸乳不能很好地凝固。实际生产中要选择好最佳的加糖量，既能给产品带来良好的风味，又不影响乳酸菌的生长。

2. 乳清析出

（1）原料乳热处理不当　温度低或时间不够，不能使大量乳清蛋白变性。变性乳清蛋白与乳中酪蛋白形成复合物，可容纳更多的水分，就不会出现乳清分离。

（2）发酵时间　发酵时间过长或过短，都会有乳清分离。过长，酸度过大破坏了乳蛋白质已经形成的胶体结构，使乳清分离出来；过短，胶体结构还未充分形成，也会形成乳清析出。

（3）其他原因　如原料乳总干物质含量低、接种量过大、机械振动等也会造成乳清析出。

生产中，添加适量的 $CaCl_2$ 可减少乳清析出，也可赋予产品一定的硬度。

3. 风味不良

主要是由于菌种选择及操作工艺不当造成。菌种混合比例应选择适当，任何一方占优势都会导致产香不足，风味变劣。高温短时发酵或发酵过度也会造成酸乳芳香味不足，酸甜不适口等风味缺陷。过度热处理或添加了风味不良的乳粉、炼乳也会造成酸乳风味不良。

4. 表面霉菌生长

酸乳贮藏时间过长或温度过高时，往往在表面出现有霉菌。黑斑点易被察觉，而白色霉菌则不易被注意。这种酸奶被人误食后，轻者有腹胀感觉，重者引起腹痛下泻。因此要严格保证卫生条件并根据市场情况控制好贮藏时间和贮藏温度。

5. 口感差

优质酸乳柔嫩，细滑，清香可口，但有些酸乳口感粗糙，有砂状感。主要是由于生产酸乳时采用了劣质乳粉。因此，生产酸乳时，多用新鲜牛乳或优质乳粉，并采取均质处理，使乳中蛋白质颗粒细微化，达到改善口感的目的。

二、搅拌型酸乳的加工工艺及质量控制

搅拌型酸乳是指在发酵罐中接种并培养，凝块在冷却和包装阶段被打碎，它是在凝固型酸乳基础上发展起来的。这种产品的特征是呈流动状态，有一定黏度，所以又称软质酸乳或液体酸乳。

（一）搅拌型酸乳的工艺流程（见图 4-5）

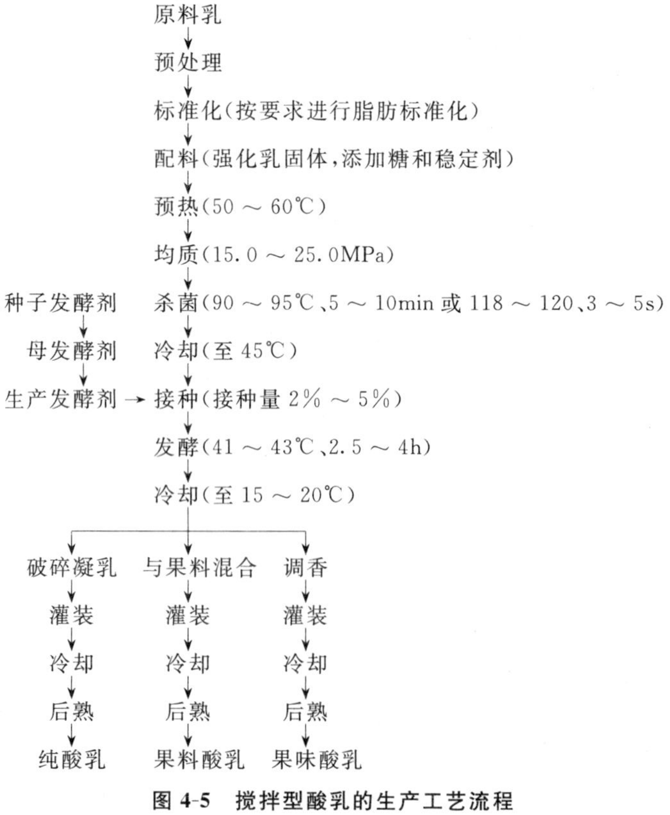

图 4-5　搅拌型酸乳的生产工艺流程

(二)搅拌型酸乳的工艺操作要点

搅拌型酸乳生产过程中,从原料乳验收到接种,基本与凝固型酸乳相同。两者最大的区别在于凝固型酸乳是先灌装后发酵,而搅拌型酸乳是先大罐发酵再灌装,而且搅拌型酸乳多了一道搅拌混合工艺。搅拌型酸乳的生产线如图 4-6 所示。下面只对与凝固型酸乳的不同点加以说明。

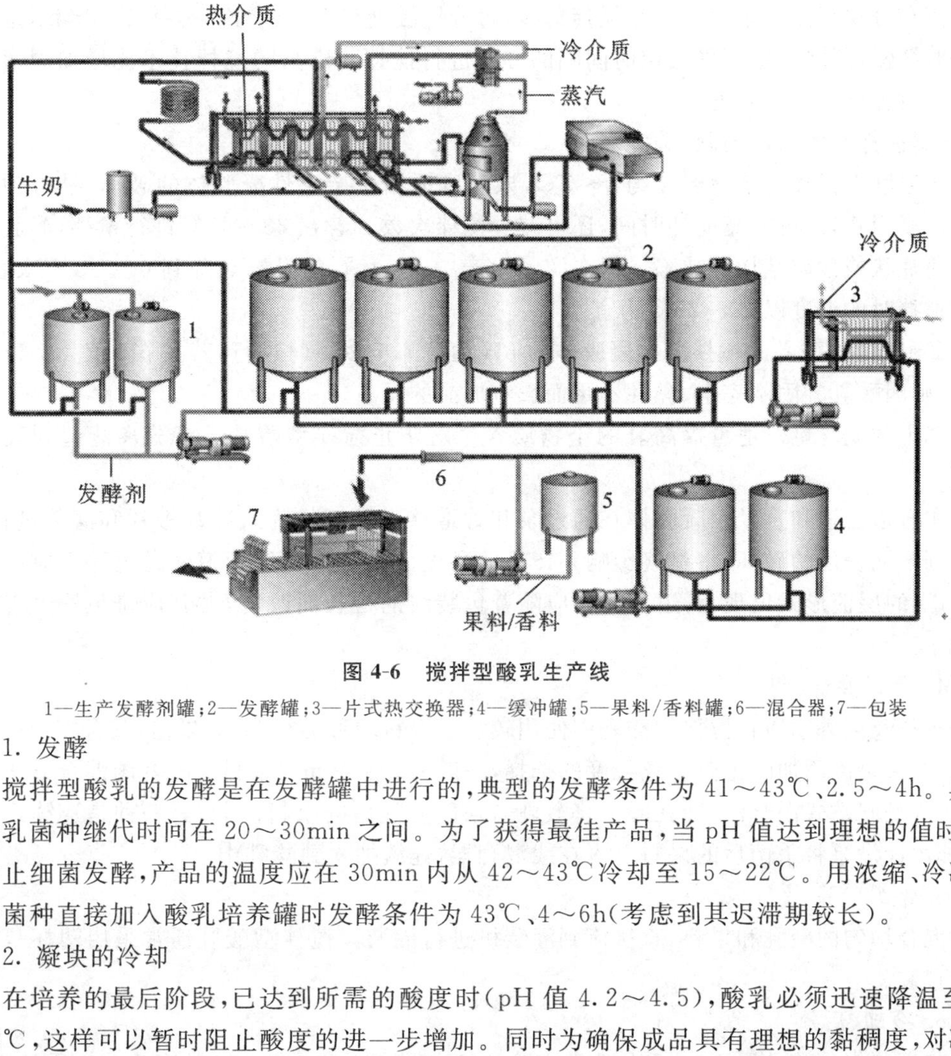

图 4-6 搅拌型酸乳生产线

1—生产发酵剂罐;2—发酵罐;3—片式热交换器;4—缓冲罐;5—果料/香料罐;6—混合器;7—包装

1. 发酵

搅拌型酸乳的发酵是在发酵罐中进行的,典型的发酵条件为 41～43℃、2.5～4h。典型的酸乳菌种继代时间在 20～30min 之间。为了获得最佳产品,当 pH 值达到理想的值时,必须终止细菌发酵,产品的温度应在 30min 内从 42～43℃冷却至 15～22℃。用浓缩、冷冻和冻干菌种直接加入酸乳培养罐时发酵条件为 43℃、4～6h(考虑到其迟滞期较长)。

2. 凝块的冷却

在培养的最后阶段,已达到所需的酸度时(pH 值 4.2～4.5),酸乳必须迅速降温至 15～22℃,这样可以暂时阻止酸度的进一步增加。同时为确保成品具有理想的黏稠度,对凝块的机械处理必须柔和。冷却是在具有特殊板片的板式热交换器中进行的,这样可以保证产品不受强烈的机械搅动。为了确保产品质量均匀一致,泵和冷却器的容量应恰好能在 20～30min 内排空发酵罐。如果发酵剂使用的是其他类型并对发酵时间有影响,那么冷却时间也应相应变化。

3. 搅拌

通过机械力破碎凝胶体,使凝胶体的粒子直径达到 0.01～0.4mm,并使酸乳的硬度和黏度及组织状态发生变化,这是搅拌型酸乳加工中一道重要的工序。

(1)搅拌的方法　有机械搅拌法和手动搅拌法两种。机械搅拌多使用宽叶片搅拌器,搅拌过程中应注意既不可过于激烈，又不可搅拌过长时间。搅拌时应注意凝胶体的温度、pH值及固体含量等。通常搅拌开始用低速，以后用较快的速度。

采用损伤性最小的手动搅拌可以得到较高的黏度。手动搅拌一般用于小规模生产，如40～50L桶制作酸乳。

搅拌速度要恰当控制，一定要避免搅拌过度，否则不仅会降低酸乳的黏度，还易出现乳清分离和分层现象。采用宽叶轮搅拌机时，每分钟缓慢转动1～2次，搅拌4～8min，这是低速短时缓慢搅拌法，也可采用定时间隔的方法进行搅拌。恰当的搅拌技术比增加固形物含量更能改善终产品的黏度。

(2)搅拌时的条件控制

①温度。搅拌的最适温度为0～7℃，该温度适用于亲水性凝胶体的破坏，易得到搅拌均匀的凝固物，既可缩短搅拌时间，还可减少搅拌次数。若在38～40℃进行搅拌，凝胶体易形成薄片状或砂质结构等缺陷。但在实际生产中，使40℃的发酵乳降到0～7℃不太容易，所以搅拌时的温度以20～25℃为宜。

②pH值。酸乳的搅拌应在凝胶体的pH值达4.7以下时进行，若在pH值4.7以上时搅拌，则因酸乳凝固不完全、黏性不足而影响成品的质量。

③干物质含量。适量提高乳的干物质含量对防止搅拌型酸乳乳清分离能起到较好的作用。

④管道流速和直径。凝胶体在通过泵和管道移送及流经片式冷却板片和灌装过程中，会受到不同程度的破坏，将最终影响到产品的黏度。凝胶体在经管道输送过程中应以低于0.5m/s的层流形式出现，管道直径不应随着包装线的延长而改变，尤其应避免管道直径突然变小。

4. 果料混合、调香

果料及调香物质在搅拌型酸乳中使用较多。果料的种类很多，如果酱，其含糖量一般在50%左右；果肉添加时主要注意粒度的选择，一般为2～8mm。果料与酸乳的混合方法有两种：一种是间歇式混合法，即在罐中将酸乳与杀菌处理后的果料混匀；另一种是连续式混料法，即用计量泵将杀菌后的果料泵入在线混合器，连续加入到酸乳中。

5. 灌装

混合均匀的酸乳和果料，直接流到灌装机进行灌装。搅拌型酸乳通常采用塑杯装或屋顶盒包装。

6. 冷却、后熟

将灌装好的酸乳置于0～7℃冷库中冷藏24h进行后熟，进一步促使芳香物质的产生，并改善产品的黏稠度。

搅拌型酸乳冷却的目的除防止产酸过度外，还防止搅拌时脱水。冷却过程应稳定进行，过快将造成凝块收缩迅速，导致乳清分离；过慢则会造成产品过酸和添加果料的脱色。

(三)搅拌型酸乳常见的质量问题及控制

1. 组织砂状

酸乳在组织外观上有许多砂状颗粒存在，不细腻。砂状结构的产生有多种原因，在生产搅拌型酸乳时，应选择适宜的发酵温度，避免原料乳受热过度，减少乳粉用量，避免干物质过多和较高温度下的搅拌。

2. 乳清分离

酸乳搅拌速度过快、过度搅拌或泵送造成空气混入产品，将造成乳清分离。此外，酸乳发酵过度、冷却温度不适及干物质含量不足也可造成乳清分离现象。因此，应选择合适的搅拌器搅拌并注意降低搅拌温度。同时可选用适当的稳定剂，以提高酸乳的黏度，防止乳清分离，其用量为 0.1%～0.5%。

3. 风味不正

除了与凝固型酸乳的相同因素外，在搅拌过程中因操作不当而混入大量空气，造成酵母和霉菌的污染也是风味不正的原因之一。酸乳较低的 pH 值虽然抑制几乎所有细菌生长，但却适于酵母和霉菌的生长，造成酸乳的变质和产生不良风味。

4. 色泽异常

在生产中因加入的果蔬处理不当而引起变色、褪色等现象时有发生。应根据果蔬的性质及加工特性与酸乳进行合理的搭配和制作，必要时还可添加抗氧化剂。

三、酸乳的质量标准

酸乳的质量标准，应符合我国食品安全国家标准中发酵乳(GB 19302—2010)的规定。主要质量标准如下：

1. 感官要求

感官要求应符合表 4-2 的规定。

表 4-2　发酵乳的感官要求

项　　目	要　　求		检验方法
	发酵乳	风味发酵乳	
色泽	色泽均匀一致，呈乳白色或微黄色	具有与添加成分相符的色泽	取适量试样置于 50mL 烧杯中，在自然光下观察色泽和组织状态。闻其气味，用温开水漱口，品尝滋味
滋味	具有发酵乳特有的滋味、气味	具有与添加成分相符的滋味和气味	
组织状态	组织细腻、均匀，允许有少量乳清析出；风味发酵乳具有添加成分特有的组织状态		

2. 理化指标

理化指标应符合表 4-3 的规定。

表 4-3　发酵乳的理化指标

项　　目	要　　求		检验方法
	发酵乳	风味发酵乳	
脂肪[a](g/100g)	≥3.1	2.5	GB 5413.3
非脂乳固体(g/100g)	≥8.1	—	GB 5413.39
蛋白质(g/100g)	≥2.9	2.3	GB 5009.5
酸度(°T)	≥70		GB 5413.34

a 仅适于全脂产品。

3. 污染物限量

污染物限量应符合 GB 2762 的规定。

4. 真菌毒素限量

真菌毒素限量应符合 GB 2761 的规定。

5. 微生物限量

微生物限量应符合表 4-4 的规定。

表 4-4　发酵乳的微生物限量

项　　目	采样方案[a] 及限量（若非指定，均以 CFU/g 或 CFU/mL 表示）				检验方法
	n	*c*	*m*	*M*	
大肠菌群	5	2	1	5	GB 4789.3 平板计数法
金黄色葡萄球菌	5	0	0/25g(mL)	—	GB 4789.10 定性检验
沙门氏菌	5	0	0/25g(mL)	—	GB 4789.4
酵母	≤100				GB 4789.15
霉菌	≤30				

a 样品的分析及处理按 GB 4789.1 和 GB 4789.18 执行。

6. 乳酸菌数

乳酸菌数应符合表 4-5 的规定。

表 4-5　发酵乳的乳酸菌数

项　　目	限量[CFU/g(mL)]	检验方法
乳酸菌数[a]	$\geqslant 1\times 10^6$	GB 4789.35

a 发酵后经热处理的产品对乳酸菌数不作要求。

7. 食品添加剂和营养强化剂

(1)食品添加剂和营养强化剂质量应符合相应的安全标准和有关规定。

(2)食品添加剂和营养强化剂的使用应符合 GB 2760 和 GB 14880 的规定。

8. 其他

(1)发酵后经热处理的产品应标识“××热处理发酵乳”、“××热处理风味发酵乳”、“××热处理酸乳/奶”或“××热处理风味酸乳/奶”。

(2)全部用乳粉生产的产品应在产品名称紧邻部位标明“复原乳”或“复原奶”；在生牛(羊)乳中添加部分乳粉生产的产品应在产品名称紧邻部位标明“含××%复原乳”或“含××%复原奶”。

注：“××%”是指所添加乳粉占产品中全乳固体的质量分数。

(3)“复原乳”或“复原奶”与产品名称应标识在包装容器的同一主要展示版面；标识的“复原乳”或“复原奶”字样应醒目，其字号不小于产品名称的字号，字体高度不小于主要展示版面高度的 1/5。

本章小结

本章主要介绍了酸乳的概念、分类和营养价值，发酵剂选择与制备，酸乳生产工艺与质量控制。

酸乳是以牛乳或其他乳畜乳为主要原料，经杀菌后接种乳酸菌等有益微生物，经保温发酵而制成的具有特殊风味的乳制品。酸乳的品种繁多，有多种分类方法，具有重要的营养和保健作用。

发酵剂是生产酸乳制品的特定微生物的培养物，传统菌种是保加利亚乳杆菌和嗜热链球菌。按使用方法可将发酵剂分为直投式发酵剂和继代式发酵剂。直投式发酵剂具有质量稳定、生产易行等优点，但价格较高。继代式发酵剂需要活化和扩培，调制过程分为乳酸菌纯培养物、母发酵剂和生产发酵剂三个阶段，成本较低，但操作烦琐，卫生要求高。

目前酸乳主要有凝固型和搅拌型两类。凝固型酸乳是在接种生产发酵剂后，立即进行包装，并在包装容器内发酵、成熟。搅拌型酸乳是在发酵罐中接种和培养后，在无菌条件下进行分装、冷却。酸乳在生产中，常会出现诸如凝固性差、乳清析出、风味不良、表面霉菌生长、砂状口感等质量缺陷。出现这些质量问题的原因很多，本章对此进行了分析，并介绍了相应的控制措施和方法。

复习思考题

一、名词解释

酸乳　发酵剂　直投式发酵剂　凝固型酸乳　搅拌型酸乳

二、判断题

1. 酸乳不及鲜乳容易消化吸收。(　　)
2. 生产发酵剂的接种量一般为6%～8%。(　　)
3. 接种量过大或发酵温度过高会导致酸乳的乳清析出。(　　)
4. 生产酸乳时原料乳最佳的杀菌条件为95℃、5min。(　　)
5. 酸乳发酵的终点酸度一般应为100°T以上。(　　)

三、选择题

1.(　　)不是益生菌。

A. 乳酸菌　B. 保加利亚乳杆菌　C. 大肠杆菌　D. 嗜热链球菌

2. 生产普通酸乳时，常采用的发酵温度和时间是(　　)。

A. 41～43℃、2.5～4h　B. 46℃、7～10d

C. 1.5～20℃、1～2d　D. 63℃、30min

3. 生产酸乳制品时，为消除对菌种的有害因素，有必要进行(　　)。

A. 酒精检验　B. 相对密度或比重检验

C. 细菌数检验　　　　　　　　　　D. 抗生素残留检验

4. 我国酸乳生产中，糖的添加量一般为(　　)。

A. 2%　　　　B. 3%　　　　C. 10%　　　　D. 4%～7%

5. 国标规定酸乳的蛋白质含量应大于或等于(　　)g/100g。

A. 2.8　　　　B. 2.9　　　　C. 3.0　　　　D. 3.1

四、填空题

1. 在发酵乳制品生产中要使用发酵剂，发酵剂的主要作用是使________发酵，产生________和挥发性风味物质；同时乳酸菌的个别菌株可产生________。

2. 酸乳发酵剂按使用方法分类，可分为____________和____________；按其调制程序可分为____________、____________和____________。

3. 生产中根据不同菌种的________能力、________能力、________能力及____________能力来进行菌种的选择。

4. 市场上流通的发酵酸乳，按其生产工艺和组织状态可划分为____________型酸乳和____________型酸乳两大类。

5. 制作酸乳最常用的菌种是________________和________________1∶1的混合菌种，一般的接种量为________，它们最适合的培养温度是________℃。

五、简述题

1. 酸乳的种类有哪些？
2. 酸乳有哪些营养保健功能？
3. 如何选择发酵剂？
4. 怎样判断酸乳发酵的凝固终点？
5. 怎样解决酸乳凝固性差的问题？
6. 怎样解决酸乳乳清大量析出的问题？

六、技能题

1. 试述发酵剂制备的操作步骤。
2. 试述凝固型酸乳和搅拌型酸乳加工的工艺流程及操作步骤。

实训八　发酵剂的制备

(一)主要原料及设备

1. 原料

脱脂乳和菌种。

2. 仪器设备

5～10mL吸管(灭菌)2支，50～100mL灭菌量筒2个，20mL灭菌带棉塞试管2支，150mL三角瓶2个，酒精灯1盏，脱脂棉500g，恒温箱(共用)，手提式高压灭菌器，其他(玻璃铅笔、试管架、洗耳球、火柴、水桶等)。

(二)方法与操作步骤

1. 菌种的选择与活化

制作酸乳制品用发酵剂的菌种一般由专门实验室保存,使用者应根据生产的酸乳制品种类进行选择(见表 4-6)。

表 4-6 不同菌种的发酵特征及培养条件

种类	菌种	主要机能	最适温度	凝乳时间	极限酸度	适应的酸乳制品
乳酸杆菌	保加利亚乳杆菌(*L. bulgaricus*)	产酸生香	45～50	12	300～400	酸凝乳
	嗜酸乳杆菌(*L. acidophilus*)	产酸	45～50	12	300～400	嗜酸菌乳
	干酪乳酸杆菌(*L. casei*)	产酸	45～50	12	300～400	液状酸凝乳
	嗜热乳酸链球菌(*Str. thermophilus*)	产酸	50	—	—	酸凝乳
乳酸球菌	乳酸链球菌(*Str. lactis*)	产酸	30～35	12	120	人工酪乳酸稀奶油
	乳脂链球菌(*Str. Cremoris*)	产酸	30	12～14	110～115	人工酪乳酸稀奶油
	丁二酮乳酸链球菌(*Str. diacetilactis*)	产酸产香	30	18～48	100～105	人工酪乳酸稀奶油
酵母	乳酒假丝酵母(*Candida. refyr*)	生醇、CO_2	16～20	15～18	—	牛乳酒
	脆壁克鲁维酵母(*Kluyeromyces*)	生醇、CO_2	—	—	—	牛乳酒

活化菌种:按无菌操作进行。菌种为液体时,用灭菌吸管取 1～2mL 接种于装灭菌脱脂乳的试管中(10mL 脱脂乳);菌种为粉状的用灭菌铂耳或玻璃棒取少量接种于灭菌脱脂乳的试管中混合,然后置于恒温箱中根据不同菌种的特性选择培养温度与时间,培养活化。活化可进行一次或数次,依菌种活力确定。

2. 调制母发酵剂

将脱脂乳分装于试管中和三角瓶中,每瓶中 10mL,每个三角瓶中 100～150mL,然后盖上棉塞、硫酸纸,扎紧后进行高压灭菌,灭菌温度在 120℃,保持 5min,之后,慢慢放气,取出灭菌乳冷却至 42℃左右再进行接种,接种 2%～3%,充分混匀后,置于恒温箱中培养(40～42℃、2.5～3h),三角瓶中菌种供制备生产发酵剂用,试管中菌种仍可作为原菌种保留,原菌种更新周期一般为 3 天,最长不得超过 1 周。制备好的菌种放于冰箱内保存。

3. 调制生产发酵剂

将脱脂乳分装于 500mL 以上的三角瓶中或不锈钢培养缸中(缸的容量为 5～10kg)，盖严后进行灭菌，灭菌温度在 120℃，保持 5min。按上述方法取出冷却至 45℃接种，接种量在 2%～5%，充分混合后置于恒温箱中培养(40～45℃、2.5～3h)。此菌种供生产酸乳制品时使用。

(三)注意事项

1. 应选择新鲜品质好的牛乳做脱脂乳培养基。鲜乳中菌数不能太高，一般应低于 10000 个/毫升，不含抗生素和消毒剂，患乳房炎牛产的乳不适于制作发酵剂，因其在治疗时使用抗生素会抑制酸乳菌种的生长繁殖。制作发酵剂所用的脱脂乳灭菌要彻底。

2. 母发酵剂仅第一次由原培养物制备外，在一般生产过程中均由前代母发酵剂制备。

3. 盛装发酵剂的容器最好是玻璃制的三角瓶，其口小，容量大，用棉塞塞紧瓶口可防止杂菌污染，此外亦便于感官检查。但也可使用金属容器制备发酵剂。

4. 接种时要注意防止污染，应按无菌操作的要求进行。实验台要用消毒药消毒。接种时避免直接倾倒，可用灭菌吸管或匙子接种。

5. 发酵剂成熟后应立即冷却。其量少时可置于冰箱中保存，量多时可置于冷却水中，直至应用。

实训九　凝固型酸乳和搅拌型酸乳生产操作

(一)主要设备

过滤净化设备、热交换器、均质机、杀菌设备、液体灌装机、恒温箱。

(二)配料(以 1000kg 鲜乳计)

白砂糖 70～80kg、母发酵剂 20～30kg、酸乳稳定剂 1～3kg。

(三)加工方法

1. 凝固型酸乳的加工

(1)工艺流程

原料乳的验收→净化→标准化→加蔗糖及稳定剂→预热均质→杀菌→冷却→添加发酵剂→灌装及封口→发酵→冷却→后熟与冷藏→成品

(2)操作要点

①原料乳的验收。按常规方法进行。对加碱乳及抗生素残留乳应特别注意。必要时应作相应的检验。

②净化、标准化。按常规进行。

③加蔗糖及稳定剂。将稳定剂和适量蔗糖干态混合，用 80℃左右热水溶解，然后加入牛乳中，搅拌使其混合均匀。如原料乳质量好且干物质含量高，也可以不加稳定剂。

④预热均质。原料配合好后，进行均质处理。均质前应预热至 60～70℃，均质压力第一段可采用 18～25MPa，第二段采用 8～10MPa。

⑤杀菌。将均质后的牛乳加热至 90～95℃，保持 5～10min，然后冷却到 45℃。

⑥添加发酵剂。将生产发酵剂充分搅拌后加到牛乳中，发酵剂不应有大的凝块，否则会造成发酵不均匀。由于菌种生产单位不同，其杆菌与球菌的活力不同，使用时其加入量应灵

活掌握。

另外，也可用直投式菌种。直投式菌种可以直接加到处理后的牛乳中进行发酵，省去了普通继代式菌种烦琐的操作，也减少了重复接种时被污染的机会及因此造成的产品质量不稳定。

⑦灌装及封口。可根据设备情况采用塑料袋、玻璃瓶或塑料杯进行灌装，然后立即封口。

⑧发酵。灌装好的酸乳应立即送入恒温箱进行发酵。现生产酸乳最常用的菌种为保加利亚乳杆菌和嗜热链球菌 1∶1 的混合菌种，发酵温度应保持在 41～44℃，培养时间为 2.5～3.5h，达到凝固状态时即可终止发酵。这时酸度应在 70°T 以上。如用其他菌种，应视具体情况而定。

⑨后熟与冷藏。发酵好的酸乳放入 4～6℃冰箱中冷藏。冷藏期间酸度会有所上升，同时风味提高。因此，酸乳发酵凝固后需冷藏后熟 24h 再出售。一般酸乳储藏时间不应超过 7d。

2. 搅拌型酸乳的加工

(1)工艺流程

原料乳的验收→净化和标准化→添加蔗糖及稳定剂→预热均质→杀菌→冷却→添加发酵剂→集中发酵→冷却→搅拌→混合灌装→冷藏→成品

(2)操作要点

①原料乳的验收。按常规验收方法进行。

②净化和标准。按常规进行。

③添加蔗糖及稳定剂。将稳定剂和适量蔗糖干态混合，用 80℃左右热水溶解后，加入牛乳中，搅拌使其混合均匀。

④预热均质。均质前应预热至 60～70℃，均质压力第一段可采用 16～20MPa，第二段采用 8～10MPa。

⑤杀菌。将均质后的牛乳加热至 90～95℃，保持 5～10min，然后冷却到 45℃。

⑥添加发酵剂。将生产发酵剂充分搅拌后加到牛乳中，搅拌使之均匀。

⑦集中发酵。将混合料放入恒温箱集中进行发酵。保持发酵温度为 41～44℃，时间为 2.5～3.5h，达到凝固状态时即可终止发酵，这时酸度应为 65～70°T。

⑧搅拌。发酵结束后，将物料冷却至 10℃以下进行搅拌。

⑨混合灌装。如需加果酱、果料可在此时加入，但需事先杀菌，也可加入香精、香料调香。物料完全混合均匀后即可进行灌装。

⑩冷藏。入 0～4℃冷库中进行后熟与冷藏。

(四)注意事项

(1)生产酸乳必须把好原料验收关，杜绝使用含有抗生素、磺胺类药物以及防腐剂的牛乳。必要时先进行凝乳培养实验，样品不凝或凝固不好者不能进行生产。

(2)灌装速度要快，应尽可能在 0.5h 之内灌完。否则，物料温度降得过低，会使发酵时间延长，同时也会造成乳清析出及风味不良。

(3)发酵过程应尽量静止，避免振动，否则会影响酸乳的凝固。发酵温度应恒定，避免忽高忽低，防止酸度不够或过高以及乳清析出。

(4)搅拌的最适温度为5～7℃。如在高温下搅拌，凝胶体易形成薄片状或砂状结构等缺陷。

(5)搅拌过程应缓和，不可过于激烈，否则容易造成乳清的大量析出。

实训十　酸乳的品质检验

(一)仪器设备与材料

1. 仪器

200～250mL烧杯2个、牛角勺或匙1把、500mL烧杯1个、玻璃棒1支、250mL量筒1个、温度计1支、放大镜1个、感量为1mg的天平1台、盛样盘(平皿或瓷盘，每个样品1个)、电位滴定仪1个或滴定管1支、水浴锅1个。

2. 材料

酸乳样品，氢氧化钠标准溶液，酚酞指示液。

(二)检验步骤

1. 感官鉴定

检验方法与质量要求见表4-2和表4-3。

2. 酸乳的滴定酸度

(1)吉尔涅尔度(°T)：称取10g(精确到0.001g)已混匀的试样，置于150mL锥形瓶中，加20mL新煮沸且冷却至室温的水，混匀，用氢氧化钠标准溶液(电位14.2)滴定至pH值为8.3时终止；或于溶解混匀后的试样中加入2.0mL酚酞指示液(电位14.3)，混匀后用氢氧化钠标准溶液(电位14.2)滴定至微红色，并在30s内不褪色，记录消耗的氧氧化钠标准滴定溶液毫升数，代入以下公式中进行计算。

$$X = \frac{c \times V \times 100}{m \times 0.1}$$

式中　X——试样的酸度(°T)；

c——氢氧化钠溶液的摩尔浓度(mol/L)；

V——滴定时消耗氢氧化钠标准溶液体积(mL)；

m——试样的质量(g)；

0.1——酸度理论定义氢氧化钠的摩尔浓度(mol/L)。

吉尔涅尔度用重复性条件下获得的两次独立测定结果的算术平均值表示，结果保留三位有效数字。

(2)乳酸度(%)：用乳酸量表示酸度时，按上述方法测定后，根据下式计算。

$$\text{乳酸度}(\%) = \frac{0.1\text{mol/L 氢氧化钠标准溶液毫升数} \times 0.009}{\text{供试乳样质量(g) 或[供试乳样毫升数} \times \text{比重(g/mL)]}} \times 100\%$$

3. 乳酸菌数

乳酸菌数反映了酸乳中含有的活性菌数，也反映了生理活性。乳酸菌数要求大于或等于1×10^6 CFU/mL，乳酸菌数测定可参照微生物细菌总数的测定方法。

第五章 乳粉生产

知识目标

1. 了解乳粉的概念、种类、质量标准、理化性质以及乳粉生产设备功能。
2. 理解乳粉的蒸发浓缩技术、喷雾干燥技术、乳粉速溶技术。
3. 掌握全脂乳粉和婴幼儿配方乳粉的加工工艺流程和生产技术要点。

技能目标

1. 能够辨别乳粉常见的质量缺陷及产生原因。
2. 能够解决乳粉加工过程中常见的技术问题。
3. 能够运用检测设备对乳粉产品质量进行检测。

第一节 乳粉概述

有关乳粉的最早记载出现在马可波罗在亚洲旅行的笔记中:蒙古人通过在阳光下干燥牛乳以生产乳粉。现在乳粉的生产在现代工厂中进行,脱脂乳粉具有最长约 3 年的货架期,而全脂乳粉的货架期最长约为 6 个月,这是因为贮存过程中乳粉中脂肪的氧化会逐渐产生风味上的变败。

乳粉有许多用途,例如:

(1)乳的再制(复原乳)。

(2)用于烘烤业,如制作面包时加入面团中,以增加面包的体积和持水力,同时还可以延长面包的货架期。

(3)加入糕点中,增加松脆感。

(4)在面包和起酥面团中代替鸡蛋。

(5)在巧克力工业中生产牛奶巧克力。

(6)应用于食品工业及餐饮行业生产香肠和不同品种的预制肉品。

(7)作为婴儿食品中母乳的替代品。

(8)生产冰淇淋、糖果、甜食、冷热饮等。

(9)用做动物饲料(犊牛代乳、宠物乳粉)。

一、乳粉的概念、种类和生产指标

(一)乳粉的概念

乳粉又名奶粉,它是以新鲜牛乳为原料,或以新鲜牛乳为主要原料,添加一定数量的植物或动物蛋白质、脂肪、维生素、矿物质等配料,经杀菌、浓缩、干燥等工艺过程而制得的粉末状产品。

乳粉在保持乳原有品质及营养价值的基础上，还具备了以下优点：

(1)水分含量很低，抑制了微生物的繁殖。

(2)除去了几乎全部的水分，大大减轻了重量、减小了体积，为贮藏、运输带来了方便，可以调节产奶的淡旺季节对市场的供应，更有利于调节地区间供应的不平衡。

(3)品质良好的乳粉加水复原后，可迅速溶解恢复原有鲜乳的性状。

乳粉的性能包括：物理特性、功能特性、生化特性、微生物学特性、感官特性。它们相互影响，共同决定着乳粉的最终质量。

决定乳粉基本性能的指标有：乳粉的组织结构、溶解性、水分含量、胶粒情况、流动性、氧化程度、风味、色泽以及微生物污染状况等。

(二)乳粉的种类

乳粉的种类很多，但主要以全脂乳粉、脱脂乳粉、速溶乳粉、婴幼儿配方乳粉、调制乳粉等为主。按原料处理工艺不同分类如下：

1. 全脂乳粉

全脂乳粉是新鲜牛乳经标准化、杀菌、浓缩、干燥而制得的粉末状产品。根据是否加糖其又分为全脂淡乳粉和全脂甜乳粉。由于脂肪含量高，易被氧化，在室温下可保存3～6个月。

2. 脱脂乳粉

脱脂乳粉是用新鲜牛乳经预热、离心分离获得的脱脂乳，然后再经杀菌、浓缩、干燥而制得的粉末状产品。因为脂肪含量少，保藏性较全脂乳粉要好，在室温下可保存1年以上。可用于制作点心、面包、冰淇淋、再制乳等。

3. 乳清粉

将生产干酪排出的乳清经脱盐、杀菌、浓缩、干燥而制成的粉末状产品即乳清粉，一般为生产干酪或干酪素的副产品。乳清中含有易消化、有生理价值的乳白蛋白、乳球蛋白及非蛋白氮化合物和其他物质。根据用途其又可分为普通乳清粉、脱盐乳清粉、浓缩乳清粉等。

4. 酪乳粉

酪乳粉为将酪乳干制成的粉状物，其含有较多的卵磷脂。

5. 干酪粉

用干酪制成的粉末状制品为干酪粉。

6. 加糖乳粉

加糖乳粉是在新鲜牛乳中加入一定量的蔗糖或葡萄糖，经杀菌、浓缩、干燥而制得的粉末状制品。

7. 麦精乳粉

鲜乳中添加麦芽、可可、蛋类、饴糖、乳制品等经干燥加工便可制成麦精乳粉。

8. 配方乳粉

配方乳粉是在牛乳中添加目标消费对象所需的各种营养素，经杀菌、浓缩、干燥而制成的粉末状产品，如婴幼儿配方乳粉、中小学生乳粉、中老年乳粉等。

9. 特殊配方乳粉

特殊配方乳粉为将牛乳的成分按照特殊人群营养需求进行调整，然后经杀菌、浓缩、干燥而制成的粉末状产品，如降糖乳粉、降血脂乳粉、降血压乳粉、高钙助长乳粉、早产儿乳粉、孕妇乳粉、免疫乳粉等。

10. 速溶乳粉

速溶乳粉为在制造乳粉过程中采取特殊的造粒工艺或喷涂卵磷脂而制成的溶解性、冲调性极好的粉末状产品。

11. 冰淇淋粉

在新鲜乳中添加一定量的稀奶油、蔗糖、蛋粉、稳定剂、香精等，经混合后制成的粉末状制品即冰淇淋粉，复原后可以直接制作冰淇淋。

12. 奶油粉

在稀奶油中添加少量鲜乳制成的制品即奶油粉。

综上所述，凡是最终产品为干燥粉末、乳固体含量不低于70%的乳制品均可归为乳粉系列。全脂乳粉和脱脂乳粉仍是当前主要品种，速溶乳粉和配方乳粉是发展的主要方向。

乳粉的化学组成随原料的种类和添加物料的不同而有所差别。几种主要乳粉的化学组成见表5-1。

表5-1 几种乳粉的化学组成

单位：%

品种	蛋白质	脂肪	乳糖	水分	灰分	乳酸
全脂乳粉	26.2	30.6	35.5	2.0	5.7	0.16
脱脂乳粉	36.0	1.0	52.0	3.0	8.0	1.55
婴儿配方乳粉	13.2	25.0	56.7	2.0	3.1	0.17
奶油粉	13.4	65.2	17.8	0.7	2.9	—
麦精乳粉	13.2	7.5	72.4	3.3	3.6	—
干酪乳清粉	12.5	0.9	72.3	6.1	8.2	—
干酪素乳清粉	13.2	0.7	68.9	6.4	10.8	—
甜性酪乳粉	35.9	4.7	47.8	3.9	7.7	1.55
酸性酪乳粉	36.9	5.5	44.1	5.0	8.6	8.62

(三)乳粉的生产指标

1. 一般乳粉的生产指标

一般乳粉的生产指标可见GB/T 5410—2008(GB/T 5410—2008《乳粉(奶粉)》其中涉及GB 19644—2010标准的指标以GB 19644—2010标准为准)，本标准适用全脂、脱脂、部分脱脂乳粉以及调制乳粉。感官要求见表5-2，理化指标见表5-3，微生物指标见表5-4。污染物限量应符合GB 2762的规定。真菌毒素限量应符合GB 2761的规定。

表5-2 乳粉的感官要求

项目	要求		检验方法
	乳粉	调制乳粉	
色泽	呈均匀一致的乳黄色	具有应有的色泽	取适量试样置于50mL烧杯中，在自然光下观察色泽和组织状态。闻其气味，用温开水漱口，品尝滋味
滋味、气味	具有纯正的乳香味	具有应有的滋味、气味	
组织状态	干燥均匀的粉末		

表 5-3　乳粉的理化指标

项目	指标		检验方法
	乳粉	调制乳粉	
蛋白质(%)	≥非脂乳固体[a] 的 34%	16.5	GB 5009.5
脂肪[b](%)	≥26.0	—	GB 5413.3
复原乳酸度(°T) 牛乳 羊乳	 ≤18 7～14	 — —	GB 5413.34
杂质度(mg/kg)	≤16	—	GB 5413.30
水分(%)	≤5.0		GB 5009.3
不溶度指数(mL)	≤1.0		GB 5413.29

a 非脂乳固体(%)=100%－脂肪(%)－水分(%)。
b 仅适用于全脂乳粉。

表 5-4　乳粉的微生物指标

项目	采样方案[a] 及限量(若非指定，均以 CFU/g 表示)				检验方法
	n	c	m	M	
菌落总数[b]	5	2	50000	200000	GB 4789.2
大肠菌群	5	1	10	100	GB 4789.3 平板计数法
金黄色葡萄球菌	5	2	10	100	GB 4789.10 平板计数法
沙门氏菌	5	0	0 /25g	—	GB 4789.4

a 样品的分析及处理按 GB 4789.1 和 GB 4789.18 执行。
b 不适用于添加活性菌种(好氧和兼性厌氧益生菌)的产品。

2. 乳基婴儿配方食品的质量标准

乳基婴儿配方食品指以乳类及乳蛋白制品为主要原料，加入适量的维生素、矿物质和/或其他成分，仅用物理方法生产加工制成的液态或粉状产品。适于正常婴儿食用，其能量和营养成分能够满足 0～6 月龄婴儿的正常营养需要。

婴儿配方食品的质量标准可见 GB 10765—2010。感官指标见表 5-5，婴儿配方食品每 100kJ (100 kcal) 所含蛋白质、脂肪、碳水化合物的量应符合表 5-6 的规定，维生素应符合表 5-7 的规定，矿物质应符合表 5-8 的规定，可选择性成分指标应符合表 5-9 的规定，其他指标应符合表 5-10 的规定，污染物限量应符合表 5-11 的规定，真菌毒素限量应符合表 5-12 的规定，粉状婴儿配方食品的微生物指标应符合表 5-13 的规定，液态婴儿配方食品的微生物指标应符合商业无菌的要求，按 GB/T 4789.26 规定的方法检验。

表 5-5　乳基婴儿配方食品感官要求

项　　目	要　　求
色泽	符合相应产品的特性
滋味、气味	符合相应产品的特性
组织状态	符合相应产品的特性，产品不应有正常视力可见的外来异物
冲调性	符合相应产品的特性

表 5-6　乳基婴儿配方食品中蛋白质、脂肪和碳水化合物指标

营养素	指标				检验方法
	每 100kJ		每 100kcal		
	最小值	最大值	最小值	最大值	
蛋白质[a](g)	0.45	0.70	1.88	2.93	GB 5009.5
脂肪[b](g)	1.05	1.40	4.39	5.86	GB 5413.3
其中：亚油酸(g) α-亚麻酸(mg)	0.07 12	0.33 N.S.[c]	0.29 50	1.38 N.S.[c]	GB 5413.27
亚油酸与 α-亚麻酸比值	5∶1	15∶1	5∶1	15∶1	—
碳水化合物[d,e](g)	2.2	3.3	9.2	13.8	—

a 乳基婴儿配方食品中乳清蛋白含量应≥60%；婴儿配方食品中蛋白质含量应以氮(N)×6.25 计算。

b 终产品脂肪中月桂酸和肉豆蔻酸(十四烷酸)总量＜总脂肪酸的 20%；反式脂肪酸最高含量＜总脂肪酸的 3%；芥酸含量＜总脂肪酸的 1%；总脂肪酸指 C4～C24 脂肪酸的总和。

c N.S. 为没有特别说明。

d 乳糖占碳水化合物总量应≥90%；对于乳基产品，计算乳糖占碳水化合物总量时，不包括添加的低聚糖和多聚糖类物质；乳糖百分比含量的要求不适用于豆基配方食品。

e 碳水化合物的含量 A_1，按式(1)计算：

$$A_1 = 100 - (A_2 + A_3 + A_4 + A_5 + A_6) \tag{1}$$

式中：A_1——碳水化合物的含量，g/100g；

A_2——蛋白质的含量，g/100g；

A_3——脂肪的含量，g/100g；

A_4——水分的含量，g/100g；

A_5——灰分的含量，g/100g；

A_6——膳食纤维的含量，g/100g。

表 5-7　维生素指标

营养素	指标				检验方法
	每 100kJ		每 100kcal		
	最小值	最大值	最小值	最大值	
维生素 A(μg RE)[a]	14	43	59	180	GB 5413.9
维生素 D(μg)[b]	0.25	0.60	1.05	2.51	
维生素 E (mg α-TE)[c]	0.12	1.20	0.50	5.02	
维生素 K_1(μg)	1.0	6.5	4.2	27.2	GB 5413.10
维生素 B_1(μg)	14	72	59	301	GB 5413.11
维生素 B_2(μg)	19	119	80	498	GB 5413.12
维生素 B_6(μg)	8.5	45.0	35.6	188.3	GB 5413.13
维生素 B_{12}(μg)	0.025	0.360	0.105	1.506	GB 5413.14
烟酸(烟酰胺)(μg)[d]	70	360	293	1506	GB 5413.15
叶酸(μg)	2.5	12.0	10.5	50.2	GB 5413.16
泛酸(μg)	96	478	402	2000	GB 5413.17
维生素 C(mg)	2.5	17.0	10.5	71.1	GB 5413.18
生物素(μg)	0.4	2.4	1.5	10.0	GB 5413.19

a RE 为视黄醇当量。1μg RE =1μg 全反式视黄醇(维生素 A)=3.33 IU 维生素 A。维生素 A 只包括预先形成的视黄醇,在计算维生素 A 活性时不包括任何的类胡萝卜素组分。

b 钙化醇,1μg 维生素 D=40 IU 维生素 D。

c 1 mg α-TE (α-生育酚当量)=1 mg d-α-生育酚。每克多不饱和脂肪酸中至少应含有 0.5mg α-TE,维生素 E 含量的最小值应根据配方食品中多不饱和脂肪酸的双键数量进行调整:0.5mg α-TE/g 亚油酸[18∶(2n−6)];0.75mg α-TE/g α-亚麻酸[18∶(3n−3)];1.0mg α-TE/g 花生四烯酸[20∶(4n−6)];1.25mg α-TE/g 二十碳五烯酸[20∶(5n−3)];1.5mg α-TE/g 二十二碳六烯酸[22∶(6n−3)]。

d 烟酸不包括前体形式。

表 5-8　矿物质指标

营养素	指标				检验方法
	每 100kJ		每 100kcal		
	最小值	最大值	最小值	最大值	
钠(mg)	5	14	21	59	GB 5413.21
钾(mg)	14	43	59	180	
铜(μg)	8.5	29.0	35.6	121.3	
镁(mg)	1.2	3.6	5.0	15.1	
铁(mg)	0.10	0.36	0.42	1.51	
锌(mg)	0.12	0.36	0.50	1.51	
锰(μg)	1.2	24.0	5.0	100.4	
钙(mg)	12	35	50	146	
磷(mg)	6	24	25	100	GB 5413.22
钙磷比值	1∶1	2∶1	1∶1	2∶1	—
碘(μg)	2.5	14.0	10.5	58.6	GB 5413.23
氯(mg)	12	38	50	159	GB 5413.24
硒(μg)	0.48	1.90	2.01	7.95	GB 5009.93

表 5-9 可选择性成分指标

营养素	指标				检验方法
	每 100kJ		每 100kcal		
	最小值	最大值	最小值	最大值	
胆碱(mg)	1.7	12.0	7.1	50.2	GB/T 5413.20
肌醇(mg)	1.0	9.5	4.2	39.7	GB 5413.25
牛磺酸(mg)	N.S.[a]	3	N.S.[a]	13	GB 5413.26
左旋肉碱(mg)	0.3	N.S.[a]	1.3	N.S.[a]	—
二十二碳六烯酸(%总脂肪酸[b,c])	N.S.[a]	0.5	N.S.[a]	0.5	GB 5413.27
二十碳四烯酸(%总脂肪酸[b,c])	N.S.[a]	1	N.S.[a]	1	GB 5413.27

a N.S.为没有特别说明。

b 如果婴儿配方食品中添加了二十二碳六烯酸[22：(6n－3)]，至少要添加相同量的二十碳四烯酸[20：(4n－6)]。长链不饱和脂肪酸中二十碳五烯酸[20：(5n－3)]的量不应超过二十二碳六烯酸的量。

c 总脂肪酸指 C4～C24 脂肪酸的总和。

表 5-10 其他指标

项目	指标	检验方法
水分(%)	≤5.0	GB 5009.3
灰分 乳基粉状产品(%) 乳基液态产品(按总干物质计)(%)	 ≤4.0 ≤4.2	GB 5009.4
杂质度 粉状产品(mg/kg) 液态产品(mg/kg)	 ≤12 ≤2	GB 5413.30

表 5-11 污染物限量(以粉状产品计)

项目	指标	检验方法
铅(mg/kg)	≤0.15	GB 5009.12
硝酸盐(以 $NaNO_3$ 计)(mg/kg)	≤100	GB 5009.33
亚硝酸盐(以 $NaNO_2$ 计)(mg/kg)	≤2	

表 5-12 真菌毒素限量

项目	指标	检验方法
黄曲霉毒素 M_1[a](μg/kg)	≤0.5	GB 5009.24

表 5-13　微生物限量

项目	采样方案[a] 及限量(若非指定,均以 CFU/g 表示)				检验方法
	n	c	m	M	
菌落总数[b]	5	2	1000	10000	GB 4789.2
大肠菌群	5	2	10	100	GB 4789.3 平板计数法
金黄色葡萄球菌	5	2	10	100	GB 4789.10 平板计数法
阪崎肠杆菌[c]	3	0	0/100g	—	GB 4789.40 计数法
沙门氏菌	5	0	0/25g	—	GB 4789.4

a 样品的分析及处理按 GB 4789.1 和 GB 4789.18 执行。

b 不适用于添加活性菌种(好氧和兼性厌氧益生菌)的产品[产品中活性益生菌的活菌数应≥10^6 CFU/g (mL)]。

c 仅适用于供 0～6 月龄婴儿食用的配方食品。

二、乳粉的生产方法

乳粉厂不同产品的原料和生产方法可总结如表 5-14 所示。

表 5-14　乳粉厂不同产品的原料和生产方法

品种	原料	生产方法
全脂乳粉	牛乳	净化、标准化、杀菌、浓缩、干燥
全脂加糖乳粉	牛乳、砂糖	标准化、加糖、杀菌、浓缩、干燥
脱脂乳粉	脱脂牛乳	乳脂分离、脱脂乳杀菌、浓缩、干燥
速溶乳粉	全脂或脱脂牛乳	在干燥工序施以速溶加工条件

(一)乳的预处理

生产乳粉的原料乳对微生物质量要求较高。为了提高原料乳的微生物质量,可采用离心除菌或微滤除去乳中的菌体细胞及其芽孢,以保证原料乳的质量。全脂乳进行标准化,一般脂肪与总固形物之比控制在 1∶3.67,从而达到控制最终产品中脂肪含量的目的。

(二)预热及浓缩

预热是乳粉加工过程中受热温度最高的一步,在这一过程中大多数乳清蛋白变性。在浓缩前进行预热有助于控制产品的微生物质量。预热可以采用热交换器进行,如片式热交换器、安装在蒸发器中的螺旋式热交换器或蒸汽喷射系统。在间接热交换系统中,嗜热菌可产生生物膜,而直接热交换系统则可避免这种现象。

预热后进行浓缩,乳浓缩是利用加热设备使乳中的水分蒸发汽化,并将汽化产生的二次蒸汽不断排除,从而提高制品的浓度,直至达到要求的浓度的工艺过程。一般全脂乳浓缩到总固形物含量为 45%～50%,脱脂乳浓缩到总固形物含量为 42%～48%。蒸发一般采用多效薄膜蒸发器,其可以最大限度地利用热能,前一效的蒸汽可作为下一效的加热介质。通过采用热蒸汽或机械蒸汽再压缩工艺,热效率可以进一步提高。一般在蒸发器上都安装有折射计或黏度计,以确定浓缩终点。乳具有热敏性,为了避免加热中营养成分受到破坏,蒸发通常是在真空条件下进行的,有时温度甚至低于 40℃,同时,尽量缩短乳的加热保持时间。

随着科学技术及生产的发展，浓缩已趋向低温、快速、连续的方向发展。

1. 浓缩的目的

(1)作为干燥的预处理，以降低产品的加工热耗，节约能源。鲜乳中含有87.5%～89%的水分，要制成含水量为3%的乳粉，需要去除大量水分。若采用真空浓缩，每蒸发1kg水分在单效真空蒸发器中消耗蒸汽1.1kg，在双效真空蒸发器中消耗蒸汽0.46kg。而用喷雾干燥，每蒸发1kg水分需要消耗3～3.3kg蒸汽，故先浓缩后干燥，可以大大节约热能。

(2)提高乳中干物质的含量，使喷雾后乳粉颗粒粗大，改善乳粉成品的分散性和冲调性。同时能提高乳粉成品的密度，减少粉尘飞扬，便于包装，提高乳粉的回收率，减少损失。

(3)改善乳粉的品质和贮藏性。经过真空浓缩，使存在于乳中的空气和氧气的含量降低，一方面可除去不良气味，另一方面可减少对乳脂肪的氧化。

2. 乳浓缩的方法

(1)自然蒸发　在低于溶液中的溶剂沸点的状态下进行蒸发，溶剂的汽化只能在溶液的表面进行，蒸发速率较低，乳品工业上几乎不采用。

(2)沸腾蒸发　对溶液进行加热，使其达到某一压力下的沸点，溶剂的汽化几乎在溶液的各部分同时产生，蒸发速率高，是乳品工业广为采用的一种方法。沸腾蒸发又可分为以下两种：

①常压蒸发。蒸发过程是在大气压力状态下进行，溶液的沸点就是某种物质本身的沸点，蒸发速度慢。乳品工业上早期使用的平锅浓缩就是常压浓缩，目前该蒸发方法几乎已不采用。

②减压蒸发。即真空浓缩，是利用抽真空设备使蒸发过程在低于大气压的状态下进行，降低了溶液的沸点，提高蒸发速率。由于整个蒸发过程都是在较低的温度下进行的，特别适合热敏性物料的浓缩，目前在乳品工业生产上得到广泛应用。

3. 真空浓缩的基本原理

在减压状态下，液体的沸点随环境压力的降低而下降，利用这一原理所进行的乳的蒸发操作称为真空浓缩。在对牛乳真空浓缩时，使其温度保持在40～70℃之间沸腾，此时可将加热过程中的损失降到最小限度。当牛乳中某些水分子获得的动能超过其分子间的引力时，就在牛乳液面汽化，汽化的分子不断移除，而牛乳中的干物质数量保持不变，汽化过程持续进行，使牛乳的干物质含量不断提高，最终达到预定的浓度。从溶液中蒸发的蒸汽为二次蒸汽，以区别新鲜的加热蒸汽。在生产中，若二次蒸汽直接冷凝而不被利用的蒸发，称为单效蒸发；若将二次蒸汽引到下一蒸发器作为加热蒸汽被利用，称为双效蒸发(有两个蒸发器)，这种串联操作的蒸发又称为多效蒸发(含有3个或3个以上蒸发器)。在现代乳品业中，蒸发器效数可高达七效。真空浓缩过程能够顺利进行的两个基本条件是不断供给热量，不断排除二次蒸汽。

4. 真空浓缩的特点

由于牛乳属于热敏性物料，浓缩宜采用真空浓缩法，其主要特点如下：

(1)牛乳的沸点随压力的下降而降低，真空浓缩可降低牛乳的沸点，避免了牛乳高温处理，减少了蛋白质的变性和维生素的损失，有利于保全牛乳的营养成分，提高乳粉的色、香、味及溶解度。

(2)真空浓缩可极大地减少牛乳中空气及其他气体的含量，起到一定的脱臭作用，对改善乳粉的品质及提高乳粉的保存期有利。

(3)真空浓缩提高了加热蒸汽与牛乳间的温度差，使设备在单位面积、单位时间内的热交换增强，加快了浓缩进程，提高了生产效率。

(4)真空浓缩为使用多效浓缩设备及配置热泵创造了条件，可部分地利用二次蒸汽，节省了热能及冷却水的耗量。

(5)真空浓缩操作是在低温下进行的，设备与室温间的温差小，设备的热量损失少。

(6)牛乳可自行吸入浓缩设备中，无需进料泵。

(7)真空浓缩必须设真空系统，增加了附属设备和动力消耗，工程投资增加。

除蒸发浓缩外，也可采用膜技术进行浓缩。超滤可将乳组分分离，反渗透和超滤只除去了乳中的水，可对乳进行预浓缩。超滤不仅使乳的受热程度减少，而且可以进行标准化，调节产品中蛋白质和乳糖含量。

(三)干燥技术

浓缩乳中一般含有50%～60%的水分，为满足乳粉生产的质量要求，必须将其所含的绝大部分水分除去，为此必须对浓缩乳进行干燥。乳粉的干燥包括冷冻干燥法和加热干燥法两大类。

低温冷冻升华法是冷冻干燥法的最主要方法，该方法是将牛乳中的水分冻结成极细冰结晶，在高度真空（绝对压力67Pa）下加微热，使乳中的冰屑升华，乳中固体物质便成为干燥粉末。其优点是可以避免加热对产品色泽和风味的影响，产品外观似多孔的海绵状，溶解性极好，同时由于加工温度低，牛乳中营养成分损失少，几乎能全部保留。其缺点是设备造价高、耗能大、生产成本高，目前仅用于特殊乳粉的加工。

目前，乳粉加热干燥的方法主要有滚筒干燥法和喷雾干燥法。滚筒干燥法又称薄膜干燥法，是用经过浓缩或未浓缩的鲜乳，均匀地摊在用蒸汽加热的滚筒上呈薄膜状，滚筒转到一定位置，薄膜被干燥，而后转到刮刀处时被自动削落，再经过粉碎过筛即得乳粉。由于滚筒干燥法其产品的分散性、储藏性都不理想，除生产特殊的乳粉外(如巧克力用高游离脂肪乳粉)，目前已极少用于乳粉的生产。喷雾干燥法是将浓缩乳在压力或高速离心力的作用下，通过雾化器将乳分散成极细小的雾状微滴，在干燥室内与通入干燥室的干热空气直接接触，瞬间使微滴中的水分蒸发，干燥成乳粉。由于喷雾干燥制品在风味、色泽和溶解性等方面具有较好的品质，是乳粉生产中最常见的干燥方法。

1. 喷雾干燥的原理

喷雾干燥法的原理是使浓缩乳在机械力(压力或高速离心力)的作用下，通过雾化器将乳分散成极细小的雾状微滴(直径为10～100μm)，在干燥室内与通入干燥室的干热空气直接接触，在瞬间(0.01～0.04s)使微滴中的水分蒸发，乳滴干燥成乳粉，经15～30s即可沉降在干燥室底部。单位质量的物料表面积越大，则热交换越迅速，水分除去越快，物料受热时间缩短，产品质量提高。

喷雾干燥要求在除去浓缩乳中的绝大部分水分的同时，最大限度地保留牛乳的营养价值，使产品达到一定的质量要求。喷雾干燥过程包括浓缩乳微粒表面水分的蒸发和微粒内部水分向表面扩散后蒸发两个过程，只有当微粒表面的蒸汽压超过干燥介质的蒸汽压时，干燥过程才能进行。喷雾干燥过程可分为三个阶段。

①预热阶段。浓缩乳经雾化后，其初始温度低于干燥介质的湿球温度，与干燥介质一经

接触，微粒立刻从干热空气中不断吸热，表面温度不断升高，直至与干燥介质的湿球温度相等，此为预热阶段。这一阶段，干燥速度迅速增大到最大值。

②恒速干燥阶段。当微粒的干燥速度达到最大值后，即进入恒速干燥阶段。恒速干燥阶段的时间很短，只有 0.01～0.04s。在此阶段，浓缩乳微粒水分的汽化发生在微粒的表面，其温度等于干燥介质的湿球温度（一般为 50～60℃）。干燥介质的湿球温度越低，干燥介质与微粒表面湿球温度间的温差越大，干燥介质与微粒接触状况越好，干燥速度越快。

③降速干燥阶段。由于微粒表面水分不断汽化，当微粒表面不能再保持湿润状态时，干燥过程即进入降速干燥阶段。降速干燥阶段时间较长，为 15～30s。在降速干燥阶段，微粒内部的水分持续向表面扩散继续蒸发，在内部相应部位将形成许多毛细管状孔隙，这对于乳粉的溶解性能具有重要意义。

2. 喷雾干燥法的分类

（1）压力喷雾干燥法　在压力喷雾干燥中，浓缩乳的雾化是通过高压泵给乳施加 7～20MPa 的压力，使其通过直径为 0.5～1.5mm 的喷头来完成的。其雾化的原理是当浓缩乳在高压泵的作用下通过一狭小的喷嘴后，瞬间得以雾化成无数微细的小液滴。

（2）离心喷雾干燥法　在离心喷雾干燥中，浓缩乳的雾化是利用在水平方向作高速旋转的圆盘产生的离心力来完成的。其雾化的原理是当浓缩乳在泵的作用下进入高速旋转的转盘中央时，由于受到很大的离心力作用而被以高速甩向四周，形成液膜、乳滴，并在热空气的摩擦、冲击作用下分散成微滴，从而达到雾化的目的。

压力喷雾干燥法和离心喷雾干燥法生产乳粉的工艺条件分别如表 5-15 和表 5-16 所示。

表 5-15　压力喷雾干燥法的工艺条件

项目	全脂乳粉	加糖全脂乳粉
浓缩乳浓度(°Bé)	11.5～13	15～20
乳固体物质含量(%)	38～42	45～50
浓缩乳温度(℃)	45～60	45～50
喷嘴孔径(mm)	2.0～3.5	2.0～3.5
喷嘴数量(个)	3～6	3～6
喷嘴角(°)	60～90	70～80
高压泵工作压力(MPa)	10～20	10～20
干燥室负压(Pa)	98～196	98～196
进风温度(℃)	140～180	140～180
排风温度(℃)	75～85	75～85
排风相对湿度(%)	10～13	10～13

表 5-16　离心喷雾干燥法的工艺条件

项目	全脂乳粉	加糖全脂乳粉
浓缩乳浓度(°Bé)	13～15	14～16
乳固体物质含量(%)	45～50	45～50
浓缩乳温度(℃)	45～55	45～55
进风温度(℃)	140～180	140～180
排风温度(℃)	75～85	75～85
转盘转速(r/min)	5000～20000	5000～20000
转盘数量(个)	1	1

3. 喷雾干燥的特点

(1)喷雾干燥的优点

①干燥迅速，物料受热时间短。浓缩乳经雾化分散成无数直径为 50～100μm 大小的微粒，表面积大大增加。与干热空气接触后水分蒸发速度很快，整个干燥过程仅需 10～30s。牛乳营养成分的破坏程度较小，乳粉的溶解度高，冲调性好。

②整个干燥过程中乳粉颗粒表面的温度较低，不会超过干燥介质的湿球温度(50～60℃)，从而可以减少牛乳中一些热敏性物质的损失，对乳粉的色、香、味、营养成分及维生素等影响很小。

③工艺参数可以方便地调节，选用适当的雾化器或调节干燥条件，可以改变制品的颗粒状态、颗粒大小、容积密度、水分等，产品质量容易得到控制，同时也可以生产有特殊要求的产品。

④整个干燥过程都是在密闭的状态下进行的，产品不易受到外来的污染，从而最大限度地保证了产品的质量。

⑤操作简单，自动化程度高，操作人员少，劳动强度低，生产效率高。

(2)喷雾干燥的缺点

①干燥设备的热效率较低，一般每蒸发 1kg 水需 3.0～3.3kg 饱和蒸汽。

②干燥设备体积较大，投资大，干燥室的水分蒸发强度一般仅为 2.5～4.0kg/(m^3·h)。

③耗用空气量较多，风机的容量及电耗大，粉尘回收装置复杂。

④喷雾干燥室内壁一般均粘有乳粉，清除困难，清理时劳动强度较大。且粘壁的那一部分乳粉由于受热程度不同，其溶解度低于其他部分的乳粉。

(四)乳粉的速溶

速溶是指乳粉在温水或冷水中都具有很大的溶解速度，当乳粉放到水中后经轻轻搅拌即可完全、快速地溶解。国际乳品联合会(IDF)第 87 号标准提出了速溶脱脂乳粉和全脂乳粉润湿性指标的检验方法。当使用 IDF 的方法对速溶乳粉的润湿性进行测定时，速溶脱脂乳粉的润湿时间不应超过 15s，速溶全脂乳粉的润湿时间不应超过 10～15s。一般一级干燥生产的乳粉颗粒没有经过附聚工艺，无速溶性，容积密度较大。为了生产能够在冷水中分散还原较好的速溶性乳粉，需要改变干燥过程。

1. 乳粉的速溶机理

脱脂速溶乳粉在加工过程中使单个的小颗粒乳粉之间产生附聚作用，形成大的、不规则的、呈粗糙颗粒状、密度较低的附聚体，粗糙的结构有利于水分进入颗粒内部，快速润湿整个颗粒。全脂乳粉中含有大量具有疏水性的脂肪，乳粉的可湿性较差，要在附聚的基础上，再在乳粉颗粒表面喷涂一层表面活性物质（如卵磷脂），增加乳粉颗粒的可湿性，从而达到速溶的目的。

2. 速溶乳粉的特点

具有速溶特性乳粉的主要特点如下：

（1）速溶乳粉颗粒直径大，一般为 100～800μm。

（2）速溶乳粉的溶解性、可湿性、分散性等良好，当用不同温度的水冲调复原时，溶解迅速，不结块，无须先调浆再冲调，减少消费者冲饮的麻烦。

（3）速溶乳粉中的乳糖是呈结晶状的无水乳糖，在包装和保存过程中不易吸潮结块。

（4）速溶乳粉颗粒的直径大而均匀，降低了制造、包装及使用过程中粉尘飞扬的程度。

（5）速溶乳粉的比体积大，表观密度低，包装容器容积需要相应增大，一定程度上增加了包装费用。

（6）速溶乳粉水分含量高，不利于保藏；对脱脂速溶乳粉而言，易于褐变，并具有一种谷粮气味。

3. 影响乳粉速溶的因素

影响乳粉速溶的因素有以下几点：

（1）乳粉的润湿性。乳粉能够被水润湿，是因为水分可以通过虹吸作用被吸收在乳粉之间的空隙中。乳粉的润湿性可以通过乳粉、水、空气三相体系的接触角测定出来，如果接触角小于 90°，那么乳粉颗粒就能够被润湿。干燥的脱脂乳粉接触角一般为 20°左右，全脂乳粉的接触角为 50°左右。全脂乳粉的有效接触角会更大一些，润湿角可能会大于 90°（特别是当一部分脂肪是固体时），这时水分不能渗透到乳块内部，或者仅仅能够局部地渗入，其解决方法是将乳粉颗粒喷涂卵磷脂。

（2）乳粉颗粒大小。水分子对于乳的渗透率和乳粉颗粒之间的空隙大小有关，即乳粉颗粒越小，孔隙就越小，渗透就越慢。如果乳粉颗粒的直径大小不均一，小的颗粒可以填在大的颗粒空隙之间，也会产生小的孔隙。

（3）乳粉颗粒黏度。渗透到乳粉内部的水分也可以因为毛细管作用使乳粉颗粒粘在一起，导致乳粉颗粒之间的空隙变小。毛细管收缩作用可以将乳粉的体积减小 30%～50%。蛋白质的吸水膨胀也会导致空隙变小，特别是在蛋白粉中。

（4）乳粉中溶解后具有高黏度的物质。乳粉中一些成分，如乳糖，溶解后会产生很高的黏度，从而阻碍了水分的渗透。正是由于乳粉中的乳糖是不定形状态，可以很快溶解，所以也可以说乳糖是被稀释而不是被溶解的。

由于以上众多的原因可以导致水分无法渗透到乳粉的内部，这时乳粉会形成内部干燥、外部湿润的高度浓缩乳块。

第二节　全脂乳粉的生产

新鲜原料乳经标准化后，直接加工成干燥的粉末状制品为全脂乳粉；经添加蔗糖后所制成的乳粉称为全脂加糖乳粉或甜乳粉。喷雾干燥法是目前生产全脂乳粉的主要方法。

一、全脂乳粉的生产工艺流程

全脂乳粉的生产工艺流程如下：

原料乳验收→预处理→标准化→预热→均质→杀菌→浓缩→喷雾干燥→出粉→冷却→筛粉→检验→包装→成品

二、全脂乳粉的生产步骤

1. 原料乳的验收

加工乳粉所需的原料乳应符合我国规定生鲜牛乳验收标准(GB 19301—2010)规定的各项要求。鲜牛奶经过严格的感官、理化及微生物指标检验合格后，才能够进入加工程序。检验项目包括气味、色泽、酒精试验、乳温测定、相对密度、杂质度、酸度、脂肪、细菌数等。

收购牛乳微生物指标有平板菌落总数计算法和美蓝还原褪色法，两者只许采用一个，不能重复使用。上述检验中，酸度是一项重要指标。我国规定原料乳酸度不能超过 18°T，因为酸度过高时蛋白质的稳定性变差，最终影响乳粉的溶解度，甚至导致乳粉酸败，以致不能食用。

2. 原料乳的预处理与标准化

原料乳的预处理是乳制品生产中必不可少的一个环节，也是保证产品质量的关键工段。原料乳要通过乳秤或磅乳槽，以记录秤重，作为经济核算的依据。同时要经过净乳、冷却和贮存等基本工序。

标准化用净乳机或稀奶油分离机对脂肪进行调整，使成品中脂肪含量在 26%，详见 GB 19644—2010。工厂一般应控制在 27%左右，对全脂加糖乳粉成品脂肪应控制在 20%以上。如果原料乳中脂肪含量不足时，应分离一部分脱脂乳或添加稀奶油；当原料乳中脂肪含量过高时则可添加脱脂乳或提取一部分稀奶油。标准化可以在贮乳缸的原料乳中进行，也可以在标准化机中连续进行。

3. 预热杀菌、加糖、均质

经过标准化处理的牛乳必须经过预热杀菌。预热杀菌的目的为：

(1)杀灭存在于牛乳中的全部病原微生物。

(2)杀灭牛乳中绝大部分微生物，使产品中微生物残存量达到国家卫生标准的要求，成为安全食品。

(3)破坏牛乳中各种酶的活性，尤其要破坏解脂酶和过氧化物酶的活性，以延长乳粉的保存期。

(4)提高牛乳的热稳定性。

(5)增加浓缩过程中牛乳的进料温度，提高浓缩设备的生产能力，减少浓缩设备加热器表面的结垢现象。

(6)提高乳粉的香味，分解含硫氨基酸，产生活性硫氨基，提高乳粉的抗氧化性，延长乳粉的保存期。

乳粉成品不是绝对无菌的，原料乳经过普通杀菌后(UHT 除外)，一般细菌有 99.5%被杀死，但一些耐热菌(如芽孢杆菌、小球菌、嗜热性乳酸链球菌)可能残存下来。乳粉之所以能长期保持乳的营养成分，主要是因为成品含水量很低，使残存微生物细胞和周围环境的渗透压差值增大，乳粉中残存的微生物不仅不能繁殖，甚至还会死亡。原料乳的杀菌方法有很多种，如低温杀菌法、高温杀菌法、高温短时间杀菌法及超高温瞬时杀菌法等，选择杀菌条件与设备和干燥方法有关。喷雾干燥生产全脂乳粉，一般采用高温短时间杀菌法，其设备与浓缩设备相连。列管式杀菌器通常采用的杀菌条件为 80～85℃、5～10min，板式杀菌设备选用 80～85℃、15s，超高温瞬间杀菌装置为 130～135℃、2～4s，国外生产上使用较多的是 85～115℃、2～3min。

杀菌温度及保持时间对乳粉的溶解度及保藏性的影响很大，低温长时间杀菌方法的杀菌效果不理想，所以已经很少应用。一般认为高温杀菌可防止或推迟脂肪的氧化，对乳粉的保藏性有利。但高温长时间加热会严重影响乳粉的溶解度，所以认为高温短时间杀菌为好，现在大多采用高温短时间杀菌或超高温瞬时杀菌法。高温短时间杀菌法可使牛乳的营养成分损失较少，乳粉的理化特性较好。超高温瞬时杀菌法能将牛乳中的几乎全部微生物杀死，并能够最大限度地保留牛乳的营养价值，是目前最理想的一种杀菌方法，已逐渐为人们所重视，将来会被广泛采用。

乳粉的加糖须按照我国部颁标准规定，所使用的蔗糖必须符合相应国家标准。根据标准化乳中蔗糖含量与干物质含量之比必须等于加糖乳粉中蔗糖含量与乳粉中干物质含量之比，则牛乳中加糖量可按下述公式计算：

$$\text{牛乳中加糖量(kg)}=\text{牛乳中干物质含量}\times\frac{\text{乳粉中砂糖含量}}{\text{乳粉中干物质含量}}\times\text{标准化乳的数量(kg)}$$

常用的加糖方法有以下四种：

(1)将糖投入原料乳中溶解加热，同牛乳一起杀菌。

(2)将糖投入水中溶解，制成浓度约为 65%的糖浆溶液进行杀菌，再与杀菌过的牛乳混合。

(3)将糖粉碎杀菌后，再与喷雾干燥好的乳粉混匀。

(4)预处理前加一部糖，包装前再加一部分糖。

前两种加糖法，制成的产品能明显改善乳粉的溶解度，提高产品的冲调性。后两种加糖法，生产的乳粉体积小，从而节省了包装费用。由于蔗糖具有热熔性，在喷雾干燥塔中流动性较差，所以当生产含糖 35%的加糖乳粉时一般采用后两种加糖法，生产含糖 20%以下的加糖乳粉时采用前两种加糖法。

生产全脂乳粉、全脂甜乳粉以及脱脂乳粉时，一般不必经过均质操作，但若乳粉的配料中加入了植物油或其他不易混匀的物料时，就需要进行均质操作。均质时的压力一般控制在 14～21MPa，温度控制在 60℃为宜。二级均质时，第一级均质压力为 14～21MPa，第二级均质压力为 3.5MPa 左右。

4. 真空浓缩

为了节约能源和保证产品质量，喷雾干燥前必须对杀菌乳进行浓缩。牛乳浓缩的程度将直接影响到乳粉的质量，根据各厂的干燥设备、浓缩设备、原料乳的性状、成品乳粉的要求等而异，一般浓缩到原料乳的 1/4，即乳固体含量为 40%～50%。通常，通过测量浓缩乳的相对密度或黏度确定浓缩终点。全脂浓缩乳温度为 47～50℃时，其相对密度为 1.089～1.100，莫球尼尔黏度在 70 以下。这里的相对密度和黏度并不一定成正比例关系，喷雾干燥一般与黏度有密切关系，一般工厂以测黏度为主，相对密度为辅。在相同黏度下，乳固体含量高者对喷雾干燥有利。

真空浓缩的技术条件如下：

(1)单效蒸发真空度应保持在 81～90kPa，乳温 50～60℃；多效蒸发真空度应保持在 83.8～85kPa，乳温 40～45℃。

(2)加热蒸汽的压力一般控制在 0.05～0.2MPa。

(3)生产全脂乳粉浓缩至乳浓度为 11.5～13°Bé，干物质含量为 38%～48%；生产加糖全脂乳粉浓缩至乳浓度为 15～20°Bé，干物质含量为 40%～50%。

影响浓缩效果的主要因素有：

(1)浓缩设备及条件。乳的浓缩过程中，加热面积越大，供给乳的热量越多，加热蒸汽与乳之间温差越大，浓缩速度越快。提高真空度可以降低乳的沸点。增加蒸汽压力可以提高蒸汽温度从而增大温差，但压力过大会出现“焦管”现象，影响产品质量，一般压力控制在 0.05～0.2MPa。此外，翻滚速度越大，乳热交换效果越好。

(2)乳的浓度与黏度的影响。浓缩初期，由于乳的浓度低，黏度小，翻滚速度快。随着浓缩的继续，乳的浓度逐渐提高，黏度逐渐增大，翻滚速度也随之减缓。

(3)加糖时间。加糖可提高乳的黏度，延长浓缩时间，应把乳浓缩到接近所需浓度时再将糖浆加入。

5. 喷雾干燥

目前，乳粉的干燥方法主要有三种：喷雾干燥法、滚筒干燥法和冷冻干燥法。其中喷雾干燥法制品在风味、色泽和溶解性等方面都具有较好的品质，在乳粉生产中占据了绝对优势。在喷雾干燥过程中，将浓缩后的乳用泵送到干燥室顶部的雾化器雾化为细小的液滴，然后与进入干燥室的热空气接触后蒸发掉浓缩乳中的水分。

根据独立干燥段的数目，喷雾干燥设备有一级、二级及多级喷雾干燥。一级干燥的整个干燥过程是在圆锥形干燥室内进行的。决定最终产品质量和干燥效率的关键工艺参数是进风温度(其典型值为 160～220℃)和排风温度(其典型值为 70～90℃)。在干燥过程中，由于蒸发潜热的损失，乳滴连续被冷却，在整个过程中乳滴的温度不会高于 70℃。一级干燥乳粉受热程度较高，常导致产品的速溶性差及焦粒。在二级或多级干燥系统干燥室出来的乳粉中水分含量较高(10%～15%)，可以在下一级继续进行干燥。二级或多级干燥可以改进乳粉的特性，提高干燥效率，可用于较浓物料的加工而不影响乳粉的溶解性。在加工厂乳粉的输送可以通过流化床或风力系统进行，但风力输送会打破已附聚的乳粉颗粒，该方法仅适用于容积密度较大的乳粉。

全脂速溶乳粉含 25%以上的脂肪，湿润性较差，不易达到乳粉速溶的要求，所以全脂速溶乳粉的生产除使乳粉颗粒附聚外，还需在乳粉颗粒表面覆盖表面活性剂或湿润剂。卵磷脂作为一种表面活性剂已经在乳粉生产中广泛地使用，它是由大豆卵磷脂中提取的几种天然卵磷脂成分构成的。卵磷脂的喷涂厚度为 0.1～0.15μm，卵磷脂的用量为乳粉量的 0.2%～0.3%，允许加入量为 0.4%，用量如超过 0.5%时，就能尝出卵磷脂的味道。

全脂乳粉的速溶加工过程是从生产基粉开始，基粉除了要达到普通乳粉的标准外还要求游离脂肪的含量要尽可能的低，颗粒的密度要尽可能的高，乳粉应该由多孔附聚物组成。全脂速溶乳粉工艺过程中均包括下述两个关键环节。

(1)采用高浓度低压力、大孔径喷头生产颗粒大并具有附聚形态的全脂乳粉,改善乳粉的下沉性。

(2)喷涂卵磷脂改善乳粉颗粒的湿润性、分散性,使乳粉的速溶性大为提高。

6. 出粉、冷却、筛粉

目前,卧式干燥室采用螺旋输粉器出粉,而平底或锥底的立式圆塔干燥室则都采用气流输粉或流化床式冷却床出粉。较为先进的工艺应可以将出粉、冷却、筛粉、晾粉及称量包装等各工序进行连续操作。

(1)出粉　在喷雾干燥中,对已干燥好的乳粉要连续不断地从干燥室内卸出并迅速冷却,尽量缩短乳粉的受热时间。干燥室下部的温度较高,乳粉在干燥室内停留时间过长,会增加全脂乳粉中游离脂肪的含量,影响乳粉的溶解度、色泽及降低贮藏性。

(2)筛粉与冷却　筛粉的目的是将较大的乳粉团块分散开,保证产品有较高的均匀度,除去混入乳粉中的杂质。连续出粉生产中采用连续筛粉的方法,常用电动筛粉器利用机械振动的方式来完成,筛网由不锈钢材料制成,规格为 20～30 目。

过筛后的乳粉要进行冷却,喷雾干燥的乳粉要及时冷却到 30℃以下。常采用在室内放置 12～24h 自然冷却法或人工冷却法。

7. 包装

全脂乳粉中约有 26%的脂肪,颗粒较为疏松,吸湿性很强,与空气接触后容易被氧化。包装车间要密封、干燥,室内要有空调、紫外线灯等,包装间内温度一般控制在 18～20℃,空气相对湿度应在 60%以下。科学的包装不仅能增强产品的商品特性,也能延长产品的货架寿命。需要长期保藏的乳粉应采取真空包装或充氮密封包装。全脂乳粉最好采用铁罐充氮密封包装,保藏期可达 3～5 年。自动称量装罐机有容量式和重量式两种,容量式装罐对乳粉颗粒状态,装罐室的温、湿度等条件要求较高,采用较少。

(1)充氮包装　充氮包装是使用半自动或全自动真空充氮封罐机,在称量封罐之后抽真空,排出乳粉及罐内的空气,然后立即充以纯度为 99%以上的氮气再进行密封。这种方法不仅能防止乳粉中的脂肪氧化,还可防止乳粉中强化的维生素破坏损失,可以延长乳粉的贮藏期,是目前全脂乳粉密封包装最好的方法。该处理可使乳粉保质期达 3～5 年,否则保质期仅为半年左右。

(2)塑料袋包装　采用 500g 塑料袋简易包装要比瓶装成本低,劳动强度轻,但对乳粉的保藏性有一定的影响,适合短期贮存。塑料薄膜脆而易折,易造成破损。采用复合薄膜袋包装,用高频电热封口,基本上可以避免光线、水分和气体的渗入。复合薄膜包装材料正被广泛应用于乳粉包装,虽然目前成本较高,却是很有发展前途的包装材料之一。目前使用的三层复合材料主要有:K 涂硬纸/Al/PE(聚乙烯)、BOPP(双向拉伸聚丙烯)/Al/PE、纸/PVDC(聚偏二氯乙烯)/PE 等。

(3)大包装:大包装产品一般供应特需用户(如食品工厂等),用于制作糖果、面包、冰淇淋等工业原料。罐装产品一般规格为 12.5kg,分为方罐和圆罐两种。袋装时可由聚乙烯薄膜作为内袋,外面用三层牛皮纸套装,规格为 12.5kg 和 25kg 两种。

8. 贮存

乳粉可以在和周围环境温度相同的条件下进行贮存,但是为了保证产品的风味,建议控制贮存在 20℃的干燥通风、无日光直射的环境里。

三、全脂乳粉设备

(一)浓缩设备

真空浓缩的设备和种类较多，按照加热器构造一般有管式、板式和盘管式浓缩设备三种。按蒸发过程是否利用二次蒸汽又分为单效、多效浓缩设备和带有热泵的浓缩设备等。

1. 单效浓缩设备

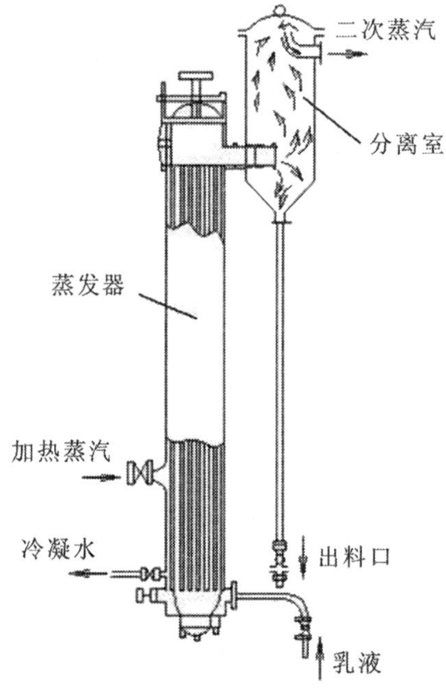

图 5-1　单效升膜式浓缩设备

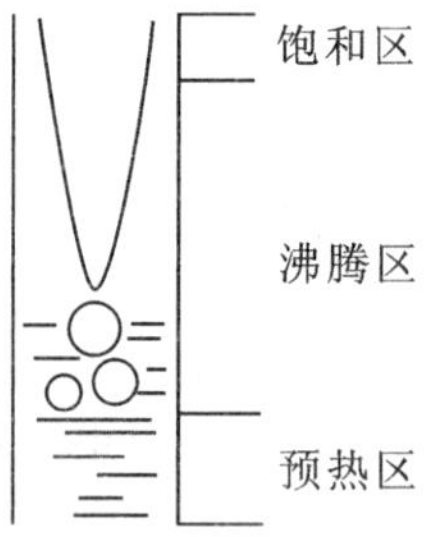

图 5-2　物料在加热管内的变化过程

单效升膜式浓缩设备如图 5-1 所示，乳从管束下部引入。工作时，乳液在加热管内形成上、中、下三个不同区域，如图 5-2 所示。乳液在下部，因液层静压作用，乳液不沸腾，只起加热作用。在中部温度上升，乳液沸腾，形成二次蒸汽，蒸汽体积急速增大，管芯形成高速上升气流，将乳液在管壁内压成薄膜向上流动，形成很好的传热条件，传热系数大大增加，使蒸发加快。到达上部后进入饱和区，气液混合物经管顶进入气液分离器进行气液分离。单效降膜式浓缩设备如图 5-3 所示，其物料从顶部进入，然后呈膜状蒸发。对于某些热敏感的乳制品的浓缩，降膜蒸发器在较低温度下的使用具有相当大的优势，因此，降膜蒸发器是乳品工业最常用的一种类型。

2. 双效降膜式真空浓缩设备

双效降膜式浓缩设备的构造及原理与单效相似，只是多一个加热器进行二次蒸发。双效降膜式浓缩设备的构造见图 5-4。其工作原理是：杀菌乳由顶部进入一效加热器的加热管中，形成薄膜沿管壁向下流动进行蒸发，然后由物料泵送入二效加热器，进行再次蒸发，浓度达到要求后由出料泵抽出。浓缩过程中，要求进料量与蒸发量、出料量保持平衡。

双效降膜式浓缩设备的操作方法如下：

(1)打开冷却水给水阀，开启冷却水泵，将水压力调至 0.02～0.04MPa(表压)。

(2)打开平衡出料阀后，依次开动进料阀、循环泵、出料泵，同时打开大回流阀，关闭出料泵。

(3)当大回流阀有水流出时,启动真空设备,水力喷射泵进行抽真空,打开水箱冷却水阀,启动水力喷射泵、给水泵。

(4)当二效分离器真空度达到 0.082MPa(表压)时,打开杀菌器和热压泵的蒸汽阀。将热压泵工作蒸汽调至约 0.5MPa(表压),杀菌器壳层真空度调至 0.0093～0.024MPa(表压)。

(5)将冷却水排水温度调节至 38～42℃,进料量调节至 1700～1800kg/h。

(6)当出料温度和各效蒸发温度达到要求时,关闭平衡槽进水阀,当平衡槽内水流至将要露出料口时,打开进料阀。

(7)当回流管有物料流出时,使其流入平衡槽,进入大循环,同时调节进料量和杀菌温度等各相关工艺参数,并关小回流阀。

(8)当大回流管物料接近要求浓度时,打开出料阀,同时关闭大回流阀,并根据出料浓度调整小回流阀,使出料浓度达到要求。

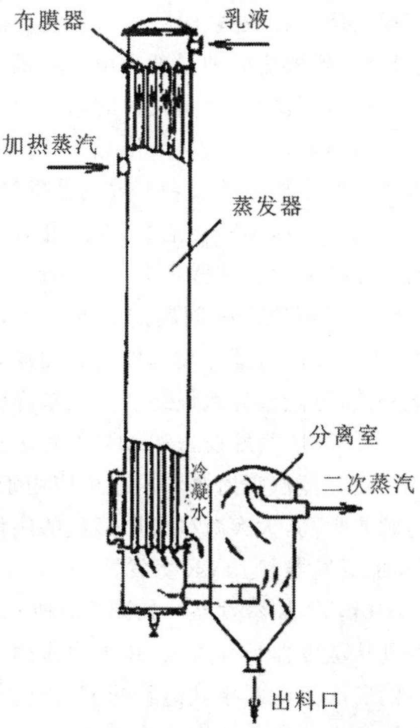

图 5-3　单效降膜式浓缩设备

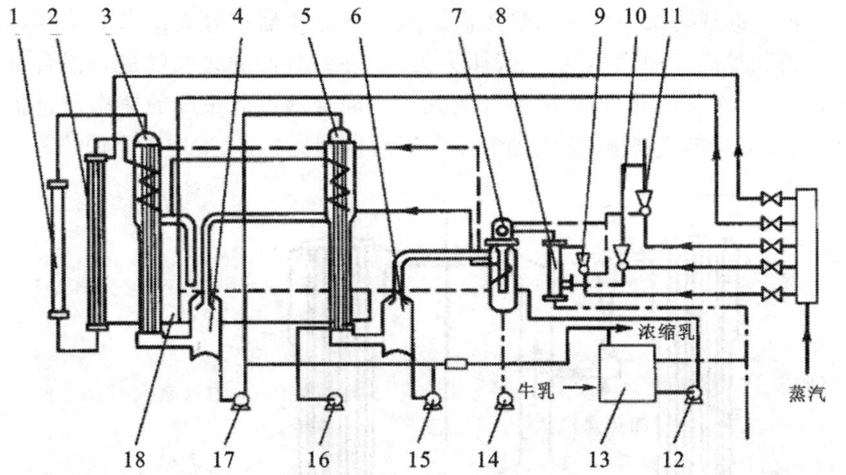

图 5-4　双效降膜式真空浓缩设备的结构

1—保温管;2—杀菌器;3——效加热器;4——效分离器;5—二效加热器;6—二效分离器;7—冷凝器;8—中间冷凝器;9— 一级蒸汽泵;10—二级蒸汽泵;11—启动蒸汽泵;12—进料泵;13—平衡槽;14—冷却水泵;15—出料泵;16—冷凝水泵;17—物料泵;18—热压泵

3. 多效真空浓缩蒸发设备

一般工厂浓缩设备需要蒸发掉乳中的大量水分,比喷雾干燥蒸发的水分要多得多,因此,改进或提高浓缩设备的蒸发效率具有重要的经济意义。多效蒸发器的特点是上一效蒸发器的蒸汽作为下一效蒸发器的热源,可以充分利用蒸汽的热能,显著降低浓缩过程中的蒸汽耗用量。各效蒸发器与一冷凝器和抽真空相连，真空度越高，蒸发温度越低。在整个操作过程中，各效之间的温度为由高到低的等差数列，差几乎是相等的，相邻两效之间温差皆为15℃左右，且每一效蒸发掉的水分也大致相等。即效数越多，则相邻两效温差越小，要达到一定的蒸发速率，就必须增加受热面积，但是如果超过 4 效，能量的节省就会显著减少。大多数工厂选择 5 效或者 6 效的蒸发器，最多用到 7 效。

由于物料不断被浓缩，在后几效里物料的黏度不断增加，传热系数越来越低，需要更大的热交换表面。这样不但增加了设备造价，同时还可能形成沉淀，造成操作上的困难。让牛乳倒流是解决这一问题的有效方法，这样在蒸发温度最高的那一效牛乳的黏度也最大；此外，还可以使得部分高黏性物料回流，从而确保物料布满整个加热表面。后者由于滞留之间不平衡，可能会导致最终产品质量降低。

4. TVR 蒸发设备和 MVR 蒸发设备

随着蒸汽喷射泵和压缩机应用于二次蒸汽的再压缩，二次蒸汽回收和利用的效率可以达到非常高，大大减少了原蒸汽的用量。根据压缩方式的不同，降膜式蒸发器分为两种，即 TVR 蒸发器和 MVR 蒸发器。

(1)TVR 蒸发器　如图 5-5 所示，在 TVR(Fhermo Vapour Recompression)蒸发器中，牛乳从蒸发器顶部进入，在重力作用下，牛乳形成一层薄膜沿着管内壁流下，同时蒸发所产生的二次蒸汽对牛乳薄膜的下行也会起到一定的促进作用。蒸发器底部安装的分离器，可以将二次蒸汽与浓缩乳分离开来。分离后的二次蒸汽可以作为下一效的加热蒸汽，而最后一效的二次蒸汽则进入冷凝器，凝水后排除。部分从第一效气液分离器中分离出来的二次蒸汽与加热蒸汽一起成为第一效的加热蒸汽。从气液分离器中分离出来的蒸汽，经过蒸汽喷射泵后压力得到提高。加热蒸汽(一般压力为 0.6～1MPa)通过喷嘴进入混合室中，从而形成蒸汽流，并与二次蒸汽混合，形成混合蒸汽。当混合蒸汽以很高的速率通过扩散器后，速率突然减慢，动能转换成势能，蒸汽的温度和压力得到提高，以适应作为加热蒸汽的需要。

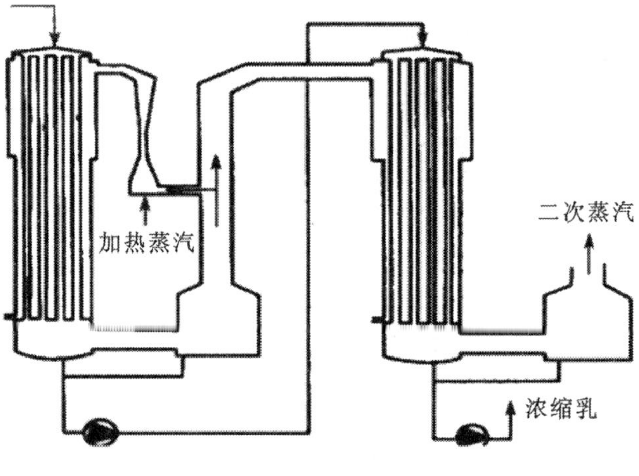

图 5-5　TVR 蒸发器

一般进入蒸汽喷射泵的二次蒸汽与加热蒸汽量是相等的。蒸汽喷射泵设计要求十分严格，其中没有可以活动的部分，不需要维修，但要求噪声低。蒸汽喷射泵的效率与加热蒸汽的压力以及二次蒸汽与混合蒸汽的温差(Δt)有关。二次蒸汽与加热蒸汽的混合比随着蒸汽压力和温差的增大而增大。例如,1kg 压力为 0.9MPa 的加热蒸汽在 Δt 分别为 13℃、10℃、6℃时,能够吸收的二次蒸汽分别为 1.0kg、1.4kg、2.3kg。

在蒸发器的顶部安装有一个均布器,可以使牛乳均布于加热管内壁,避免牛乳出现结焦现象。牛乳刚进入蒸发器的温度稍高于加热管内牛乳的沸点温度,牛乳在蒸发器入口处发生闪蒸,产生的二次蒸汽有助于牛乳均布于加热管内壁。

气液分离器的效率直接决定了冷凝液的纯度,在气液分离器的设计中引入旋风分离器的工作原理,可以大大地提高气液分离器的工作性能。为了最大限度地降低因雾沫夹带所造成的物料损失(如二次蒸汽中夹带的部分乳固体),气液混合体应以足够高的速度沿切线方向进入分离器。

(2)MVR 蒸发器　MVR(Mechanical Vapour Recompression)蒸发器由电力驱动压缩机产生蒸汽。当一个乳品厂的 TVR 蒸发器的蒸汽供应不足,可以考虑选用 MVR 蒸发器。在 MVR 蒸发器中全部的蒸汽都要被压缩。如图 5-6 所示,MVR 蒸发器由一效组成,蒸发的温度可以根据产品的需要进行选择。MVR 蒸发器的排管由几部分组成,物料在各个部分中由泵进行输送,排管中的管路能够保证物料在浓缩过程中水分的正常蒸发。

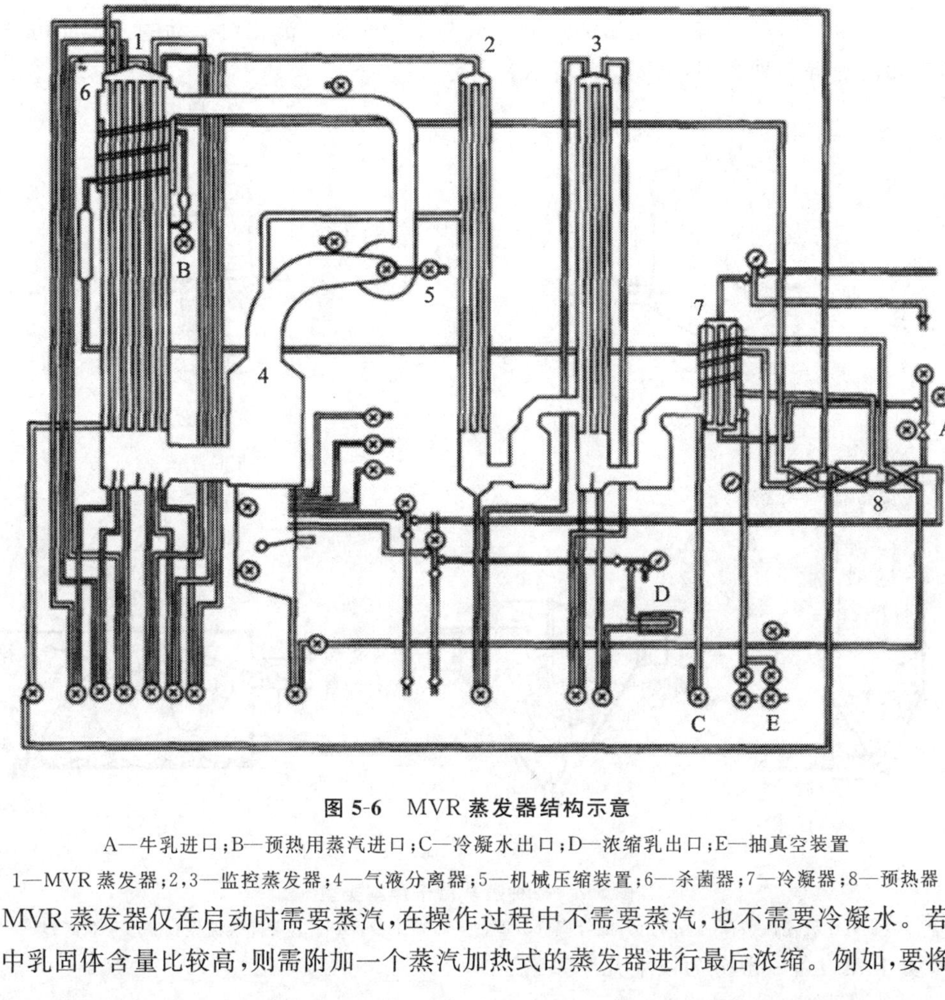

图 5-6　MVR 蒸发器结构示意

A—牛乳进口;B—预热用蒸汽进口;C—冷凝水出口;D—浓缩乳出口;E—抽真空装置

1—MVR 蒸发器;2,3—监控蒸发器;4—气液分离器;5—机械压缩装置;6—杀菌器;7—冷凝器;8—预热器

MVR 蒸发器仅在启动时需要蒸汽,在操作过程中不需要蒸汽,也不需要冷凝水。若要求产品中乳固体含量比较高,则需附加一个蒸汽加热式的蒸发器进行最后浓缩。例如,要将脱脂

乳浓缩到固形物含量为50%，可以先在MVR蒸发器中将牛乳浓缩到固形物含量为42%，在最后一效再进行蒸汽加热使蒸发器中乳固体浓缩到50%。MVR蒸发器蒸发过程中，MVR蒸发器中去除了乳中96%的水分，仅很少一部分由蒸汽加热去除，大大降低了浓缩过程中对冷水和蒸汽的消耗，浓缩乳的热量还可以通过交换器对即将进入蒸发器的物料进行预热。

由于机械蒸汽压缩机价格比较昂贵，在设计MVR蒸发器时，常常考虑到与TVR蒸发器的兼容性，通常将热力蒸汽蒸发器作为MVR蒸发器的备用部件。在机械压缩机出现故障时，蒸发器仍然能够在有蒸汽的时候进行操作。同时，也可以在电价比燃料的价格高时利用蒸汽加热进行生产。同样，在设计TVR蒸发器时也可以考虑与MVR蒸发器的兼容性。

TVR蒸发器仅压缩了部分蒸汽，MVR蒸发器对全部蒸汽都进行了压缩，其热效率更高。TVR和MVR蒸发器的投入成本大致相当，操作成本是选择蒸发器的决定因素。一般机械压缩机是电力驱动的，若采用内燃机或者蒸汽涡轮机，在提高效率的同时，还能对原动机的余热进行回收利用。此外，若利用天然气来作为驱动压缩机的原动机燃料，也是一种很经济的方法。

（二）干燥设备

喷雾干燥按照浓缩乳的喷雾方法可以分为压力喷雾干燥法和离心喷雾干燥法两种。这两种喷雾干燥设备按照物料雾化后的运动方向与干燥介质气流相对运动的方式又可分为顺流、逆流和混流等各种类型，如图5-7所示。

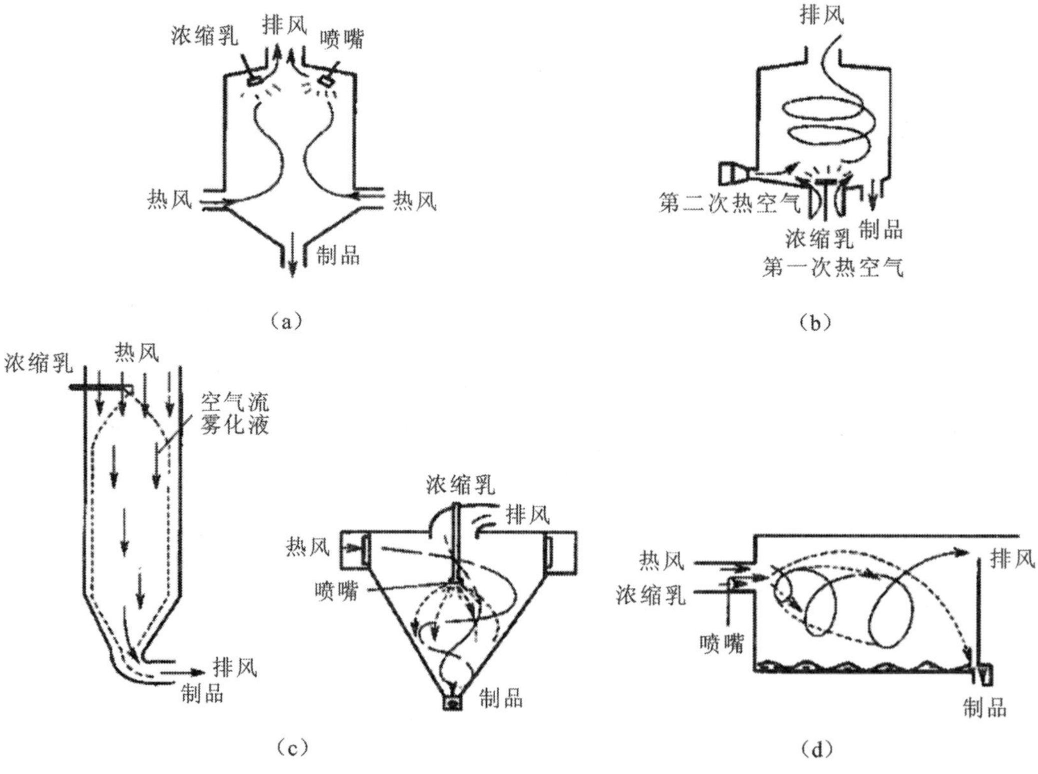

图5-7　各种喷雾器干燥室类型

(a)垂直上升逆流型；(b)垂直上升混合型；(c)垂直下降顺流型；(d)垂直下降混流型；(e)水平顺流型

喷雾干燥设备一般分为以下几个系统：

(1)空气加热及输送系统　主要包括空气过滤器、空气加热器、导风器等。其中导风器的功能是均匀分配风量,使热空气与乳滴保持良好的接触,防止热空气形成逆流或滴流,减少焦粉量。

(2)乳液供应及喷雾系统　主要包括料泵、乳液输送管道、喷雾器等。目前乳品厂使用最广泛的喷雾器有M型(图5-8)和S型(图5-9)两种。M型喷雾器喷嘴直径大,流量可达300kg/h;S型喷嘴直径较M型小。

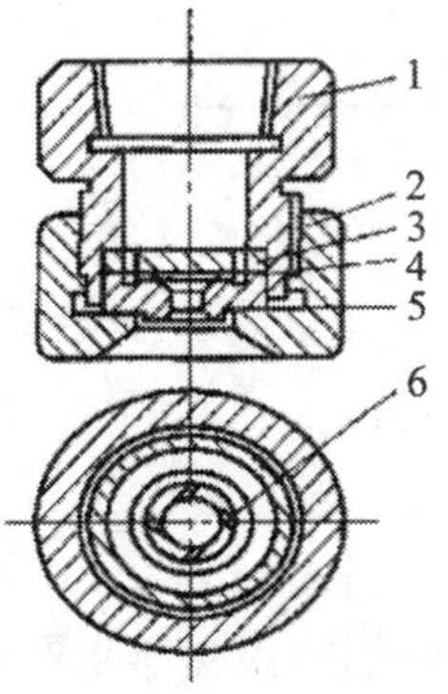

图5-8　M型压力喷雾器

1—管接头;2—螺母;3—分配板;4—喷嘴;5—喷头;6—切向通道

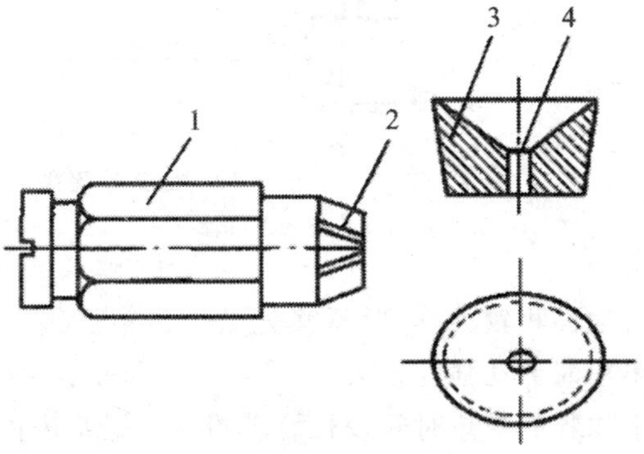

图5-9　S型压力喷雾器

1—喷芯;2—导沟;3—喷嘴;4—喷嘴孔

(3)干燥系统　主要由干燥室构成。干燥室内表面与产品接触的部分要用不锈钢材料,便于清理及消毒。

(4)产品回收及净粉系统　主要包括卸料器、粉尘回收器、除尘器等。要求卸料方便、回收率高。

1. 压力喷雾干燥设备

压力喷雾干燥法具有生产能力大、操作简便、技术成熟等特点,是目前广泛使用的干燥方法。在乳粉生产上,广泛使用顺流压力喷雾干燥设备,其主要有卧式和立式两种。

(1)卧式顺流型喷雾干燥设备　卧式顺流型喷雾干燥设备的干燥室为长方体(见图5-10),浓缩乳及干燥介质均从干燥室的同一侧面进入,微粒的运动方向与干燥介质的气流方向呈水平状,被干燥乳粉颗粒呈抛物线状沉降于干燥室底部,由螺旋输送器将干燥后的乳粉卸出。根据生产能力的大小进行喷枪数量的设置。干燥室的底一般为平底,间歇性出料,但对干燥的乳粉有一定的混合作用,可使整批乳粉质量较为均一;斜底状的干燥室可以连续出料,但对干燥室的清扫工作较为困难。粉尘回收设备多数采用布袋过滤器,也有采用旋风分离器的,后者分离效果较前者差。

卧式顺流干燥设备的优缺点如下:

①可以干燥高含糖量的乳制品。采用平底结构设计的干燥设备,可以使较黏结的产品能间歇地从干燥室卸出。

②产品质量较为均匀一致。

③便于清理热风口的微量焦粉。卧式顺流型干燥设备的热风口位于设备同一端面,热风口的微量焦粉便于清除,清除的焦粉仅会污染干燥室局部底面,方便进一步清理,减少了对产品的污染。

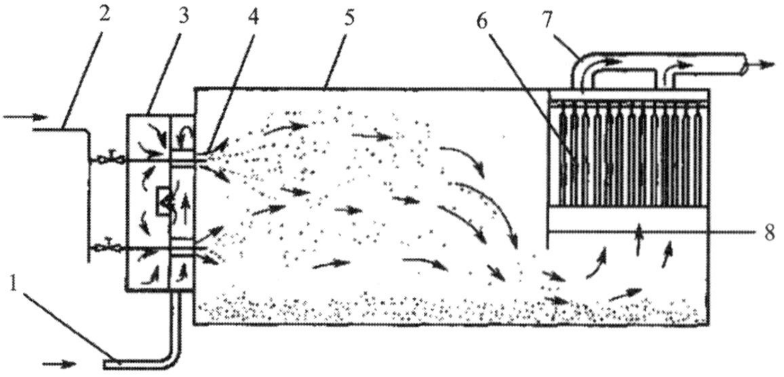

图 5-10　卧式顺流型喷雾干燥设备

1—热空气进口管；2—高压管；3—热风分配箱；4—喷枪；
5—干燥室；6—布袋过滤器；7—废气排出管；8—挡风装置

④占地面积较大，外形不够美观。

⑤出粉时劳动强度较大。

⑥干物料的受热时间较长。乳粉在干燥室内的停留时间较长，虽然所生产的乳粉绝大部分溶解度能达到特级品标准，但仍有一定的影响，尤其对乳粉的保藏性可能带来不利。

⑦间歇出料阻碍了生产的连续化，影响了人工冷却、二次干燥技术的应用。

⑧喷枪（尤其是下层喷枪）离干燥室底面的距离较近，不能使用浓度较高的浓缩乳及孔径较大的喷头，影响乳粉颗粒的大小及色泽等外观质量指标。

（2）立式顺流型喷雾干燥设备　立式顺流型喷雾干燥设备干燥室呈圆柱体（见图5-11），浓缩乳与干燥介质均从塔顶面进入，粉粒与干燥介质由上而下运动。根据生产能力的大小设置喷枪数量。塔底多为圆锥形，锥体的夹角多为 50°～55°，便于自动卸料。塔体直径随生产能力增加而增大，塔高度一般为 15～20m，适应于采用大孔径单喷头干燥技术，生产大颗粒的乳粉。

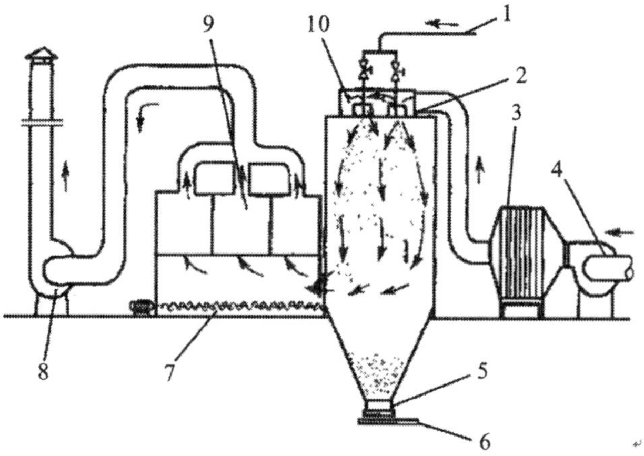

图 5-11　立式顺流型喷雾干燥设备

1—高压管；2—喷枪；3—空气加热器；4—进风机；5—星形出料阀；
6—筛子；7—螺旋输送器；8—排风机；9—布袋过滤器；10—热风分配箱

立式顺流型喷雾干燥设备的优缺点如下：

①生产能力大，外形美观，占地面积小。

②蒸发强度大，经济效益高。

③上端雾化微粒与热空气温差大，有利于传热；下端温差小且温度低，有利于降低乳粉热损伤。

④置于塔顶平面上的喷枪处于等高状态，各喷头所喷出的雾化微粒干燥时间均等，可以实现喷头孔径的同一化。

⑤采用 M 型喷嘴结构，并在喷头镶入人造宝石，硬度高，耐磨性佳，运行可靠，雾化状况均匀一致，乳粉的溶解度高而恒定。

⑥喷头孔径较大，所生产的乳粉颗粒直径较大，色泽呈嫩黄色，外观质量较好。

⑦干燥室内截面气流速度较大，易造成乳粉粘壁情况，若粘壁时间过长，造成此部分乳粉受热过度，影响产品质量。

⑧气流的截面风速较大，物料沉降速度较快，造成干燥时间较短。干燥设备本身应保证一定性质的浓缩乳有足够的干燥时间。目前，立式干燥设备趋向于单喷头大流量的新工艺，要求设备的高度及气流的截面速度与足够的干燥时间相匹配，否则会影响产品质量及造成能源的浪费。

⑨由于锥体夹角太大，若塔内无自动清粉装置，在空气湿度较大、气温较高的天气以及乳粉的水分含量略高的情况下，生产含糖乳粉等产品时设备的自动出料比较困难，乳粉易在锥体下料口上方堆积，不利于二次干燥技术、冷却床及速溶全脂乳粉等新技术和产品的应用及发展。

⑩当前，在自动出料的情况下还不能做到产品质量完全均匀一致，尤其是水分含量及溶解度这两个质量指标。为此，必须设置一个或若干个具有搅拌装置的集粉箱，使乳粉得以充分混匀。

2. 离心喷雾干燥设备

离心喷雾干燥设备的结构基本与立式压力喷雾干燥设备相似，其干燥室的直径较相同生产能力的压力喷雾干燥设备大得多，离心喷雾以离心盘及高速传动机构代替压力喷雾的高压泵及压力喷雾器。高速传动机构包括动力装置、增速器、润滑系统和离心盘等。离心喷雾器与压力喷雾器不同之处，在于对浓缩乳不施加压力，离心喷雾是把乳送到高速旋转的转盘上，在离心力的作用下，使乳液形成薄膜由转盘边缘甩出，并与周围空气摩擦，被撕碎成乳滴。离心式喷雾器的乳滴直径大小，主要受圆盘的类型、直径、转速以及乳的进料量、黏度、密度、张力等因素影响。典型的离心雾化器工作如图 5-12 所示。

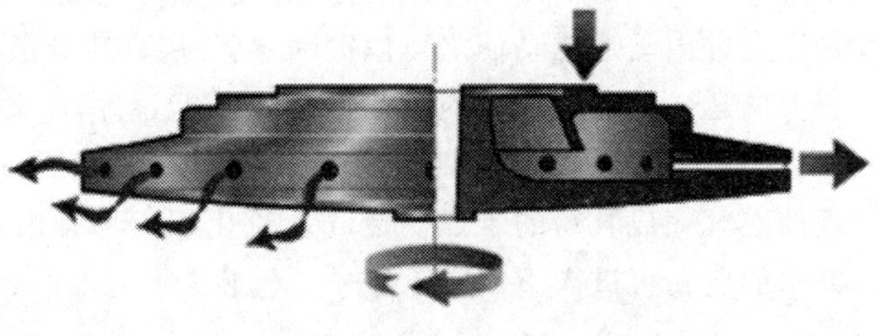

图 5-12　工作中的离心雾化器

(三)分段干燥系统

1. 一段干燥

图 5-13 是典型的传统的一段干燥系统流程。浓缩乳中水分脱除至要求的最终湿度的过程全部在喷雾干燥塔室内完成,风力传送系统收集乳粉和乳粉末,一起离开喷雾干燥塔室进入到主旋风分离器与废空气分离,通过最后一个分离器冷却乳粉,并送入袋装漏斗。其特点是用热空气作为干燥介质,只通过干燥室,一次即携带水气排放到大气中。

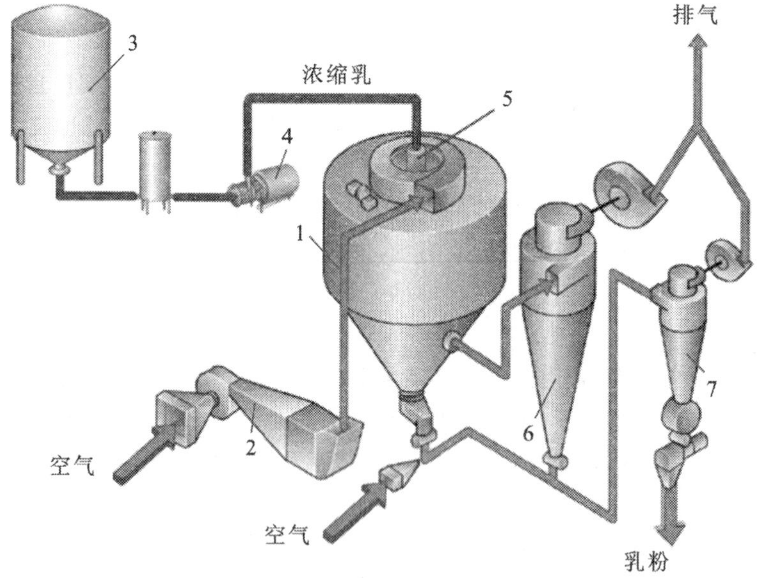

图 5-13　一段喷雾干燥法生产乳粉的基本装置

1—干燥室;2—空气加热器;3—牛乳浓缩缸;4—高压泵;
5—雾化器;6—主旋风分离器;7—旋风分离器输送系统

2. 二段干燥

在二段干燥中第一段使用上述设备生产同样乳粉,不同的是风力运送系统被流化床所取代。首先采用喷雾干燥,使物料水分下降至 5%～8%,接着物料进入流化床干燥机,在此使水分含量下降至 3.5%～4%。二段干燥系统中出风温度较低,可以节省 15%～20%的能源,同时因为最终干燥阶段采用较低的温度,提高了乳粉的质量。二段喷雾干燥系统的流程如图 5-14 所示。

流化床工作过程示意如图 5-15 所示。流化床连接在主干燥室底部,由一个多孔底板和外壳构成。外壳由弹簧固定并由马达驱动使之可以振动,当一层乳粉分散在多孔底板上时,振动乳粉以匀速沿壳长方向运送。在流化床内乳粉的厚度不能过厚,一般乳粉厚度控制在 100～200mm。由于流化床内温度相对较低,乳粉在其中滞留时间比较长(一般在 15min 左右),可以采用较低温度的空气完成乳粉的干燥。废气从流化床上部排出,经旋风分离器回收细粉。从流化床内卸出的乳粉可进入下一个工序——包装。

3. 三段干燥

三段干燥是二段干燥概念的延伸发展以期节约更多工厂操作费用。三段喷雾干燥设备由 1 个主干燥室、3 个小室、输送带装置以及筛选装置等组成,见图 5-16。产品在第一段干

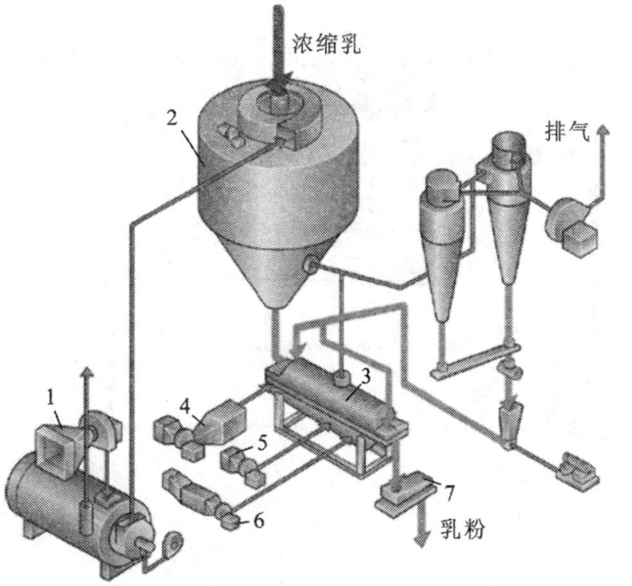

图 5-14　带流化床的二段干燥

1—空气加热器；2—干燥室；3—振动式流化床；4—用于流化床的空气加热器；
5—用于流化床的冷却空气；6—用于流化床的脱湿冷却空气；7—振动筛

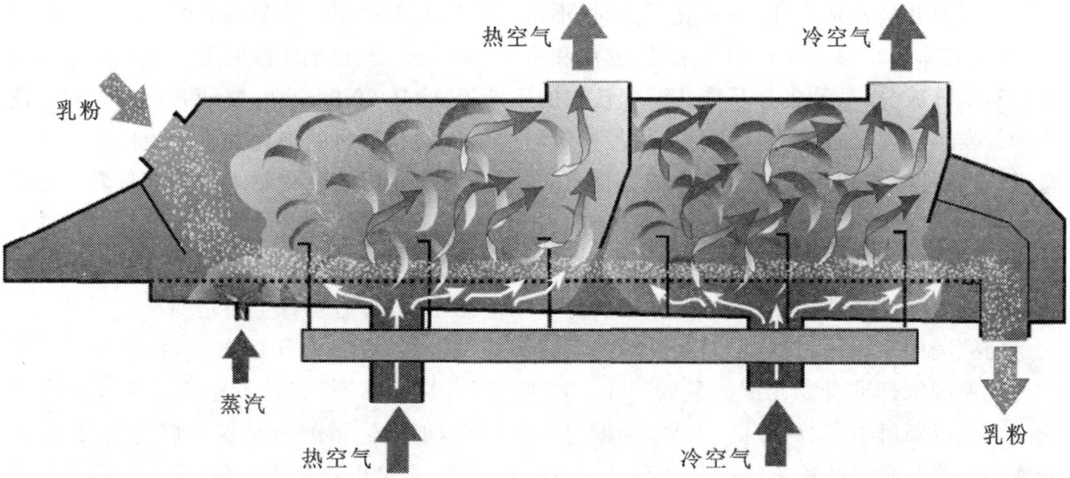

图 5-15　流化床工作过程示意图

燥室中干燥后，在传送带上进行沉积或附聚成多孔层，最后的干燥在二段干燥室和三段干燥室中进行，在冷却干燥室实现产品的冷却。

第三节　婴幼儿配方乳粉的生产

婴幼儿配方乳粉是基于婴儿生长期对各种营养素的需要，以牛乳（或羊乳）为主要原料，通过调整成分模拟母乳的婴幼儿配方食品。根据婴幼儿成长的不同阶段大致可分为：0～6 个月婴儿乳粉、6～12 个月较大婴儿乳粉和 12～36 个月幼儿成长乳粉。

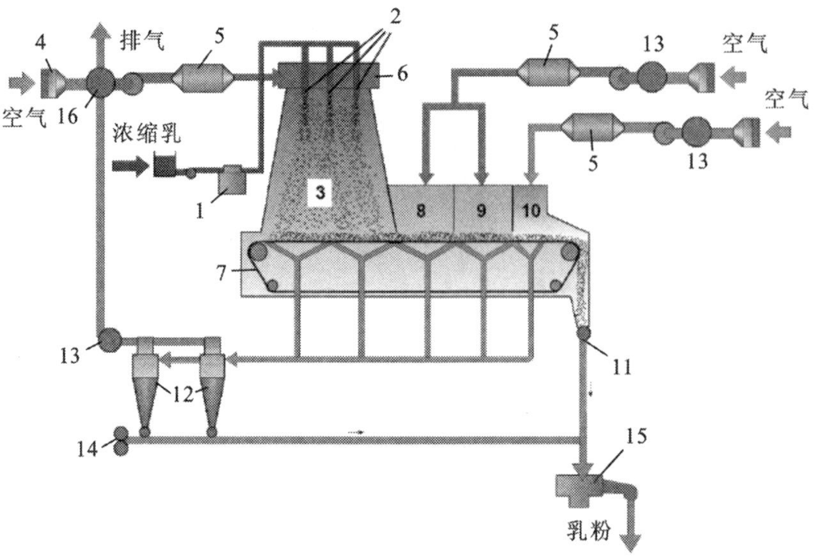

图 5-16　乳粉的三段喷雾干燥设备结构示意图

1—高压泵；2—喷头装置；3——段干燥室；4—空气过滤器；5—加热器/冷凝器；6—空气分配器；7—输送带系统；8—二段干燥室；9—三段干燥室；10—冷却干燥室；11—乳粉出口；12—旋风分离器；13—鼓风机；14—细粉回收系统；15—筛选装置；16—热量回收系统

哺育婴儿最好是母乳，在母乳不足时，不得不依靠人工喂养。在婴幼儿配方乳粉出现之前，人工喂养婴儿的主要食物为米糊、麦糊和牛乳，喂养这类食物的婴儿死亡率较高。随着人们对牛乳成分、母乳成分及婴儿营养认识的不断提高，从 20 世纪初，婴幼儿配方乳粉的研究和开发迅速发展，特别是在欧美，从最初阶段的维生素和铁质的强化到乳清蛋白的比例调整，以及各种不饱和脂肪酸和核苷酸等物质的添加，婴幼儿配方乳粉越来越接近母乳。母乳是一种复杂的生物学体系，含有数以百计的成分，能为婴儿提供最佳的营养来源。到目前为止，母乳中的一些微量的化学、生物活性成分仍然没有弄清楚。大量研究表明，采用配方乳粉与母乳喂养的婴幼儿相比，虽然体格发育上相差无几，但智力发育上还是明显不同。

与欧美国家相比，我国婴幼儿乳粉的研究和开发较晚，经过多年的发展，我国现行婴儿配方乳粉国家标准有婴儿配方乳粉—Ⅰ、Ⅱ、Ⅲ三种，从 1998 年起执行至今。婴儿配方乳粉—Ⅰ是以新鲜牛乳、白砂糖、大豆、饴糖为主要原料，加入适量的维生素和矿物质，经加工制成的供婴儿食用的粉末状产品。婴儿配方乳粉—Ⅱ、Ⅲ是以新鲜牛乳（或乳粉）、脱盐乳清粉（配方Ⅱ）、麦芽糊精（配方Ⅲ）、精炼植物油、奶油、白砂糖为主要原料，加入适量的维生素和矿物质，经加工制成的供 6 个月以内婴儿食用的粉末状产品。

一、婴幼儿配方乳粉中主要成分的调整原理及方法

牛乳被认为是最好的代乳品，但牛乳与母乳无论是感官上还是组成上都有很大区别，每 100g 乳中，牛乳和母乳主要营养成分对比见表 5-17。

表 5-17 牛乳和母乳主要营养成分对比

类别	水分(g)	总干物质(g)	蛋白质(g)	脂肪(g)	乳糖(g)	灰分(g)	热量(kJ)
母乳	88.0	11.8	1.4	3.1	7.1	0.2	251
牛乳	88.6	11.4	2.9	3.3	4.6	0.7	209

(一)蛋白质的调整

母乳与牛乳中蛋白质有着明显的不同。母乳中的蛋白质含量为1.0%～1.5%,其中酪蛋白为40%、乳清蛋白为60%;牛乳中的蛋白质含量为3.0%～3.7%,其中酪蛋白为80%、乳清蛋白为20%。牛乳中总蛋白含量高于母乳,尤其是酪蛋白的含量大大超过母乳,乳清蛋白含量却低于母乳。牛乳中酪蛋白含量高,在婴幼儿胃内形成较大的坚硬凝块,不易消化吸收,并容易损伤婴儿的胃。

为使牛乳中的酪蛋白含量与母乳基本一致,用乳清蛋白和植物蛋白取代部分酪蛋白,按照母乳中酪蛋白与乳清蛋白的比例为1∶1.5来调整牛乳中蛋白质的含量。此外,也可以通过蛋白分解酶对牛乳中酪蛋白进行分解来调整酪蛋白与乳清蛋白的比例。通过向婴儿配方乳粉中添加乳免疫球蛋白浓缩物可以实现牛乳婴儿食品的免疫生物学强化。

(二)脂肪的调整

牛乳与母乳的脂肪含量虽接近,但质量上有很大差别。牛乳脂肪中的饱和脂肪酸含量比较多,而不饱和脂肪酸含量少。母乳中不饱和脂肪酸含量比较多,特别是人体必需的亚油酸、亚麻酸等不饱和脂肪酸含量相当高。牛乳脂肪的吸收率比母乳脂肪低20%以上。

调整时可通过加植物脂肪解决。强化亚油酸,以提高牛乳脂肪的消化率,强化量应达到脂肪总量的13%。富含油酸、亚油酸的植物油有橄榄油、玉米油、大豆油、棉籽油等,调整脂肪时须考虑这些脂肪的稳定性、风味等,以确定混合油脂的比例。由于婴幼儿配方乳粉中的不饱和脂肪酸易被氧化,在生产中应注意有效抗氧化剂的添加。

(三)碳水化合物的调整

在牛乳和母乳中碳水化合物主要为乳糖,牛乳中乳糖含量为4.5%,母乳中为7.0%,牛乳中乳糖含量比母乳中少得多,且牛乳中主要是α-型,人乳中主要是β-型。

调制乳粉中通过加可溶性多糖类,如葡萄糖、麦芽糖、糊精等平衡乳糖,来调整乳糖和蛋白质之间的比例(母乳中乳糖/蛋白质约为5,牛乳约为1.5),平衡α-型和β-型的比例,使其接近于母乳(α∶β=4∶6)。较高含量的乳糖能促进钙、磷、锌和其他一些营养素的吸收。麦芽糊精可保持有利的渗透压,并可改善配方食品的性能。一般婴儿乳粉含有7%的碳水化合物,其中6%是乳糖,1%是麦芽糊精。

(四)灰分的调整

牛乳中盐的质量分数(0.7%)远高于母乳(0.2%),是母乳的3.5倍。婴儿肾脏尚未发育成熟,摄入过多的微量元素会加重婴儿肾脏的负担。调制乳粉中采用脱盐率要大于90%的脱盐乳清粉,其盐的质量分数在0.8%以下,但母乳中含铁比牛乳高,所以要根据婴儿需要补充一部分铁。添加微量元素时应慎重,微量元素之间的相互作用,以及微量元素与牛乳中的酶蛋白、豆类中的植酸之间的相互作用对食品的营养性影响很大。

(五)维生素的调整

配方乳粉中也要充分强化维生素,满足婴幼儿生长发育所需要的日常维生素。配方乳粉中一般添加的维生素有 A、B_1、B_2、B_6、B_{12}、C、D、K、E 以及生物素、泛酸、烟酸、叶酸等。其中，水溶性维生素过量摄入时不会引起中毒，所以没有规定其上限；脂溶性维生素 A、D 长时间过量摄入会引起中毒，因此须按规定加入。在添加时一定要注意维生素（也包括灰分）的可耐受最高摄入量，防止因添加过量而对婴儿产生毒副作用。

二、婴幼儿配方乳粉的生产工艺流程

目前生产婴幼儿配方乳粉的方法主要有湿法、半干法和干法。由于干法生产的婴幼儿配方乳粉感官质量欠佳，维生素和微量元素容易混不均匀，产品的微生物指标不好控制，在婴幼儿配方乳粉的生产中几乎不采用。湿法生产婴幼儿配方乳粉除一些特别的工序外，大致与全脂乳粉相同，其生产的工艺流程如图 5-17 和图 5-18 所示。其生产的工艺要点如下：

（1）原料乳的验收和预处理　应符合生产特级乳粉的要求。

（2）配料　采用 10℃左右经过预处理的原料乳，按比例要求将乳清粉、糖、维生素、微量元素等配料混合于配料罐中，开动搅拌器，使物料混匀。

（3）均质、杀菌、浓缩　混合料均质压力一般控制在 15～20MPa；杀菌和浓缩的工艺要求和乳粉生产相同。浓缩后的物料浓度控制在 46%左右。

（4）喷雾干燥　进风温度为 140～160℃，排风温度为 80～88℃，塔内负压为 196Pa。

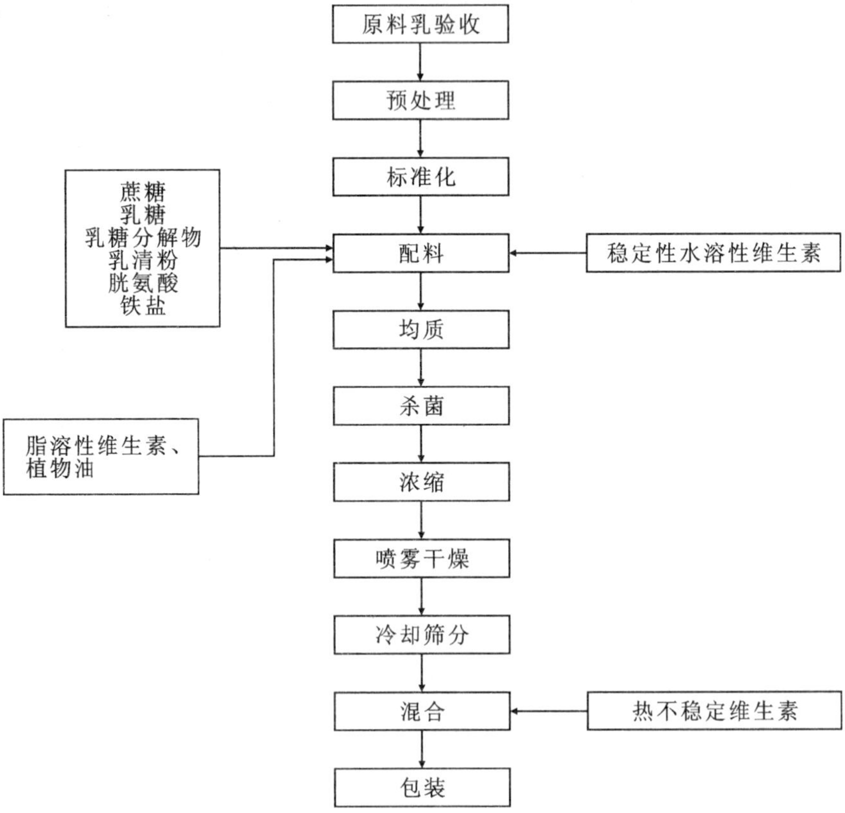

图 5-17　婴幼儿配方乳粉的生产工艺流程

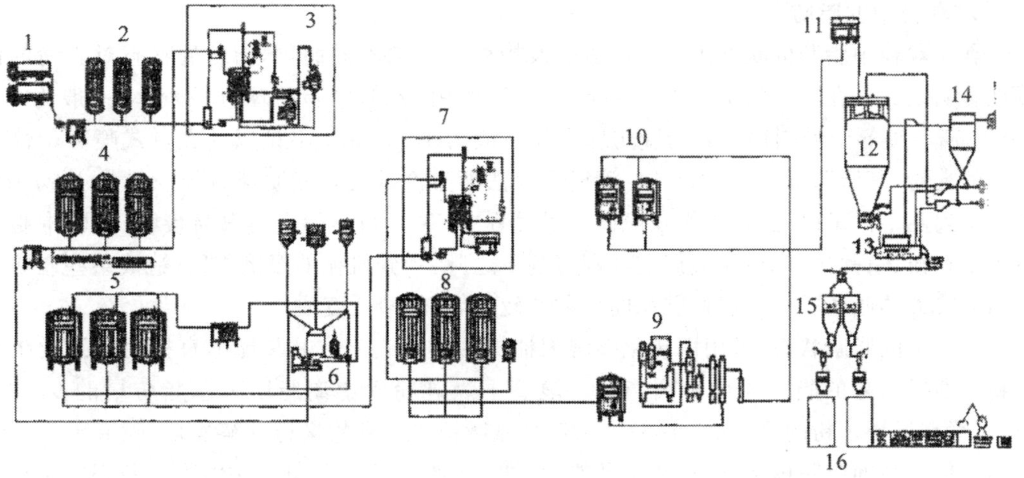

图 5-18 婴幼儿配方乳粉生产的设备流程图

1—奶车；2—生乳仓；3—预处理系统；4—熟乳仓；5—配料罐；6—剪切罐；
7—均质机；8—暂存罐；9—蒸发浓缩器；10—浓乳缸；11—高压泵；12—喷粉塔；
13—流化床；14—旋风分离器；15—粉仓；16—自动包装机

第四节 乳粉的质量控制

一、乳粉的理化特性

(一)乳粉的组织结构

乳粉的物理组织结构指乳粉的化学成分分布与结合的方式。干燥技术对乳粉的组织结构具有最直接的影响。

滚筒法生产的乳粉呈不规则的片状，不含有气泡，不能完全溶解于水。由于呈不规则的结构，滚筒干燥乳粉颗粒的容积密度低，一般为 0.3～0.5g/cm^3。

喷雾干燥乳粉颗粒直径为 10～250μm，颗粒包裹有空气，常具有单个或几个气泡，乳粉颗粒呈球状或几个连在一起的葡萄状，几乎能完全溶解于水。喷雾干燥乳粉颗粒表面一般比较光滑，但有时有起皱现象，主要是由于喷雾干燥中进风温度高，且颗粒包裹的空气温度与颗粒外部温差大造成的。暴露在干燥塔中的各个颗粒的干燥条件不同，会造成同一批次样品中颗粒出现形态上的差异。

1. 乳粉中的气泡

滚筒干燥法生产的乳粉颗粒中不含有气孔。喷雾干燥的乳粉一般均含有气泡，气泡多导致乳粉容易氧化变质，对乳粉的保藏性影响很大。

气泡的形状因制造方法、原料乳种类和浓缩程度而异，其中浓缩程度影响最大，不经过浓缩而直接喷雾干燥的乳粉中气泡最多，随着浓缩程度的加大，成品中气泡含量相应减少。原料种类对乳粉的含气量也有影响，用脱脂乳制成的乳粉比全脂乳粉气泡多，这可能是由于脂肪消泡作用所致。一般压力式喷雾干燥法生产的全脂乳粉中空气的体积分数为 4%～5.5%，脱脂乳粉的为 13%；离心式喷雾干燥法生产的全脂乳粉的为 13.5%～19.5%，脱脂乳粉的为 35%。

2. 乳粉中的脂肪

乳粉颗粒中脂肪的状态由于干燥方式及操作方法的不同而异，脂肪的状态对乳粉的保藏性影响很大。在压力喷雾中高压泵起了均质作用，乳粉中脂肪球直径较小，一般为1～2μm。离心喷雾干燥制得的乳粉脂肪球直径一般为1～3μm。不论以什么方式喷雾干燥所获得的乳粉，其脂肪球均小于原乳。滚筒干燥法所生产的乳粉脂肪球直径一般为1～7μm，也有达到几十微米的，这是因为在滚筒干燥过程中，牛乳与热的金属滚筒接触，牛乳中脂肪球膜受到损坏；此外，乳粉从滚筒上经刮刀刮下之际，受到机械的摩擦作用，造成某些脂肪球聚结成较大的脂肪团块。这种乳粉的保藏性较差，容易氧化变质。

乳粉中的脂肪状态，可用四氯化碳溶剂抽提的方法观察。凡是能够直接用四氯化碳从乳粉中抽提出来的脂肪叫做游离脂肪。滚筒干燥乳粉含游离脂肪为总脂肪量的91%～96%，喷雾干燥乳粉的为3%～14%。用荧光显微镜法对乳粉进行观察发现：喷雾干燥乳粉的脂肪呈微细的脂肪球状态，存在于乳粉颗粒的内部；滚筒干燥乳粉中游离脂肪都凝集在乳粉颗粒边缘，脂肪团块较大，大小不规则。凡是游离脂肪含量高的乳粉，都很容易氧化变质，不耐保藏。

降低游离脂肪的方法有：

(1)在喷雾干燥前对浓乳进行两段均质。

(2)喷雾干燥后，出粉和输粉过程中避免剧烈的高速气流输粉。

(3)出粉后迅速冷却到20℃以下进行输粉。

(4)避免乳粉在高温下长时间暴露。

(5)在保藏过程中保持乳粉的干燥。在保藏中乳粉吸收水分过多，会致使乳糖吸水结晶，使脂肪游离。一般认为促使脂肪游离的水分含量范围是8.5%～9%。

3. 乳粉中蛋白质的状态

乳粉中蛋白质的理化状态和冲调复原性有关，特别是酪蛋白关系较大。在干燥过程中，应使蛋白质保持原来的状态。通过电子显微镜观察，蛋白质的状态在滚筒式干燥乳粉中容易发生变化，喷雾干燥乳粉变性很少。乳粉冲调成还原乳时所生成的不溶性成分，主要由吸收了磷酸三钙的变性酪蛋白酸钙组成，蛋白质的变性会产生乳粉的不溶，这主要是牛乳的加热而引起的。为了提高乳粉的溶解度，必须控制加热条件。

根据乳粉的不同用途，国家制订了乳粉的热处理分级标准，以控制乳粉中蛋白质的状态变化。此外，喷雾干燥的全脂乳粉，有时用水冲调复原为鲜乳时，牛乳液面上会出现一层泡沫状浮垢，这是脂肪—蛋白质络合物，其中脂肪含量约48%，蛋白质含量为34%。乳粉在较高温度下(例如30℃左右)贮存时，会增加这种泡沫状浮垢量；在较低温度下(例如7℃左右)贮存，则基本可以避免形成浮垢。

4. 乳粉中的乳糖

乳糖是乳粉中的重要成分，全脂乳粉约含38%，脱脂乳粉约含50%，乳清粉约含70%。新生产的乳粉中，乳糖呈非结晶的玻璃状态，α-乳糖与β-乳糖的无水物保持平衡状态，这种平衡状态受干燥时的温度所左右。乳粉中呈玻璃状态的乳糖吸湿性很强，很容易吸潮，将其置于潮湿的空气中，则乳糖会吸收水分逐渐变为含有一分子结晶水的结晶乳糖，由于乳糖的结晶，致使乳糖颗粒表面产生很多裂纹，造成脂肪渗出，引起氧化酸败变质，同时，外界的空气也很容易渗透到乳粉里面去。乳糖仅会部分结晶，一般情况下，乳糖吸收水分即使达到

30%,也不能全部变为结晶。喷雾干燥的脱脂乳粉水分含量为3%～5%时,可以在37℃下存放600天而不发生结晶现象。如果吸潮后水分含量达到7.6%以上时,在37℃下放置一天,就出现结晶。

5. 乳粉中的维生素

喷雾干燥对乳粉维生素含量影响很小,影响最明显的有维生素 B_{12}(损失20%～30%)、维生素C(损失约20%)和维生素 B_1(损失约10%),其余的维生素几乎没有损失。

(二)乳粉的粒径分布

乳粉粒径影响着产品感官、复原性和流动性。影响粒径大小的因素有浓缩乳的浓度和雾化方式。采用较高的压力和较低的浓度,可以减少粒径尺寸。当乳粉粒径在150～200μm时,复原过程中分散的速度最快。压力喷雾干燥的乳粉颗粒要小于离心式喷雾干燥。

(三)乳粉的密度

乳粉的密度因乳粉的颗粒结构及颗粒的大小而异。乳粉的密度有三种不同的表示方法,即:

(1)表观密度(或称松密度) 表示单位容积中乳粉的质量(g/mL),包括乳粉颗粒空隙中的空气在内。

(2)颗粒密度 表示乳粉颗粒的密度,不包括颗粒与颗粒间空隙中的空气,包括颗粒内部的空气。

(3)真密度 表示乳粉除空气外本身真正的密度,即实质固体物的密度。

乳粉的表观密度受乳粉颗粒的内部结构及颗粒大小的影响,与制造工艺有关。喷雾干燥法生产的全脂乳粉表观密度为0.5～0.6g/mL,真密度为1.26～1.32g/mL。

影响乳粉的密度,特别是表观密度的主要因素可归纳为:

(1)浓缩乳的浓度及黏度。

(1)喷雾时的热风温度。

(3)压力喷雾时,高压泵压力和喷孔直径。

(4)离心喷雾时,离心盘的结构。

(5)出粉及输粉的方式。

(四)乳粉中的气体

乳粉中的气体体积为给定质量颗粒体积与相同质量的颗粒内部无空气时的体积之差。每100g乳粉中通常含有10～30mL的气体。影响乳粉中气体量的因素有:

(1)混入的气体。进料时混入的气体,在蒸发、浓缩时会析出一部分,但在干燥塔干燥时会从渗漏的管路中吸取空气。

(2)喷雾干燥类型。

(3)雾化前及雾化过程中的搅拌。混入产品中的空气量与喷雾搅拌的强度有一定关系。

(4)物料的特性,如物料形成稳定气泡的能力。蛋白质和脂肪的含量与状态显著影响着泡沫的形成,两者具有相反的作用。有脂肪的浓缩物比脱脂乳难于形成泡沫;未变性蛋白具较强起泡趋势,可以通过加热使之变性而减弱该现象。固形物含量低容易起泡,温度升高可减少起泡趋势。

(五)乳粉的流动性

所谓流动性,即乳粉的自由流动性质。在乳粉的生产过程中经常会出现以下问题:设备中发生粉尘的喷流、堵塞，乳粉附着在管道内，乳粉结块，包装时粉尘的飞扬等。这些问题都涉及乳粉的流动性。乳粉的流动性与颗粒大小、均匀度、密度、游离脂肪含量、粒温、水分含量和表面的光洁度等有关。颗粒大且均匀、表面光滑的乳粉，其流动性良好。一般表示乳粉的流动性的物理量有以下 4 种：①休止角；②内部摩擦系数；③流动系数；④附着、凝集力。用乳粉测定仪可以准确测出这些物理量。在生产无粉尘的工业乳粉(特别是脱脂乳粉)产品时，应尽可能避免剧烈的气流输粉过程中的摩擦，而致力于流化床式冷却床出粉以生产速溶乳粉。

(六)乳粉的复原性

复原性描述了乳粉与水再结合的总现象，包括乳粉的溶解性、分散性、沉降性、可湿性，是表征乳粉品质的一个重要特性。一般乳粉中的乳糖、非变性乳清蛋白和一些盐类是可溶的，而酪蛋白的分散性差。

1. 溶解性

乳粉的溶解性指乳粉与水按一定的比例混合，使其复原为均一的鲜乳状态的性能。乳粉的溶解度与一般盐类的溶解度的含义是不同的。牛乳是由溶液、悬浮液、乳浊液构成的一种均匀稳定的胶体性液体，而不是纯粹的溶液，乳粉的溶解度只是对乳粉复原液的习惯称呼。乳粉溶解度的高低反映了乳粉中蛋白质的变性状况。

溶解性指标常有两种表示方法：一是溶解度，指每百克样品经规定的溶解过程后全部溶解的质量；二是不溶度指数，指在规定的条件下将乳粉复原后所得到沉淀物的体积毫升数。在一些国家，不溶度指数是 50mL 复原乳中沉淀体积的毫升数。对于不溶度指数为 0.5 的乳粉，它的不溶解性沉淀是 1mL/100mL；对于不溶度指数为 0.25 的乳粉，它的不溶解性沉淀是 0.5mL/100mL 。一般，在 30～50℃时将普通喷雾干燥乳粉与 10 倍的水进行混合，溶解的时间为 20～30min。所用水的温度越低，所需时间越长，一般在冷水中乳粉需 8～12h 才能完全溶解。不同生产方法对乳粉的溶解性具有很大影响，速溶乳粉的溶解性最好。只要原料乳合乎标准，严格按工艺规程进行操作，乳粉的溶解度是可以保证的。在喷雾干燥操作时，必须严格控制废气的相对湿度，必须有压力稳定、供料均衡的高压泵，必须有雾化性能良好的雾化器，才能得到较理想的溶解度。

2. 分散性

分散性反映了吸湿的聚集乳粉颗粒均匀分散于水中的能力。附聚乳粉中大颗粒乳粉比例高则分散性好，细粉比例升高则分散性下降。影响分散性的关键因素在于加工过程中酪蛋白所受热处理的总强度。乳在加工过程中受热程度高，容易引起酪蛋白较多的不可逆变性，导致分散性不稳定。

乳粉颗粒结构以及蛋白质分子的构造对乳粉的分散性有着极为重要的影响。当乳粉加入到水中分散成颗粒且并不存在团块时，则分散性良好。含有大量变性蛋白质的乳粉，将很难分散，分散性最低达到 90%是再制乳生产工艺对乳粉的一般要求。

3. 可湿性

可湿性表示乳粉表面吸收水分而变湿的能力。以给定数量乳粉渗透入静止水面所需时间的长短来表示乳粉可湿性的优劣，渗入时间低于 30s 则表示可湿性良好。

乳粉的可湿性与颗粒的表面积、颗粒大小、密度、脂肪的含量、表面活性等有关。喷雾干燥乳粉具有颗粒小，形状相似，颗粒紧密的特点，水分不易渗透。而滚筒干燥生产的乳粉，颗粒大、形状不规则，内部空隙大，易吸湿。速溶乳粉由于颗粒形成聚集体，相互之间空间变大，可湿性变好。由于脂肪是疏水性的，乳粉中脂肪的含量和分布影响其可湿性，利用表面活性剂（如卵磷脂）对乳粉表面进行处理，可以改善其可湿性。

4. 沉降性

沉降性是指乳粉颗粒克服水的表面张力，通过其表面而沉入水中的能力。沉降性用1min内通过1cm^2表面乳粉的毫克数表示。沉降性受颗粒下沉的倾向力影响，并与颗粒密度有关，颗粒密度大时，颗粒更容易下沉。速溶乳粉由于附聚作用，提高了聚合体的质量，使颗粒容易下沉。

在复原的初期，由于乳粉颗粒中的乳糖和矿物质的溶解速度比其他成分快，致使颗粒密度下降；同时，溶液的密度升高，溶液浮力增加，会阻止颗粒进一步下降。当颗粒与溶液密度差接近时，最初下沉的颗粒开始上升。通常附聚的乳粉具有更好的沉降能力。

（七）乳粉的吸湿性

乳粉的吸湿性是指乳粉吸收和保持水分的倾向。乳粉的吸湿性具有一定的现实意义，可以为干燥工艺以及包装材料和储存条件的选择提供参考。乳粉中的蛋白质和乳糖对产品的吸湿性起主要作用。

（八）乳粉的热稳定性

当乳粉用于热饮料、果冻、焙烤食品、再制炼乳、咖啡伴侣等产品时，要求乳粉具有良好的热稳定性。以脱脂乳粉为主要原料生产再制炼乳，必须经受较高的杀菌温度，来保持产品性能的稳定；用作咖啡伴侣时，为防止与热咖啡接触时出现“絮凝”现象，也要求脱脂乳粉具有较好的热稳定性。

影响再制乳热稳定性的关键工艺是在预热阶段对乳的热处理程度。此外，乳的成分（乳蛋白质、盐类等）、pH值等，对乳的热稳定性都具有重要影响。

（九）乳粉的乳化性

脱脂乳粉作为乳蛋白成分的主要来源，在各种食品中扮演着多种功能作用。乳蛋白的乳化性对某些食品，如汤汁、蛋黄酱、咖啡伴侣、肉馅、含乳成分产品和还原乳制品很重要。目前，乳化效果更好的蛋白制品类已经被开发出来，主要有酪蛋白酸盐、乳蛋白共沉物、乳清蛋白浓缩物等。

二、乳粉常见的质量缺陷及产生原因

在乳粉的生产过程中，如果操作不当，就有可能出现各种质量问题。乳粉生产及贮存过程中常见的质量问题主要有：水分含量过高、溶解度偏低、易结块、颗粒形状和大小异常、有脂肪氧化味、色泽较差、细菌总数过高、杂质度过高等。

（一）乳粉水分含量过高

乳粉应含有一定的水分，大多数乳粉的含水量都在2%～5%之间。水分含量过高，将会促进乳粉中残存的微生物生长繁殖，产生乳酸，使乳粉中酪蛋白发生变性而变得不可溶，降低乳粉的溶解度。当乳粉的水分含量为3%～5%时，贮存1年后乳粉的溶解度仅略有下降。当乳粉水分含量达到6.5%～7%时，贮存一小段时间后，乳粉中的蛋白质就有可能完全不溶解，产生陈腐味，同时产生褐变。但乳粉水分含量也不能过低，一般喷雾干燥生产的乳粉水分含量低于1.88%时，易引起乳粉变质而产生氧化臭味的缺陷。

乳粉水分含量过高的原因如下：

(1)喷雾干燥过程中，进料量、进风温度、进风量、排风温度、排风量等工艺参数控制不当；

(2)雾化器因阻塞等原因使雾化效果不好，导致雾化后的乳滴太大而干燥效果不佳；

(3)乳粉包装间的空气相对湿度偏高，导致乳粉吸湿而使水分含量上升。包装间的空气相对湿度的合理范围应控制在50%～60%之间。

(4)乳粉冷却过程中，冷风湿度太大，导致乳粉水分含量升高。

(5)乳粉包装封口不严或包装材料本身不密封。

(二)乳粉的溶解度偏低

溶解度高低反映了蛋白质变性的程度。溶解度低，说明乳粉中蛋白质变性的量大，冲调时变性的蛋白质难于溶解，或粘附于容器的内壁，或沉降于容器的底部。导致乳粉溶解度下降的因素和原因有：

(1)原料乳的质量差。在原料乳混入了异常乳或酸度高的牛乳，导致蛋白质热稳定性差，受热容易变性。

(2)牛乳在杀菌、浓缩或喷雾干燥过程中温度偏高，受热时间过长，导致牛乳蛋白质受热过度而变性。

(3)喷雾干燥时雾化效果不好，乳滴过大，干燥温度过高。

(4)牛乳或浓缩乳在较高的温度下放置时间过长导致蛋白质变性。

(5)乳粉的包装形式、贮存条件及时间对其溶解度也会产生影响。当乳粉贮存于温度高、湿度大的环境中，其溶解度会有所下降。

(6)不同的干燥方法生产的乳粉溶解度也会有所不同。一般滚筒干燥法生产的乳粉溶解度为70%～85%；而喷雾干燥法生产的乳粉溶解度可达99%以上。

(三)乳粉结块

乳粉极易吸潮而结块，这主要与乳粉中的乳糖及其结构有关。乳糖是乳粉的主要成分之一，不同的产品含量亦不同：全脂甜乳粉中含有30%左右的乳糖，全脂乳粉中含有38%左右的乳糖，脱脂乳粉中含有50%左右的乳糖，婴幼儿配方乳粉中含有55%左右的乳糖。一般乳粉中的乳糖呈吸湿性很强的非结晶的玻璃态，极易吸湿，吸湿后生成含一分子结晶水的结晶乳糖。造成乳粉结块的主要原因为：

(1)在乳粉的整个干燥过程中，由于某种原因(如操作不当)造成的乳粉水分含量普遍偏高或部分产品水分含量过高；

(2)在包装或贮藏过程中，乳粉吸收空气中的水分，导致其水分含量升高而结块。

(四)乳粉颗粒的形状和大小异常

乳粉颗粒的形状和大小随干燥方法的不同而异。滚筒干燥法生产的乳粉颗粒呈不规则的片状，而喷雾干燥法生产的呈球状。压力喷雾干燥法较离心喷雾干燥法生产的乳粉颗粒直径小，压力喷雾干燥法生产的乳粉，其颗粒直径一般为10～100μm，平均为45μm；而离心喷雾干燥法生产的乳粉，其颗粒直径为30～200μm，平均为100μm。乳粉颗粒直径大，色泽好，则冲调性能及润湿性能好，饮用方便。如果颗粒大小不一，且有少量黄色焦粒，则乳粉的溶解度就会较差，并且会有较高的杂质度。影响乳粉颗粒形状及大小的主要因素如下：

(1)雾化器故障，会影响到乳粉颗粒的形状及大小。

(2)不同干燥方法,会造成乳粉颗粒的平均直径及直径的分布状况有所不同。

(3)同一干燥法的不同类型干燥设备,所生产的乳粉颗粒直径亦不同。例如压力干燥喷雾法中,立式干燥塔较卧式干燥塔生产的乳粉颗粒直径大。

(4)浓缩乳的浓度对乳粉颗粒直径有很大的影响。在一定范围内,干物质含量越高,则乳粉颗粒直径就越大,因此,在不影响产品溶解度的前提下,应尽量提高浓缩乳的干物质含量。

(5)压力喷雾干燥中,高压泵压力的大小是影响乳粉颗粒直径大小的主要因素之一。泵的压力低,则乳粉颗粒直径大,但不能对干燥效果产生影响。

(6)离心喷雾干燥中,乳粉颗粒直径的大小受转盘转速的影响。转速越低,乳粉颗粒的直径就越大。

(7)喷头的孔径大小及内孔表面的粗糙度状况也影响乳粉颗粒直径的大小及分布情况。喷头孔径大,内孔表面光洁度高,则得到乳粉的颗粒直径大,且颗粒大小均一。

(五)乳粉的脂肪氧化味

乳粉的游离脂肪酸含量高,以及贮存环境温度高、湿度大或长时间暴露于阳光下,易引起乳粉的氧化变质而产生氧化味。此外,乳粉中脂肪在解脂酶及过氧化物酶的作用下产生游离的挥发性脂肪酸,也会使乳粉产生刺激性臭味。防止产生乳粉的脂肪氧化味的主要措施有以下几点:

(1)严格控制乳粉生产的各种工艺参数,尤其是牛乳的杀菌温度和保温时间,必须使解脂酶和过氧化物酶丧失活性。

(2)严格控制产品的水分含量,使其在2.0%~3.0%之间。

(3)保证产品包装的密封性,并将产品贮存在阴凉、干燥的环境中。

(六)乳粉的色泽较差

正常乳粉一般呈淡黄色。乳粉色泽受以下因素影响:

(1)若原料乳酸度过高,加碱中和后,所制得的乳粉色泽较深,呈褐色。

(2)牛乳中脂肪含量较高,则乳粉颜色较深。

(3)乳粉颗粒较大,则颜色较黄;乳粉颗粒较小,则颜色呈灰黄。

(4)空气过滤器过滤效果欠佳,或布袋过滤器长期不更换,会导致回收的乳粉呈暗灰色。

(5)乳粉生产过程中,物料热处理过度或乳粉在高温下存放时间过长,会加深产品色泽。

(6)乳粉水分含量过高,或贮存环境的温度和湿度较高,易使乳粉色泽加深,甚至产生褐变。

(七)乳粉的细菌总数过高

乳粉中细菌总数过高的主要因素为:

(1)原料乳严重污染,细菌总数过高,杀菌后残留量过多。

(2)杀菌温度和时间没有严格按照工艺要求进行。

(3)板式换热器垫圈老化损坏,使生乳混入杀菌乳中。

(4)生产过程中受到二次污染。

(八)乳粉的杂质度过高

乳粉中杂质度过高的主要原因是:

(1)原料乳净化不够彻底。

(2)生产过程中遭受二次污染。

(3)喷雾干燥时热风温度过高，导致风筒周围产生焦粉。

(4)分风箱热风调节不当，产生涡流，使乳粉局部受热过度产生焦粉。

三、影响乳粉质量的因素

对于生产商来说，了解影响乳粉性质的因素是十分必要的，不合格乳粉问题可能在原料乳，也可能是受加工条件影响。如果是加工条件的问题，那么必须明确在哪一道工序使乳粉的性质受到了影响，加工条件如何变化会对乳粉性质产生相应的影响。

(一)影响乳粉性质的因素

原料乳的质量(包括酸度和微生物的数量)会对乳粉产生影响，牛乳中的微生物含量过高会导致乳粉中细菌数超标，通常这并不是最严重的问题，最严重的是导致产品的酸度迅速提高，并且通过酸度的间接作用影响乳粉的溶解度。原料乳的微生物指标对乳粉的质量有直接或间接的影响。

直接影响是原料乳中的微生物如果在加工过程中灭杀不彻底就会出现在乳粉中。通常是嗜热或耐热微生物存在残留。即使其他微生物能够控制在允许范围内，耐热微生物仍然会在生产过程中存活下来，并在条件适宜时大量繁殖，导致乳粉的微生物数量上升。

原料乳中微生物的数量和类型间接地影响了乳粉的质量。刚挤出来的牛乳的自然酸度非常低，其滴定酸度约为0.11%。从挤奶到加工这一时间段，牛乳中乳酸的含量会上升。酸度上升会对最终产品性质造成严重的影响。乳酸含量的升高会导致氢离子浓度的增加，在加工过程中对蛋白质的稳定性产生破坏。由于滴定酸度与浓度的上升成正比，在牛乳的浓缩过程中，酸度的问题会被放大，酸度上升会进一步影响蛋白质热稳定性的水平，导致乳粉的溶解性不良。

(二)加工条件对乳粉性质的影响

在乳粉发生质量问题时，通常会把干燥器作为生产环节中的主要怀疑对象。但是实际上干燥器仅仅影响了产品的某一个性质，即水分的含量。另外的一些性质，则受到整个加工过程的影响，可能是蒸发器，或者是干燥器，也可能是生产过程中的其他工序。加工过程中有许多因素对乳粉的特性有不同的影响，如浓缩乳的预热、乳固体含量，离心式喷雾干燥时转盘的转速、喷雾角、干燥温度、干燥方法等。

(1)预热时的热负荷　它是影响乳粉质量和结构的主要因素，变化程度取决于反应过程的激烈情况。预热对浓缩乳性质的主要影响和后果如下：

①乳糖分解和有机酸的产生，导致乳的滴定酸度增加和pH值降低，可能引起蛋白质的不稳定。

②乳清蛋白的变性导致乳粉功能特性发生改变。

③变性的乳清蛋白与酪蛋白胶束的反应，酪蛋白胶束聚集，酪蛋白脱磷酸作用以及胶体磷酸盐的作用会有利于在后阶段加热过程中提高稳定性。

④乳糖和蛋白质的美拉德反应，会引起赖氨酸的丢失、乳呈棕色，产生不良风味。

⑤活性巯基团的出现，延缓脂肪的氧化，并导致产品出现“蒸煮味”。

(2)进风温度　当通过调整进料量使排风温度保持恒定，溶解度会随着进风温度的提高而下降。进风温度每升高10℃，乳粉水分相应增加0.2%。如果同时升高排风温度则可以避免上述情况发生，一般进风的温度每提高 5℃，排风温度必须相应提高 1℃。进风温度升高，导致乳粉颗粒表面形成了一个硬壳，游离脂肪的含量随之下降。同时，随着进风温度的上升，产品质量提高，密度下降，这主要是由于包埋在乳粉颗粒中的空气增多所造成的。

(3)排风温度　维持进风温度不变，通过逐渐减少进料量来控制排风温度，产品的水分含量随着排风温度的升高而降低，溶解度随着排风温度的升高而变差，游离脂肪随着排风温度的上升而增加。一般排风温度每降低 5℃，产品水分含量就增加 1%左右。较低排风温度有利于乳粉中各种营养成分的保留和乳粉颗粒间的附聚。但过低的排风温度不仅会使产品水分含量过高，导致产品不合格，而且乳粉还会粘附在干燥塔内壁上难以清除。

(4)离心转盘的转速　离心转盘的转速越高，浓缩乳雾化的液滴就越小，更有利于水分的蒸发，改善乳粉的可溶性和提高乳粉的密度。同时，由于转盘高速旋转起到了均质作用，游离脂肪含量会略微降低。但离心转盘的转速过高也是不可取的，因为一方面增加了能耗，另一方面雾化液滴过于细小会对产品的溶解度产生不利的影响。

(5)浓缩　浓缩可以除去牛乳中已溶的气体和不稳定的不良风味。如果浓缩前没有钝化脂肪酶，浓缩时脂肪会发生分解反应，分裂成许多小的脂肪球。若维持其他参数不变，则浓缩乳的乳固体含量越高，产品的水分含量就越高。一般浓缩乳固体含量每增加 1%，相应产品水分含量就要增加 0.2%。液滴表面干燥过于迅速，使表面变硬，内部水分很难从表面逸出，结果也降低了乳粉的溶解性能。若降低浓缩乳固体含量，则会增加浓缩乳的起泡性，使乳粉颗粒中包埋一定量的空气，降低乳粉的密度。由于脂肪含量不同，全脂浓缩乳的起泡性要比脱脂浓缩乳差。

(6)喷雾角　喷雾角是指浓缩乳从喷头喷出时液滴所形成的中空锥形角度，一般喷雾角控制在 60°～70°为宜。喷雾角的大小主要与雾化器的结构、喷雾压力以及浓缩乳的性质等因素有关。当雾化器一定时，喷雾角随着喷雾压力的增加、浓缩乳温度的提高而增大；随着浓缩乳中干物质含量的增加、浓缩乳黏度的升高而减小。喷雾角小，则液滴平均直径大，当喷雾角过小而使液滴的平均直径过大时，就容易产生潮粉。喷雾角大，则液滴平均直径小，当喷雾角过大而使液滴平均直径过小时，乳粉颗粒会过于细小，导致色泽较差，溶解性变坏。

四、贮藏过程中可能出现的不良现象

乳粉可在室温、避光条件下保存。虽然乳粉不需冷藏，但是贮藏条件的不适应也会影响乳粉品质，致使乳粉出现口感上的不良风味，或者出现品质的变化。在乳粉的保存中往往容易产生酸败味和氧化味，而使风味变坏。此外，由于水分及其他因素的变化，还会使乳粉产生其他缺陷。

1. 脂肪分解味(酸败味)

脂肪分解味是一种类似丁酸的酸性刺激味。在乳中解脂酶的作用下，乳粉中的脂肪发生水解而产生游离的挥发性脂肪酸。为了防止脂肪分解产生异味，在牛乳杀菌时，必须将解脂酶彻底破坏，同时还必须控制原料乳的质量。生产乳粉采用高温短时间或超高温杀菌，可以破坏解脂酶，防止乳粉在贮藏过程中脂肪分解产生酸败气味。

2. 氧化味(哈喇味)

促使乳粉产生氧化味的主要因素有空气中的氧、光线、重金属(特别是铜)、酶(主要是过氧化物酶)以及乳粉中的水分和游离脂肪等。为了避免乳粉产生上述缺陷，应选用隔气、防潮、保香、阻光(紫外线)等性能好的包装材料并在低温避光仓库中保存。

3. 棕色化及陈腐味

乳粉在保存过程中容易产生棕色化,并伴随着发出一种陈腐的气味。这主要与乳粉中的含水量和贮藏温度、湿度有关。如果水分含量在5%以上时,在室温保藏时就会产生棕色化。乳粉的棕色化主要是羰-氨反应的结果。

乳粉的棕色化和陈腐味的产生,除了使乳粉的营养价值降低、溶解性变差外,其蛋白质生理价值及消化性也大为降低,人体必需的氨基酸和维生素也遭到分解破坏,甚至还会生成某些有毒物质和抑制代谢的物质。

4. 吸潮

乳粉吸湿性很强,将其置于空气中,很容易吸收空气中的水分。这主要是由于乳粉中的乳糖呈无水的玻璃状态,当乳糖吸水后,乳粉中蛋白质颗粒彼此黏结而使乳粉形成块状。密封罐装的乳粉不易吸潮,但一般简单非密封包装,或食用时开罐后的存放过程,会有显著的吸潮现象。

5. 因细菌而引起的变质

水分含量在5%以下的乳粉,经密封包装后细菌不会繁殖,因此,不致因细菌繁殖而引起变质。喷雾干燥的乳粉水分为2%～3%时,在贮藏过程中细菌反而会减少。乳粉开罐后存放的时间过长,则逐渐吸收水分,当水分超过5%以上时,细菌开始繁殖,导致乳粉变质,所以乳粉开罐后不宜放置过久。

本章小结

本章从乳粉的应用入手,对乳粉的基本概念、分类情况以及生产指标进行详细的阐述,给出了常见种类乳粉的成分差异和全脂乳粉、婴幼儿配方乳粉的质量评价方法。详细剖析了乳粉生产中真空浓缩、喷雾干燥、速溶技术等重点工艺步骤,对其基本原理、工艺方法、工艺参数以及影响因素等方面进行了深入浅出的阐述。以全脂乳粉的生产工艺为切入点,对乳粉生产过程中的关键步骤以及工艺要点等进行了全面的讲述,并对当前乳粉研究重点方向之一的婴幼儿配方乳粉进行了跟踪,介绍了婴幼儿配方乳粉配方设计方法及生产工艺。在乳粉生产设备介绍方面,以实用性为核心,重点讲述了真空浓缩设备、喷雾干燥设备以及流化床等设备的工作原理、技术特点、操作方法及注意事项。最后,对乳粉加工过程中对产品质量的影响,贮藏过程中乳粉的品质变化,乳粉的质量缺陷及控制等方面进行了总结归纳。

复习思考题

一、名词解释

乳粉　配方乳粉　乳粉的溶解度　双效蒸发　速溶

二、判断题

1. 热处理温度越高和时间越长，产品质量越好。(　　)

2. 乳粉要保留 3% 的水分是因为温度达不到，不能使粉中的水分全部去除。(　　)

3. 乳粉的变性蛋白质越多，溶解度越大。(　　)

4. 压力喷雾干燥的乳粉颗粒较离心式的颗粒大。(　　)

5. 生产乳粉的原料乳酸度高会使乳粉产生氧化味。(　　)

6. 在蒸发浓缩过程中，二次蒸汽引到下一蒸发器作为加热蒸汽被利用的可称为单效蒸发。(　　)

7. 滚筒干燥法生产的乳粉颗粒中不含有气孔，喷雾干燥的乳粉一般均含有气泡。(　　)

8. 一般压力式喷雾干燥法生产的乳粉空气的体积分数比离心式喷雾干燥法生产的乳粉空气的体积分数小。(　　)

9. 乳粉中非结晶状态的乳糖具有很强的吸湿性，所以乳粉易吸潮结块。(　　)

10. 一般喷雾干燥法生产的乳粉溶解度小于滚筒干燥法生产的乳粉溶解度。(　　)

11. 若原料乳酸度过高，加碱中和后，所制得的乳粉色泽较深，呈褐色。(　　)

12. 产品的水分含量随着进风温度与排风温度的升高而降低。(　　)

三、选择题

1. 生产乳粉时测定原料乳酸度时使用氢氧化钠的浓度是(　　)。

A. 0.01mol/L　　B. 1mol/L　　C. 0.1mol/L　　D. 0.001mol/L

2. 生产速溶乳粉时卵磷脂的喷涂厚度通常为(　　)。

A. 0.01～0.02μm　　B. 0.1～0.15μm　　C. 0.5～0.6μm　　D. 0.05～0.06μm

3. 乳粉生产中，目前绝大多数厂家使用的干燥法为(　　)。

A. 喷雾法　　B. 离心冷冻法　　C. 冷冻升华法　　D. 滚筒干燥法

4. 优质奶粉水分含量为(　　)。

A. 2%～3%　　B. 4%～5%　　C. 1%～2%　　D. 2%～5%

5. 现代乳粉厂生产乳粉，脱脂乳和全脂乳一般浓缩至(　　)。

A. 10%～20%　　B. 20%～30%　　C. 60%～70%　　D. 40%～50%

四、填空题

1. 乳浓缩的方法分为________和________。

2. 乳粉的干燥方法包括__________和__________两大类。

3. 按浓缩乳雾化的方式不同，喷雾干燥法可分为____________和____________。

4. 喷雾干燥过程可分为____________、____________和____________。

5. 真空浓缩过程能够顺利进行的两个基本条件是____________，____________。

五、简述题

1. 简述浓缩的目的。

2. 喷雾干燥具有哪些特点？

3. 全脂无糖乳粉生产过程中的关键控制点有哪些？

4. 乳粉感官检验主要做哪些检测项目？

实训十一　生产设备使用和维护

（一）盘式浓缩设备的使用和维护

1. 盘式浓缩设备的组成及工作原理

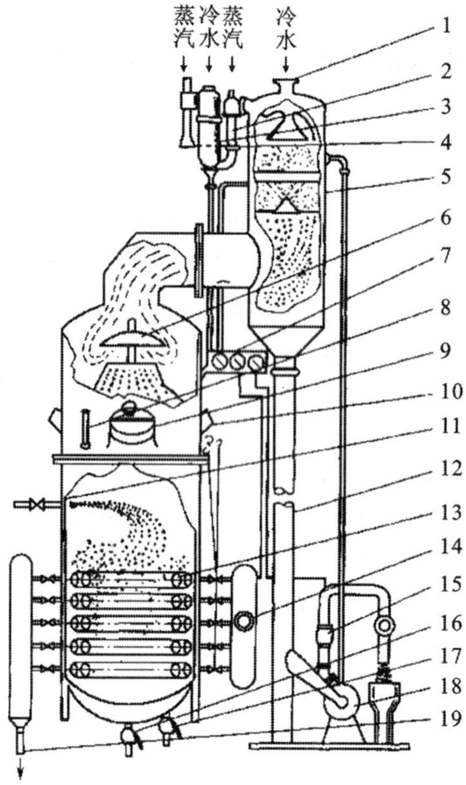

图 5-19　盘式浓缩设备的结构

1—冷水进口；2—第一级蒸汽喷射器；3—中间冷凝器；4—第二级蒸汽喷射器；5—冷凝器
6—除沫装置；7—仪表盘；8—温度计；9—平衡器；10—观察口；11—进料阀；12—冷凝水排出口
13—加热盘管；14—蒸汽进口；15—逆止阀；16—放料阀；17—取样阀；18—排水泵；19—冷凝水出口

盘式浓缩设备主要由盘管式加热室、蒸发室、除沫器、真空泵、冷凝器、进出料口等部件组成，其结构见图 5-19。当乳由进料口进入浓缩锅时，盘管内的热蒸汽对流经盘管的乳进行加热，乳受热后膨胀，密度降低，乳上浮到液面时发生汽化，汽化后乳的浓度增加，密度变大，从温度较低的盘管中心处下降，从而形成乳沿锅壁及盘管处上升，从盘管中心下落的循环状态。产生的二次蒸汽通入冷凝器中凝结成水后排出，加热蒸汽与乳进行热交换后通过气水分离器排出。这种设备的特点是能连续进料，不能连续出料，效率较低，适用于小型加工厂及教学演示。

2. 盘式浓缩设备的使用和维护

(1)设备使用前用热水冲洗干净,然后直接用蒸汽进行杀菌,使锅体及各部分在95℃以上高温条件下至少保持5min。

(2)进行密闭抽真空试验。

①若使用水力喷射器,则应首先开启冷却水的进水阀及多级水泵,并使进水压力(表压)维持在0.3MPa左右。

②若使用大气式混合冷凝器,则应首先开启干式真空泵,随后开启冷却水的进水阀,并调整至所需的流量。

③若使用低位冷凝器,则应先开启真空泵,然后开启低位冷凝器的抽水泵及冷却水的进水阀,并及时调整抽水泵及冷却水的流量,使冷凝器的气压维持一定的液位。正式操作时还需进一步调整。

④若使用并流式冷凝器及湿式真空泵,则应先开启湿式真空泵,后开启冷却水,并严格控制冷却水的流量。

(3)进料。一般均以切线方向进料,这样有利于保持牛乳最佳的沸腾状态,提高其蒸发速率。

(4)设备进入工作状态后,应根据工艺要求随时调节加热蒸汽的设定压力、进料量、冷却水的用量及温度,使操作处于最佳状态。

(5)浓缩乳的浓度达到预定要求时,进行停车出料。停车顺序如下:

①关闭加热蒸汽阀门。

②破坏蒸发室内真空度。关闭水力喷射器的进水泵,或顺序关闭冷却水、抽水水泵、真空泵或湿式真空泵。

③用泵抽出浓缩乳。

若继续使用时,则遵照上述开车顺序重新操作,否则要进行清洗。

(6)清洗时,应先用热水将锅内残留的浓缩乳冲洗干净,然后用热碱液喷淋于盘管表面,再用水冲洗碱液,最后进行人工擦洗。也可以仿照杀菌器的酸、碱液循环清洗法进行清洗,但最终一定将酸液冲洗干净,或用淡碱溶液进行中和,否则易引起牛乳酸化而结块。

(二)压力喷雾干燥设备的使用与维护

压力喷雾干燥设备的组成及工作原理详见本章第二节相关内容。压力喷雾干燥是影响产品质量的重要环节,对压力喷雾干燥设备的操作必须按工艺操作规程进行。生产结束后,应及时清理干燥室内和粉尘回收装置内的余粉,刷净热风口的少量焦粉。

开车前,必须对高压泵、高压管路、雾化器等设备进行严格杀菌,干燥室应以热风进行预热,预热时间一般为5～10min,排风温度应维持在90℃左右。预热温度不宜过高,否则会影响设备内少量余粉的质量及布袋过滤器的使用寿命;预热温度也不宜过低,否则容易因干燥室壁温过低而造成乳粉粘壁,使自动卸料或出料困难。预热时间的长短应根据设备是否连续使用而灵活掌握,连续使用,则应缩短预热时间;间歇使用,则应延长预热时间。卧式顺流干燥设备的预热可以在进排风机同时开启,室内有一定负压的状况下进行。而立式顺流干燥设备的预热只能在室内维持正压的状况下进行,否则干燥室及布袋过滤器不能达到要求的预热温度。

喷雾干燥的操作应根据干燥设备的类型、产品的质量要求,合理控制排风(废气)相对湿度,一般排风的相对湿度控制在10%～13%,以保证产品的水分含量在一定的标准范围内。

排风的相对湿度是喷雾干燥操作最主要的控制参数，应该随着新鲜空气的相对湿度、浓缩乳的水分含量、浓缩乳的流量、干燥介质的温度以及空气加热器的泄漏等因素的变化而合理调整。操作时，应每隔 1h 测定湿球温度 1 次，根据湿球温度及应控制的排风相对湿度，在 I—X 图上查得应维持的排风温度，用调节加热蒸汽的额定压力、高压泵的压力、喷头的孔径，以及增减喷雾器的个数等方法，使排风温度达到目标要求。若排风温度低于要求，则会造成产品水分含量高或出现潮粉；反之，则会使干燥室的热效率下降，且会严重影响产品的溶解度。一般排风温度应控制在 75～85℃为宜。

若使用布袋过滤器作为粉尘回收装置，则应每隔 30min 清除 1 次布袋内及壁上的积粉，否则将影响废气的排出，进而影响干燥的正常进行。

喷雾干燥设备的开车顺序如下：

(1)密闭干燥设备的门、观察孔等。

(2)对高压泵及管路进行严格的杀菌。

(3)喷雾器经杀菌后组装好，安装在干燥室的相应位置上。

(4)打开空气加热器进气管道上的旁通阀门，同时打开各组空气加热器上气水分离器的旁通阀门。

(5)打开加热蒸汽进气总阀门以及各组加热器的进气阀门，待蒸汽管内、空气加热器内的冷凝水排尽后，关闭进气管及各组气水分离器的旁通阀门。

(6)开启进风机。若使用立式顺流干燥设备，预热时先不开排风机，而应关小进风量，预热完成后才能开启排风机，并开大进风机。卧式顺流干燥设备的进风机和排风机可同时开启。

(7)打开高压泵的回流阀及活塞的冷却水，启动高压泵进料。利用安装在喷雾器附近的旁通高压阀排出高压泵及管路内杀菌水的残留液，同时排尽系统内的空气。

(8)打开各喷雾器的高压阀后立刻关闭高压旁通阀，将高压泵调至所需压力。

(9)若使用连续出料的立式顺流干燥设备，应及时开启星形出料阀、筛粉机及冷却设备。

(10)经常观察喷头的雾化状况、排风温度、干燥室内负压等情况，当参数偏离时应及时调整。

喷雾干燥设备的停车顺序如下：

(1)关闭高压泵及冷却水。

(2)关闭蒸汽总阀门及各组加热器的蒸汽阀门，并开启各组气水分离器的旁通阀门。

(3)关闭进风机，关死风机闸门，尤其是立式顺流干燥设备，以免加热器的余热进入干燥室内，影响扫粉工作人员的工作。

(4)关闭排风机。

(5)关闭喷雾器的高压阀，开启高压旁通阀门，卸下各喷雾器，进行彻底清洗。

(6)打开高压泵的回流阀及活塞的冷却水，启动高压泵泵入清水，将泵体及高压管内的浓缩乳顶出，利用高压阀的旁通管路进行回收。

(7)先用碱水循环清洗高压泵，再用清水清洗，关闭后再进行必要的拆洗。

(8)清扫干净设备内的余粉，最后将热风口少量的焦粉刷干净。

(9)关闭自动出料装置、筛粉装置及冷却装置等设备。

实训十二 乳粉加工生产操作和关键控制点

(一)全脂无糖乳粉生产工艺

全脂无糖乳粉生产的工艺流程如图 5-20 所示。

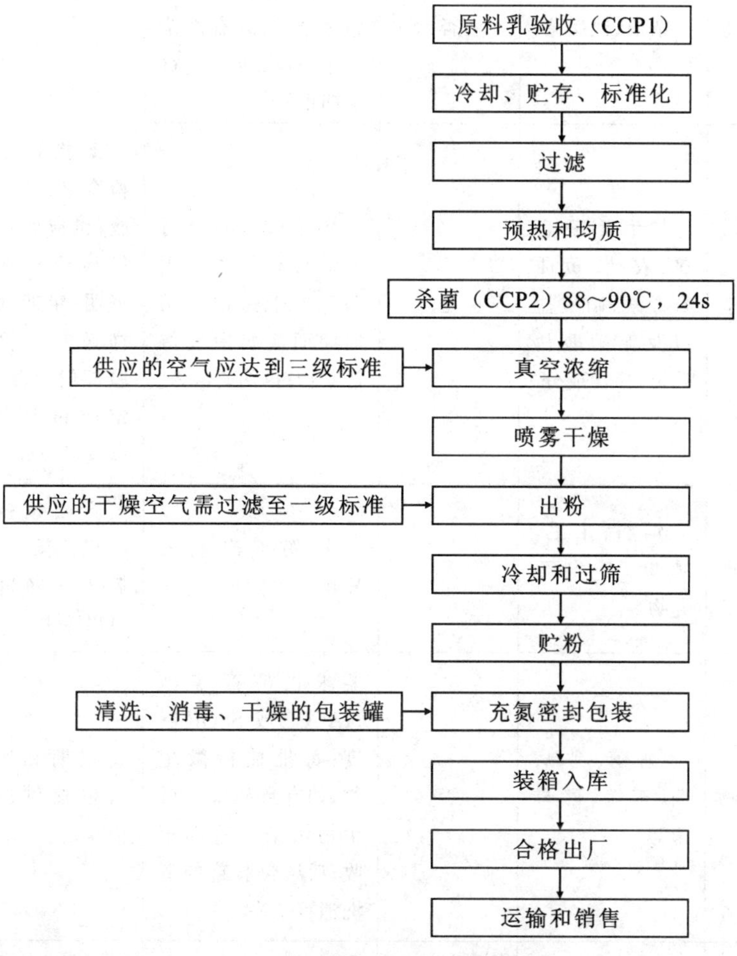

图 5-20 全脂无糖乳粉生产工艺流程图

(二)关键控制点的确定

根据生产操作过程可能产生的危害及危害程度,进行危害分析并确定关键控制点,如表 5-18 所示。表中 SSOP(Sanitation Standard Operating Procedure)是卫生标准操作程序的英文首字母缩写,它是为保证达到 GMP(Good Manufacturing Practice)规定的要求,确保加工过程中不良因素的消除,使加工的食品符合卫生要求而制定的。

表 5-18　全脂无糖乳粉加工生产操作关键控制点分析表

工艺过程名称	识别本工序被引入、控制或增加的潜在危害		潜在危害是否显著	对潜在危害是否显著的判断提出依据	预防显著危害的措施	是否为关键控制点
原料乳的验收	生物	杂菌、致病菌	否	SSOP控制原料乳贮运过程中的微生物污染；后续有杀菌工序；对供应商进行定期审核	—	否
	化学	抗生素、重金属、农药、黄曲霉毒素、硝酸盐以及亚硝酸盐残留，掺伪成分	是	奶牛摄入不合适的饲料和水或者用药后处于药物作用周期而使奶中残留污染物；掺伪奶混入	每批货自检合格，才接收；供应商提供检验合格证明；定期抽样送专业检验部门检测；定期和突击检查供应商	是
	物理	饲料、牛毛、昆虫、灰尘等异物	是	挤奶不当混入异物	严格按挤奶规范操作；后工序净乳可以除去	否
包装罐的验收	生物	细菌、致病菌、霉菌、酵母菌等	否	要求供应商实施HACCP或SSOP制度；每批抽检微生物，如有致病菌或微生物污染严重则拒收；后续包装罐的清洗消毒工序	定期和突击审核供应商	否
	化学	重金属残留	否	原材料加工过程中发生，但从未发生过超标情况	供应商提供合格证明	否
	物理	杂质	否	很少发现有杂质	—	否

续表 5-18

工艺过程名称	识别本工序被引入、控制或增加的潜在危害		潜在危害是否显著	对潜在危害是否显著的判断提出依据	预防显著危害的措施	是否为关键控制点
冷却贮存	生物	细菌、致病菌污染繁殖	是	不适当的贮藏条件造成细菌、致病菌增殖、产毒；嗜冷菌繁殖造成细菌总数增加	严格按标准规定控制贮藏条件；后工序杀菌工艺杀灭致病菌，使病原菌得到有效控制	否
	化学	清洗剂	否	严格执行 SSOP，无清洗剂残留情况发生	—	否
	物理	环境污染物	否	封闭容器、双联过滤网过滤。可避免贮存容器密封不良带来的环境污染物	—	否
标准化	生物	细菌、致病菌污染繁殖	是	不适当的清洗造成容器、管道微生物残留；标准化时添加物污染；配料时不规范操作污染	清洗时严格执行 SSOP；配料按标准操作；后工序杀菌工艺杀灭致病菌	否
	化学	清洗剂	否	严格执行 SSOP，无清洗剂残留情况发生	—	否
	物理	杂质	否	后续过滤工序可除去	—	否
过滤	生物	细菌、致病菌污染繁殖	否	SSOP 控制乳管和泵的污染	—	否
	化学	无	—	—	—	—
	物理	杂质	否	定期检查、及时更换过滤网，可去除前面工序和配料所带来的杂质	—	否

续表 5-18

工艺过程名称	识别本工序被引入、控制或增加的潜在危害		潜在危害是否显著	对潜在危害是否显著的判断提出依据	预防显著危害的措施	是否为关键控制点
预热和均质	生物	细菌、致病菌污染繁殖	否	SSOP 控制设备污染	—	否
	化学	清洗剂	否	严格执行 SSOP，无清洗剂残留情况发生	—	否
	物理	无	—	—	—	—
杀菌	生物	致病菌残存	是	时间、温度不当造成致病菌残存，对消费者健康有危害	控制杀菌时间、温度	是
	化学	清洗剂	否	严格执行 SSOP，无清洗剂残留情况发生	—	否
	物理	无	—	—	—	—
真空浓缩	生物	细菌污染	否	SSOP 控制浓缩设备的污染	—	否
	化学	清洗剂	否	严格执行 SSOP，无清洗剂残留情况发生	—	否
	物理	无	—	—	—	—
喷雾干燥	生物	细菌污染	否	SSOP 控制喷雾干燥设备的污染	—	否
	化学	清洗剂	否	严格执行 SSOP，无清洗剂残留情况发生	—	否
	物理	无	—	—	—	—
出粉	生物	细菌污染	否	SSOP 控制粉车、出粉袋的污染	—	否
	化学	无	—	—	—	—
	物理	无	—	—	—	—

续表 5-18

工艺过程名称	识别本工序被引入、控制或增加的潜在危害		潜在危害是否显著	对潜在危害是否显著的判断提出依据	预防显著危害的措施	是否为关键控制点
冷却和过筛	生物	细菌污染	否	SSOP 控制设备的污染	—	否
	化学	无	—	—	—	—
	物理	金属网丝	是	食品同行业曾经发生过此类事故，并且一旦发生后果严重	在包装传送带上安装金属检测仪，对每袋产品进行在线检测	否
贮粉	生物	细菌增加	否	SSOP 控制贮存环境和条件	—	否
	化学	无	—	—	—	—
	物理	无	—	—	—	—
包装罐的清洗消毒	生物	细菌残留	否	SSOP 控制	—	否
	化学	清洗剂、消毒剂的残留	否	SSOP 控制	—	否
	物理	无	—	—	—	—
充氮密封包装	生物	细菌污染	否	SSOP 控制包装环境和人员卫生	—	否
	化学	无	—	—	—	—
	物理	杂质、异物	否	SSOP 控制因包装破损而引入异物	—	否
装箱入库	生物	无	—	—	—	—
	化学	无	—	—	—	—
	物理	无	—	—	—	—
合格出厂、运输销售	生物	无	—	—	—	—
	化学	无	—	—	—	—
	物理	无	—	—	—	—

(三)关键控制点的实施

针对以上所确定的关键控制点，建立全脂无糖乳粉的 HACCP 计划表，如表5-19所示。

表 5-19 全脂无糖乳粉 HACCP 计划表

关键控制点	工艺过程名称	显著危害	关键限值	监控要求				纠偏措施	记录	验证
				对象	方法	频率	人员			
CCP1	原料乳验收	化学性危害	抗生素阴性，重金属、农药、黄曲霉毒素、硝酸盐以及亚硝酸盐残留等符合标准，掺伪检测符合标准	抗生素、重金属、农药、黄曲霉毒素、硝酸盐以及亚硝酸盐、掺伪成分	化学试验索证	每批必检	质检员	①根据偏离情况处理：拒收、报废、另作他用；②要求供应商调查超标原因并实施改进措施	①原料乳检测记录；②原料乳纠偏记录；③供应商相关证明	①检测仪器定期校正；②每日审核一次检验记录；③定期审查供应商提供的相关证明；④每年对牧场进行检查
				合格证明						
CCP2	杀菌	致病菌残存	灭菌温度≥88℃；灭菌时间≥24s[①]	牛乳的温度与流量	自动温控仪记录	连续	操作工	①调整流速和温度；②实现牛乳回流；③重新评估，排除有害致病菌残存	①巴氏杀菌记录表；②温控计记录；③流量计记录	①每天审核一次记录；②每周用水银温度计校正数字式温度仪一次；③定期检验产品
					观察水银温度计读数	每30min记录1次				
					自动流量计	连续				

注：①通过产品流量间接计算出灭菌时间。

实训十三　乳粉生产各个环节的品质检验

（一）乳粉感官检验

1. 任务要求

(1)室温20℃左右，在60W白炽灯光下，以硫酸纸作为衬托底色。

(2)用透明洁净的500mL烧杯作冲调容器。

(3)冲调用的水温为50～55℃和60～70℃。

(4)将复原乳倾倒在颜色深的桌面上，观察蛋白变性情况。

(5)用大号塑料药勺作为冲调搅拌器。

(6)用专用仪器做下沉试验。

(7)实验用秒表计时。

(8)用过滤机或 200～250mL 抽滤瓶过滤。

(9)使用直径为 32mm，密度为 $135g/m^3$ 的棉质过滤板。

2. 操作步骤判断

(1)色泽、组织状态

在充足的日光或白炽灯光下，将同一批次生产的同品种乳粉按照序号依次取 5g(一平勺乳粉)，分别放在硫酸纸上，观察乳粉的色泽和组织状态。

色泽结果描述：

①色泽均一，呈乳黄色、浅黄色、浅乳黄色、深黄色等颜色。

②有光泽或暗淡无光泽。

③颜色或光泽与以往同类产品不同之处。

组织状态结果描述：

①颗粒均匀、适中、松散、流动性好。

②颗粒较大或稍大、不松散，有结块或少量结块，流动性差。

③颗粒细小或稍小，流动性差。

④粉质粘连，流动性差。

(2)冲调

①下沉时间：用 500mL 烧杯量取 50～55℃的蒸馏水 100mL，称取 13.6g 待检乳粉，倒入烧杯上方的漏斗(上下口外径相同)后，用刮刀使样品均匀地分布在底板上，在把底板抽走的同时启动秒表开始计时(抽底板的动作要轻而连续)。待水面上的乳粉全部下沉后结束计时，记录乳粉下沉时间。

结果描述：乳粉入水后浸润时间与乳粉的颗粒和组织状态等性状有关。由于每个品种乳粉的原料配比和生产工艺不同，因此它们的下沉时间也各不相同。将每次测得的下沉时间与标准时间进行对照，以此判断乳粉润湿性和下沉性的优劣。

②热稳定性及团块情况：检验完乳粉的“下沉时间”后，立即用大号的塑料药勺沿容器壁按每秒转动一周的速度进行匀速搅拌，搅拌时间为 1min。然后观察复原乳的挂壁情况；将复原乳(约 2 塑料药勺)倾倒在颜色深的桌面上观察蛋白变性情况；最后观察容器底部是否有不溶团块。

结果描述：容器中存在大量团块，一般团块数量大于 10 个，则乳粉为不合格产品；有大量变性蛋白点，中间和四周无明显区别，有絮片状变性蛋白，则乳粉为不合格产品；复原乳存在挂壁，杯壁有大量变性蛋白点和絮片而不下落，则乳粉为不合格产品。

③滋气味：首先用清水漱口，然后用鼻子闻复原乳气味，最后喝一口(约 5mL)复原乳，仔细品味再咽下。

结果描述：

a. 有浓郁的乳香味和该产品特有的香味。

b. 乳香味不浓或夹杂其他异味。

c. 入口后舌尖、两腮和咽喉部感觉——奶味平淡、脂肪氧化味、生油味、辣味、苦涩味、咸味、香精味和甜味剂等过浓，口感发面。

d. 咽下后口腔残留后味(描述同 c)。

④杂质度：

称取 62.5g 试样于烧杯中，用 500mL 40℃±2℃的水溶解后置于安装有杂质过滤板的漏斗上过滤。用水多次洗净烧杯，并将洗液转入漏斗过滤。分次用洗瓶洗净漏斗过滤，滤干后取出杂质度过滤板，与杂质度标准板比对即得样品杂质度。

(二)乳粉理化检验

1. 溶解度的测定

乳粉的溶解度是指每 100g 样品经规定的溶解过程后，全部溶解的质量。

(1)原理

样品按规定的方法用水溶解后，称取不溶物的质量，换算成可溶解的质量。

(2)仪器及设备

①离心机　1000r/min。

②离心管　50mL 厚壁硬质。

③烧杯　50mL。

④称量皿　直径 50～70mm 的铝皿或玻璃皿。

(3)操作方法

①称取样品 5g(精确至 0.01g)于 50mL 烧杯中，用 38mL 25～30℃的蒸馏水分数次将乳粉溶解于 50mL 离心管中，加塞。

②将离心管置于 30℃水中，保温 5min 后取出，振摇 3min。

③置离心机中，以 1000r/min 的转速离心 10min，使不溶物沉淀。倾去上清液，并用滤纸或棉栓擦净管壁。

④加入 25～30℃的蒸馏水 38mL，加塞上下摇动，使沉淀悬浮于溶液中。

⑤再置离心机中，以 1000r/min 的转速离心 10min，倾去上清液，用滤纸或棉栓仔细擦净管壁。

⑥用少量水将沉淀冲洗入已知质量的称量皿中，先在沸水浴上将皿中水分蒸干，再移入 100℃烘箱中干燥至恒重。

(4)计算公式

$$\text{溶解度} = 100 - \frac{(m_2 - m_1) \times 100}{(1 - w) \times m}(\text{g}/100\text{g})$$

式中　m——样品的质量(g)；

m_1——称量皿的质量(g)；

m_2——称量皿和不溶物干燥后的质量(g)；

w——样品水分(g/100g)。

2. 水分的测定

高温干燥一次称量法：在干净已恒重的铝皿或玻璃皿中称取 4～5g 乳粉(精确至 0.2mg)，然后小心晃动皿盒，使样品平铺在皿盒的底部，分布成为比较均匀的薄层，放于 110℃的烘箱中干燥 30min，取出，于干燥器中冷却 25～30min，再次称重。根据干燥减少的重量和取样量算出乳粉水分百分含量，再扣除 0.15%，作为报告数据。

3. 灰分的测定

(1)原理

样品于 600℃以下灼烧，灰化所得的残留物质的质量即为样品的灰分，以质量百分数表示。

(2)操作步骤

①样品称取：称取 3～5g 乳粉(精确至 0.1mg)于已经准备好的坩埚中，置于电炉上初步灼烧，使之炭化至无烟。

②移入高温炉维持温度在 550℃左右，灼烧，使之成为白灰(2～4h)后，冷至 200℃以下后取出，放入干燥器中冷却至室温(约 30min)，称重。

③重复步骤②，直至前后两次称重的质量差不超过 2mg。

(3)结果表示

$$\text{样品中的灰分} = \frac{m_3 - m_1}{m_2} \times 100(\%)$$

式中　m_1——空坩埚的质量(g)；

m_2——称取样品的质量(g)；

m_3——坩埚与样品灰分的总质量(g)。

4. 脂肪的测定

(1)操作步骤

①在乳脂计中加入 10mL 硫酸。

②在 25mL 烧杯中称取乳粉约 1g，准确至 0.01g，用 10mL 约 65℃的水分数次将乳粉全部洗入乳脂计中。

③加入 1mL 异戊醇，旋好塞，混合乳脂计内容物，直到没有奶块。

④将乳脂计塞朝下放入水浴锅内水浴 5min 后取出擦干，塞朝下放入离心机中，离心 4～5min。

⑤取出乳脂计，再次放入水浴锅中水浴 5min 后读数，水浴锅内的水应没过刻度管中的脂肪柱。读数时要将脂肪柱的下弯面放在与眼同一水平面上，观察时可移动胶塞使脂肪柱的下弯月面与某一大格刻度相吻合。

(2)结果表示

乳粉样品脂肪含量以质量分数表示为：

$$W = \frac{a \times l_1}{m}$$

式中　W——样品脂肪的质量分数(%)；

a——脂肪柱的读数(%)；

m——称样的质量(g)；

l_1——换算系数。

5. 其他理化性质的检验

在乳粉生产过程中，除了需要对上述理化性质进行检验外，还需要对乳粉的酸度、糖、蛋白质、硝酸盐、亚硝酸盐等特性进行测定。有关这些特性的检验可以参考本书其他章节的内容，也可以参照国家标准进行：

(1)酸度的测定 GB 5009.239—2016；

(2)乳糖、蔗糖和总糖的测定 GB 5413.5—2010；

(3)蛋白质的测定 GB 5009.5—2016；

(4)硝酸盐、亚硝酸盐的测定 GB 5009.33—2016。

(三)微生物检验

1. 菌落总数检验

采用 GB 4789.2—2016，检验程序如图 5-21 所示。

2. 大肠菌群检验

采用 GB 4789.3—2016，检验程序如图 5-22 所示。

3. 霉菌和酵母菌检验

为了指导生产，奶粉需要进行霉菌和酵母菌检验，其检验程序如下：

(1)样品取回后上下摇晃混匀，在原始记录本上登记。

(2)放入无菌室，用酒精棉擦拭杯盖或乳粉袋两次。

(3)称取乳粉 10g，放入 90mL 灭菌生理盐水内，混匀即为 1∶10 稀释液。

(4)用灭菌吸管吸取 1∶10 稀释液 10mL 注入试管中，另用带橡皮乳头的 1mL 灭菌吸管反复吹吸 50 次，使霉菌孢子散开。

(5)从试管中各吸取 1mL 稀释液于两个灭菌平皿中，然后将凉至 45℃左右的孟加拉红培养基注入平皿中，待琼脂凝固后，倒置于 25～28℃培养箱中，3 天后开始观察，共培养观察一周。

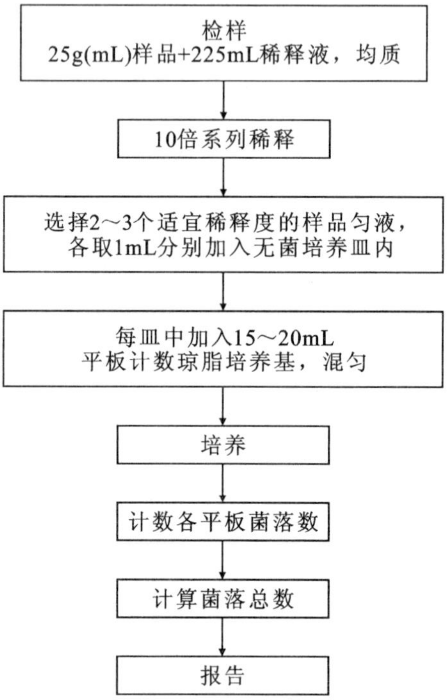

图 5-21　乳粉菌落总数检验流程图

(6)取两个平皿的平均菌落数乘以稀释倍数，即得每克检样的霉菌或酵母菌数。

4. 车间环境检验

(1)需检部门生产车间、化验室的清洁作业区、准消毒作业区。

(2)检验方法

①纸片法检验大肠菌群

a. 先在无菌室用灭过菌的生理盐水把大肠菌群纸片润湿，然后装在原袋子中封口备用；

b. 带上纸片、镊子和酒精棉球瓶到待检车间；

c. 选有代表性的检验点，记录在大肠菌群纸片的袋外面；

d. 用酒精棉球把镊子消毒，然后用镊子夹取大肠菌群纸片在选定的部位上反复擦拭三遍后，再把纸片放回袋内封好；

e. 其他检验点方法相同，然后回到化验室把纸片袋放入 37℃的培养箱内培养 15h；

f. 培养 15h 后取出观察纸片，记录报告。

纸片的结果判定：

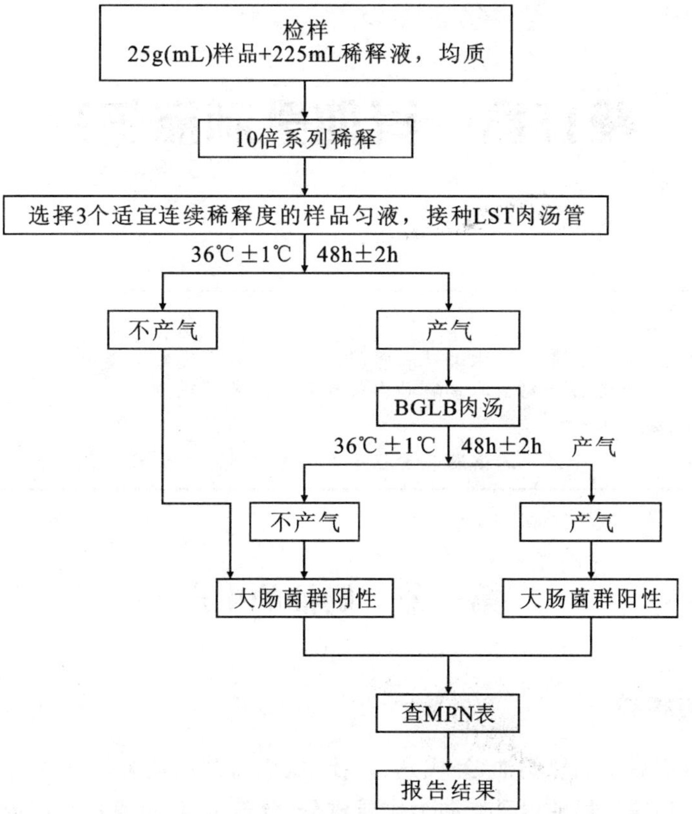

图 5-22　乳粉中大肠菌群 MPN 计数法检验程序

a. 纸片上出现紫红色菌落，其周围有黄圈者为阳性；

b. 纸片为一种颜色，无菌落生长者为阴性；

c. 纸片呈紫色，有紫色菌落，其周围无黄圈者为阴性；

d. 酸性食品接种后，纸片变黄，经培养后无紫红色菌落为阴性；

e. 纸片呈现不典型菌落，结果可疑者，应做复发酵进行验证；

f. 根据纸片的阳性片数，查阅大肠菌群 MPN 检索表，完成报告。

②平板法检验菌落总数

在无菌室内用常规的营养琼脂分别倒在两个平板内(约 15mL)，待凝后制成平板，放入待检空间，打开一个平板培养皿的盖，另一个作对照。

平板经 15min 开盖暴露后再盖好，然后放入 37℃培养箱内培养 48h，观察有无菌落生长，并计数。由菌落形态可判断菌落所属的类群。一般平板开盖 15min 后应不超过 5 个菌落。根据空气中所含有的杂菌种类，可以采取相应的消毒措施，以改进灭菌效果。如霉菌较多，可先用 50mg/L 石炭酸全面喷洒室内后，再用甲醛熏蒸；如细菌多时，可采用乳酸和甲醛交替熏蒸。

第六章 其他乳制品生产

知识目标

1. 了解奶油、炼乳、干酪、冰淇淋和雪糕的概念、种类及质量指标。
2. 掌握奶油、炼乳、干酪、冰淇淋和雪糕生产的基本原理。

技能目标

掌握奶油、炼乳、干酪、冰淇淋和雪糕生产的工艺流程和技术要点。

第一节 奶油的生产

一、奶油的种类

乳经离心分离后得到稀奶油，经成熟、搅拌、压炼而制成的乳制品称为奶油，也称黄油、酥油、白脱油、乳油等。奶油以乳脂肪为主要成分，营养丰富，可直接食用或作为其他食品如冰淇淋等的原料。

由于分类的方法不同奶油有许多种类。按照是否加盐，可分为加盐奶油、无盐奶油和特殊加盐奶油；按照加工原料，可分为甜性奶油和酸性奶油；按照花色品种，可分为巧克力奶油、果汁奶油、乳清奶油等各种式样；此外，还有各种乳脂肪含量在30%～50%之间的稠液状稀奶油，如发泡奶油、掼奶油等。根据《食品安全国家标准　稀奶油、奶油和无水奶油》(GB 19646—2010)，奶油的分类和定义如下：

（一）稀奶油(Cream)

以乳为原料，分离出的含脂肪的部分，添加或不添加其他原料、食品添加剂和营养强化剂，经加工制成的脂肪含量为10.0%～80.0%的产品。

（二）奶油（黄油）(Butter)

以乳和（或）稀奶油（经发酵或不发酵）为原料，添加或不添加其他原料、食品添加剂和营养强化剂，经加工制成的脂肪含量不小于80.0%的产品。

（三）无水奶油（无水黄油）(Anhydrous Milkfat)

以乳和（或）奶油或稀奶油（经发酵或不发酵）为原料，添加或不添加食品添加剂和营养强化剂，经加工制成的脂肪含量不小于99.8%的产品。

二、奶油的质量标准

奶油的高价值和高生产率已促使复杂而精密控制的生产设备的发展。大多数国家的奶油标准为：脂肪含量不低于80%，非脂乳固体含量不高于2%，水分含量不高于16%。

以下内容摘自《食品安全国家标准　稀奶油、奶油和无水奶油》(GB 19646—2010)，该标准适用于稀奶油、奶油和无水奶油。

(一)感官要求

奶油的感官要求应符合表 6-1 的规定。

表 6-1　奶油的感官要求

项　　目	要　　求	检验方法
色泽	呈均匀一致的乳白色、乳黄色或相应辅料应有的色泽	取适量试样置于 50mL 烧杯中，在自然光下观察色泽和组织状态。闻其气味，用温开水漱口，品尝其滋味
滋味、气味	具有稀奶油、奶油、无水奶油或相应辅料应有的滋味和气味，无异味	
组织状态	均匀一致，允许有相应辅料的沉淀物，无正常视力可见异物	

(二)理化指标

奶油的理化指标应符合表 6-2 的规定。

表 6-2　奶油的理化指标

项　　目		指　　标			检验方法
		稀奶油	奶油	无水奶油	
水分(%)	≤	—	16.0	0.1	奶油按 GB 5009.3 的方法测定；无水奶油按 GB 5009.3 中的卡尔·费休法测定
脂肪(%)	≥	10.0	80.0	99.8	GB 5413.3[a]
酸度[b](°T)	≤	30.0	20.0	—	GB 5413.34
非脂乳固体[c](%)	≤	—	2.0	—	—

a. 无水奶油的脂肪(%)=100%－水分(%)。

b. 不适用于以发酵稀奶油为原料的产品。

c. 非脂乳固体(%)=100%－脂肪(%)－水分(%)(含盐奶油还应减去食盐含量)。

(三)污染物限量

奶油的污染物限量应符合 GB 2762 的规定。

(四)真菌毒素限量

奶油的真菌毒素限量应符合 GB 2761 的规定。

(五)微生物限量

(1)以罐头工艺或超高温瞬时灭菌工艺加工的稀奶油产品应符合商业无菌的要求，按 GB/T 4789.26 规定的方法检验。

(2)其他产品应符合表 6-3 的规定。

表 6-3　奶油的微生物限量

项　目	采样方案[a]及限量（若非指定，均以 CFU/g 或 CFU/mL 表示）				检验方法
	n	c	m	M	
菌落总数[b]	5	2	10000	100000	GB 4789.2
大肠菌群	5	2	10	100	GB 4789.3 平板计数法
金黄色葡萄球菌	5	1	10	100	GB 4789.10 平板计数法
沙门氏菌	5	0	0/25g(mL)	—	GB 4789.4
霉菌	≤90				GB 4789.15

a. 样品的分析及处理按 GB 4789.1 和 GB 4789.18 执行。

b. 不适用于以发酵稀奶油为原料的产品。

（六）食品添加剂和营养强化剂

（1）食品添加剂和营养强化剂质量应符合相应的安全标准和有关规定。

（2）食品添加剂和营养强化剂的使用应符合 GB 2760 和 GB 14880 的规定。

三、奶油的生产工艺

（一）基本工艺设备流程

奶油制造工艺有间歇生产法和连续生产法，即间歇式搅拌稀奶油和在连续式奶油制造机中搅拌稀奶油。它们都已经存在了许多年，前者主要在小型乳品厂和干酪制造厂中使用（从乳清中回收稀奶油制造乳清奶油）；连续设备自 20 世纪 30 年代开始发展起来，用于产量达 1～4t/h 的大规模奶油生产中。图 6-1 描述了奶油生产的主要工艺设备流程。

（二）生产工艺要点

1. 间歇式生产工艺

（1）原料的要求

①原料乳：中国制造奶油所用的原料，通常是从牛乳开始。只有一小部分原料是在牧场或收奶站经分离后将稀奶油送到加工厂。供奶油生产的牛乳，其指标应符合《食品安全国家标准　生乳》（GB 19301—2010）中的要求。

②其他原料：应符合相应的安全标准和有关规定。原料稀奶油应注意：用于生产奶油的稀奶油必须是来自健康牛的正常乳，含细菌数少，滋味和香味正常。制造酸性奶油的原料稀奶油，不能含有抗生素或消毒剂。为了生产最佳硬度的奶油，原料稀奶油首先应测定其碘值。高碘值的乳脂肪（不饱和脂肪酸含量高）生产出的奶油过软，所以可以校正碘值，也可以根据碘值调整成熟处理的过程，这样硬脂肪（碘值低于 28）和软脂肪（碘值高于 42）才可以制造出合格硬度的奶油。

（2）原料乳的初步处理　原料乳要过滤、净乳，分离，而后冷藏并标准化。

①冷藏。原料到达乳品厂后，立即冷却到 2～4℃，并在此温度下贮存。

②乳脂分离。生产奶油时必须将牛乳中的稀奶油分离出来，方法一般有静置法和离心法。静置法是将牛乳倒入深罐或盆中，静置于冷的地方，经 24～36h 后，密度小的脂肪球逐渐上浮到乳的表面而形成含脂率为 15%～20%的稀奶油。这种方法的缺点是脂肪的损失

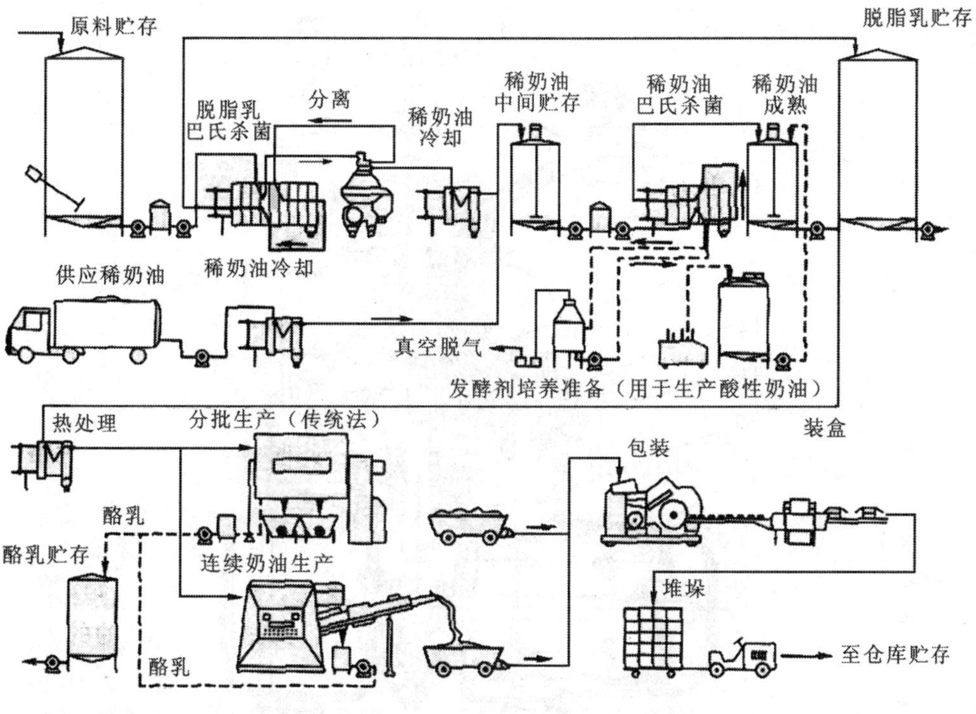

图 6-1 奶油生产主要工艺设备流程图

多，所需时间长，容积大，生产能力低，不能用于工业化生产。目前仅在牧区使用。

离心法是利用离心力的作用，使密度不同的两部分分离出来。现在工厂普遍采用离心法，通过高速旋转的离心分离机将牛乳分离成含脂率为 35%～45%的稀奶油和含脂率非常低的脱脂乳。离心分离机按外形分类，可分为开放式、半密闭式、密闭式三种。其中密闭式分离机全部操作过程都是密闭的，乳的进入和稀奶油及脱脂乳的排出都是通过管道在压力作用下进行的(图 6-2)，不接触空气，所以稀奶油及脱脂乳均不含气泡，这对改进稀奶油及奶油的风味有好处。一般生产能力为 3300～5000L/h。

(3)稀奶油的标准化　在生产奶油时，稀奶油的含脂率直接影响奶油的质量及产量，一般要控制在 30%～35%。含脂率过高，则脂肪容易随酪乳损失掉；含脂率过低，会延长搅拌时间。由于牛乳经过离心机分离后稀奶油含脂率高低不一，所以加工前都必须进行标准化。脂肪含量用脱脂乳或稀奶油进行调整。

(4)稀奶油的中和　制造甜性奶油时，奶油的 pH 值(奶油中水分的 pH 值)应保持在中性附近(6.4～6.8)。如果稀奶油的酸度不高于 22°T，就不用中和。但对稀奶油酸度高于 22°T 的，必须进行中和。新鲜稀奶油的酸度为 12～16°T。当稀奶油酸度在 55°T(0.5%)以下时，可直接中和到 16°T(0.15%)；若高于 55°T，则以中和到 25～28°T(0.15%～0.25%)为限，否则会产生不良气味。

①稀奶油中和的目的。防止酸度高的稀奶油在加热杀菌时其中的酪蛋白受热凝固，一些脂肪被包在凝块内而导致乳脂肪损失，而且凝固物进入奶油会使其保藏性降低。另外，中和可使奶油的风味得以改善，品质均一。

②中和剂的选择。中和剂必须无毒无害，可用氢氧化钙(消石灰)、碳酸钠、碳酸氢钠、氢氧化钠等。其中 20%的氢氧化钙最适宜，因为它不影响奶油的风味，不产生泡沫，价格便

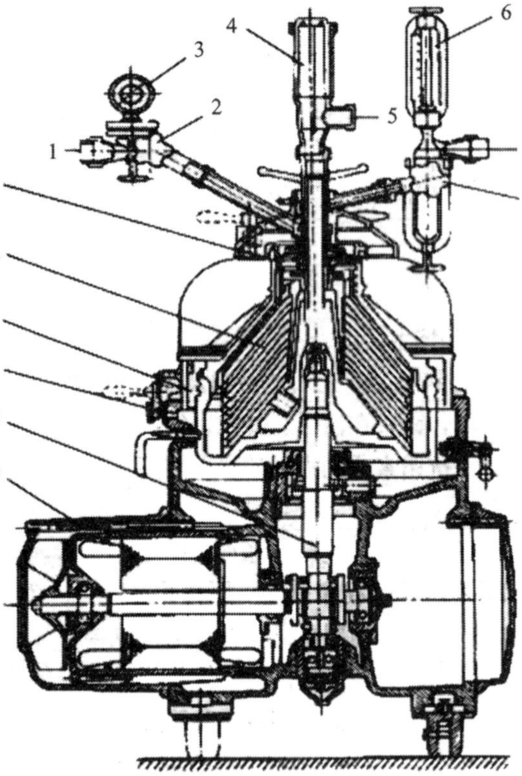

图 6-2　密闭式牛乳分离机

1—脱脂乳出口；2,8—针阀；3—压力表；4—流量控制器；5—鲜乳进口；6—稀奶油流量计；7—稀奶油出口；9—电机；10—主轴；11—机座；12—分离钵；13—碟盘；14—压力盘

宜。但由于氢氧化钙溶解性差，杂质较多，过滤比较困难，故使用前应先配制成灰浆。配制方法为：取 10kg 干燥的氢氧化钙，于 50kg 容器中粉碎，加入冷水，溶解后搅拌成乳浊液，自然冷却，加水至 50kg，此溶液每千克约含有 0.2kg 氢氧化钙。

③中和的方法。不断搅拌稀奶油的同时将中和剂加入，流量不宜过大，使之均匀地喷洒在稀奶油内，搅拌 0.5h，取样测定酸度。

(5)稀奶油的真空脱气　为排除具有挥发性或异常气味的物质，通常采取真空处理。先将稀奶油加热到 78℃，然后加压输送到真空室，真空使稀奶油 62℃时即达到沸点，挥发性物质以气体的形式逸出(当然这一过程也逸出芳香物质)。稀奶油经脱气处理后，回到热交换器中进行巴氏杀菌。

(6)稀奶油的杀菌

①杀菌的目的。一是杀死病原菌和腐败菌及其他杂菌和酵母等，即杀灭能使奶油变质及危害人体健康的微生物，保证食用奶油的安全。二是破坏稀奶油中的脂肪酶，防止脂肪分解产生酸败，提高奶油的保藏性和增加风味。

②杀菌的方法。在受热时稀奶油所含的脂肪会给微生物提供保护作用，且脂肪的导热性差，所以稀奶油杀菌条件比牛乳更严格，杀菌温度直接影响奶油的风味。一般杀菌条件要根据病原菌(如结核菌、伤寒菌和白喉菌等)的杀灭和酶的钝化条件来确定。根据稀奶油中脂肪含量的不同，国际乳业联合会(IDF)推荐用于稀奶油巴氏杀菌的温度与时间如下：

a. 低温长时巴氏杀菌(LTLT 法):65℃、30min。

b. 高温短时巴氏杀菌(HTST 法):75℃、15s(稀奶油脂肪含量 10%～20%);80℃、15s(稀奶油脂肪含量大于 20%)。

稀奶油的杀菌方法一般分为间歇式和连续式两种。小型工厂多采用间歇式,是将盛有稀奶油的桶放到热水槽内,水槽再用蒸汽等加热,使稀奶油温度达到 85～90℃保持 10s。加热过程中要进行搅拌。大型工厂则多采用板式高温或超高温瞬时杀菌器间接加热,连续进行杀菌;或者用直接蒸汽加热法,将高压的蒸汽直接接触稀奶油,瞬间加热至 88～116℃后,再进入减压室冷却,同时可以使稀奶油脱臭,改善风味。

(7)稀奶油的冷却　杀菌后的稀奶油,要求迅速冷却至 4～6℃。

①快速冷却的目的:

a. 更有效地抑制残存微生物的生理活性;

b. 一些脂肪球膜由于热胀冷缩的骤然变化而易于破裂,利于下一步的搅拌;

c. 减少奶油中芳香物质的挥发,为物理成熟创造条件。

②冷却方法:一般采用两段冷却法。即在杀菌完成后,先冷却至 25℃左右,再继续冷却到 2～10℃。

(8)稀奶油的发酵、物理成熟　生产甜性奶油时,不经过发酵过程,稀奶油杀菌后立即进行冷却和物理成熟。生产酸性奶油时,需进行发酵。一般工序是先进行发酵,然后进行物理成熟。稀奶油发酵和物理成熟都是在成熟罐中自动进行。成熟罐通常是三层绝热不锈钢罐,加热和冷却介质在罐壁之间循环,罐内装有可双向转动的刮板搅拌器,搅拌器在奶油已凝结时也能进行有效的搅拌(类似酸乳发酵罐)。

①稀奶油的发酵。目的:产生乳酸,抑制腐败细菌繁殖,提高奶油的保藏性;发酵后的奶油有爽快、独特的芳香风味;乳酸菌的存在有利于人体健康。

生产酸性奶油用的纯发酵剂是产生乳酸的菌类和产生芳香风味的菌类之混合菌种。一般选用的菌种有下列几种:乳链球菌、乳脂链球菌、噬柠檬酸链球菌、副噬柠檬酸链球菌、丁二酮乳链球菌等。发酵剂的制备方法与酸牛乳的生产相同,只是菌种不同,且在活化时,培养温度为 20～22℃。奶油的芳香物主要是以脂肪为主,而酸性奶油还包括乳酸菌发酵产物,如乳酸、柠檬酸、丁二酮和醋酸等。

经杀菌、冷却的稀奶油泵入发酵成熟槽内,温度调到 18～20℃后添加相当于稀奶油 5%的工作发酵剂。徐徐添加,同时搅拌,使其混合均匀。发酵温度保持在 18～20℃,每隔 1h 搅拌 5min。发酵终点为:加盐稀奶油的乳浆酸度为 40°T 左右,不加盐稀奶油的乳浆酸度为 50°T 左右。

②稀奶油的物理成熟。经杀菌冷却后的稀奶油,放在 2～10℃的低温下停留 2～12h,即稀奶油的物理成熟,以使稀奶油中蛋白质水合程度提高,部分脂肪转变成结晶状态。这样可以提高奶油的成品率,还可以使奶油组织紧密,稠度提高。稀奶油成熟程度对奶油质地有很大的影响,如果成熟不足,所获得的奶油颗粒软,黏度高,不仅搅拌时易粘附在搅拌机壁上,而且在排出的酪乳中脂肪含量也高,降低奶油产量。物理成熟的方法各地区应根据稀奶油中的脂肪组成来确定。一般根据乳脂肪中碘值变化来确定不同的物理成熟条件,如表 6-4 所示。

表 6-4　各种不同碘值的稀奶油成熟温度与搅拌温度

碘值	稀奶油成熟温度(℃)	搅拌温度(℃)	碘值	稀奶油成熟温度(℃)	搅拌温度(℃)
＜28	8～21～6～16	12	35～37	10～13～14～15	12
28～31	8～20～12～14	14	38～40	20～20～9～11	11
32～34	8～19～12～13	13	＞40	20～20～7～10	10

(9)稀奶油的热处理　杀菌使脂肪球中的脂肪液化，但当稀奶油冷却后，部分脂肪又会产生结晶，冷却过程越剧烈，结晶脂肪越多，在搅拌和压炼过程中从脂肪球中挤出的液体脂肪则越少。因此，为了控制脂肪结晶，稀奶油在搅拌前必须再经过热处理，以使成品具有合适的硬度。

(10)稀奶油的搅拌　搅拌就是把稀奶油装入特制容器中，利用机械的冲击力破坏脂肪球膜，从而形成奶油团粒的过程。搅拌时分离出来的液体称为酪乳。此过程要求在较短时间内形成奶油粒，且酪乳中脂肪含量越少越好。

搅拌是在杀菌后的搅拌机中进行的，夏季时温度保持在 8～12℃，冬季保持在 10～14℃。搅拌方法为：将物理成熟后的稀奶油装入搅拌器，不能过满，一般装到 40%～50%，以便留出起泡的空间。关紧门，旋转 3～5min，停机打开放气栓排除空气及二氧化碳，再关闭放气栓，继续旋转到奶油粒形成为止。搅拌时转速要均匀，转速若太快会使很多脂肪留在酪乳中，太慢又会使搅拌时间延长，一般控制在 20～25r/min 搅拌 45～60min。当奶油颗粒形成 2～5mm 大小时，即可停止搅拌。奶油颗粒形成情况可从搅拌机窥视镜中观测。搅拌结束后，排除酪乳，并测定酪乳中的脂肪含量(一般含脂率为 0.5%)。脂肪含量的多少是评定搅拌是否充分的重要标志，含脂率高的酪乳，最好再分离一次。

(11)奶油的洗涤　为了排除奶油粒表面的酪乳，调整奶油硬度，以及排除异常气味、延长保存期限，奶油颗粒必须进行洗涤。洗涤用水的质量必须符合国家饮用水的有关规定，且为杀菌冷却的清水。

将酪乳放出后，洗涤仍在搅拌机中进行。洗涤次数通常为 2～3 次(可根据清洗情况而定)。三次的用水量依次占奶油粒总量的 70%～80%、60%～65%、50%～55%。洗涤质量标准要求洗最后一次的水要无乳、白色、透明。用水洗 3 次比 2 次要好，但次数过多也会影响奶油的香味。洗涤的水温，因关系到压炼，也有明确规定。三次的水温分别是：比奶油粒低 2～3℃(目的在于使奶油变硬、光滑，有利于压炼)；比奶油粒低 1～2℃；与奶油粒基本一致(因为奶油粒温度过低也影响压炼工序)。

(12)添加辅料(包括盐和色素)　加盐可增加奶油的风味，抑制细菌繁殖，提高奶油保存性。一般是鲜制奶油加盐，酸性奶油不加盐。加盐量应不超过奶油量的 2%，加盐方法分为干盐法和湿盐法。因在压炼中食盐会有损失，干盐法加盐量需比实际控制量高 30%，湿盐法还要适当增加。干盐法是将精制干盐粉在 150℃ 干燥箱中灭菌 1～2h，冷却后直接筛在搅拌器中，然后开始压炼。湿盐法就是把食盐加入水中溶解，加热煮沸，冷却、静置，呈饱和状态，用 60 目筛网过滤后把盐水加入搅拌器内。

奶油本身应是淡黄色，但由于产乳季节的不同，颜色变化也比较大。夏季时奶牛食用的青饲料内含有胡萝卜素，所以生产的奶油色泽深些，呈黄色；而到冬季因为缺少青饲料，奶油色泽较淡，有些发白。为了保持奶油色泽的全年一致性，要添加色素。可对照“标准奶油色”

的标本调整色素的加入量。

(13)奶油的压炼　压炼是将奶油颗粒压成致密奶油层的过程。目的是使食盐分布均匀,水滴变成微细状态,均匀分布于奶油层中间,同时调节水分含量,即在水分过多时排除多余水分,不足时加入适量的水分使其均匀吸收,从而改进奶油的组织状态,使其组织细腻,形体结实,利于包装和贮存。压炼方法有搅拌机内压炼和机外专用压炼机压炼两种,一般大型工厂都采用前者。压炼完成后奶油含水量要控制在16%以下,水滴必须达到极微小状态,且不允许奶油剖面有水珠存在。

(14)奶油的包装、贮存与运输

①包装。压炼后的奶油可以直接用泵送到包装单元,但通常都设有中间贮存罐作为缓冲。大包装奶油一般采用25kg纸箱包装,衬里材料采用羊皮纸,但目前已被低密度聚乙烯取代。零售包装的材料是具良好阻光性的铝箔和复合薄膜。新包装奶油大部分脂肪是液态的,很软,冷藏后奶油才能达到其典型的稠度。

②贮藏。奶油必须在低温下贮藏。奶油贮藏于3～5℃冷库中,保存期只有7～10d;在－1～0℃可保存3个月;而在－15～－8℃可保存1年。奶油容易吸收其他气味,通常不与有异味的物品一起贮存。为防止奶油干耗,冷库内应尽可能采用低温度、高湿度,如在－18℃时,相对湿度应在95%～100%,且要保持温度、湿度不能有过大的波动。

③调配及再包装。奶油调配可以混合各批散装贮藏奶油的不同属性。例如,要生产满足市场需求的均质奶油,可将不同色泽、硬度、含水量的奶油进行调配。奶油在进行小包装前需先放入4～6℃冷库内进行冷却,时间一般为24～48h,然后制形、切块、包装。

④运输。奶油在运输时也应保持低温,最好用冷藏车运输。若常温运输时,成品送达用货部门的温度不得超过12℃。

2. 连续式生产工艺

传统的稀奶油制造采用间歇式奶油搅拌机,现在几乎都由连续式奶油制造设备所取代,这种设备将搅拌、排液、加盐、压炼结合在同一设备中。

连续式生产中稀奶油的制备与间歇式相同。分离得到脂肪含量为38%～42%的稀奶油,并在89～95℃进行巴氏杀菌。也可有真空脱臭过程,同时将稀奶油冷却,在3～5℃的绝热槽内至少放置4h(通常过夜)促使脂肪结晶。经过老化期,就将稀奶油加热至搅乳温度(7～13℃),泵入连续式奶油制造机(见图6-3)。

连续式奶油制造机包括3个主要部分:①搅乳部分。由一水平的圆柱构成。在圆柱内,高速旋转的搅打器将稀奶油搅打成奶油颗粒。②排放部分。在此排放搅乳过程中从奶油颗粒中分离出酪乳。③压炼部分。在此双螺杆使奶油颗粒通过一组多孔板,确保了有效的水分分布和所需质构的形成。

在搅乳部分,脂肪球膜破裂使脂肪聚集形成颗粒。搅乳后,奶油颗粒和酪乳在重力作用下进入压炼区,压炼区由一个与水平面成20°夹角的向上倾斜的圆筒组成。两个逆向旋转的螺杆向上输送奶油颗粒,通过压炼区的各部分。圆筒的低位部分有一系列小孔用于排酪乳(在此进行第二次搅打,同时结合酪乳过筛)。酪乳的量由可变虹吸管控制,由此排放酪乳。酪乳总量和双螺杆转速是用来控制奶油最终水分含量的两个常用参数。压炼部分由许多阶段组成,主要包括奶油的洗涤和冷却、压炼、加盐、注水、排气和最终压炼等操作。

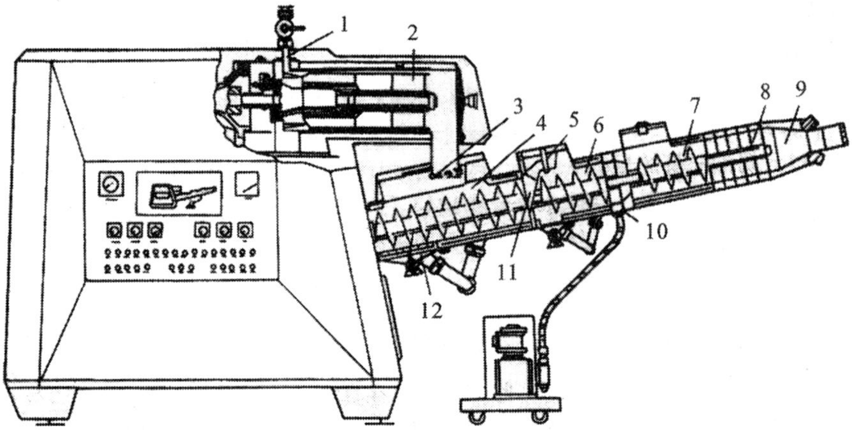

图 6-3　连续式奶油制造机

1—稀奶油进口；2—搅拌筒；3—第一次洗涤装置；4—压炼区；5—第二次洗涤装置；6—压炼/洗涤区；7—真空压炼区；8—最后压炼区；9—奶油出口；10—加盐装置；11—奶油干燥通道；12—酪乳过滤装置

第二节　炼乳的生产

一、炼乳的定义及分类

炼乳是指以牛乳为主料，添加或不添加白砂糖，经浓缩制成的黏稠状液体产品。它的分类方法很多：按照成品是否脱脂，可以分为全脂炼乳及脱脂炼乳；按照成品是否加糖，可以分为加糖炼乳（甜炼乳）和不加糖炼乳（淡炼乳）（若无指明，则加糖炼乳通常是指全脂加糖炼乳）；若加入可可、咖啡或其他辅料，可制作多种花式炼乳；若添加维生素等营养物质，则可制成各种强化炼乳；按加工方法可分为灭菌浓缩乳、冻结浓缩乳、浓缩酪乳、发酵脱脂浓缩乳。

按照《食品安全国家标准　炼乳》（GB 13102—2010），炼乳分类如下：

（一）淡炼乳（Evaporated Milk）

以生乳和（或）乳制品为原料，添加或不添加食品添加剂和营养强化剂，经加工制成的黏稠状产品。

（二）加糖炼乳（Sweetened Condensed Milk）

以生乳和（或）乳制品、食糖为原料，添加或不添加食品添加剂和营养强化剂，经加工制成的黏稠状产品。

（三）调制炼乳（Formulated Condensed Milk）

以生乳和（或）乳制品为主料，添加或不添加食糖、食品添加剂和营养强化剂，添加辅料，经加工制成的黏稠状产品。

二、炼乳的质量标准

炼乳的各项标准[摘自《食品安全国家标准　炼乳》（GB 13102—2010）]如下：

（一）原料要求

（1）生乳：应符合 GB 19301 的要求。

(2)其他原料：应符合相应的安全标准和(或)有关规定。

(二)感官要求

炼乳的感官要求应符合表 6-5 的规定。

表 6-5　炼乳的感官要求

项　目	要　求			检验方法
	淡炼乳	加糖炼乳	调制炼乳	
色泽	呈均匀一致的乳白色或乳黄色，有光泽		具有辅料应有的色泽	取适量试样置于 50mL 烧杯中，在自然光下观察色泽和组织状态。闻其气味，用温开水漱口，品尝其滋味
滋味、气味	具有乳的滋味和气味	具有乳的香味，甜味纯正	具有乳和辅料应有的滋味和气味	
组织状态	组织细腻，质地均匀，黏度适中			

(三)理化指标

炼乳的理化指标应符合表 6-6 的规定。

表 6-6　炼乳的理化指标

项　目	指　标				检验方法
	淡炼乳	加糖炼乳	调制炼乳		
			调制淡炼乳	调制加糖炼乳	
蛋白质(g/100g)　≥	非脂乳固体[a] 的 34%		4.1	4.6	GB 5009.5
脂肪(X)(g/100g)	$7.5 \leqslant X < 15.0$		$X \geqslant 7.5$	$X \geqslant 8.0$	GB 5413.3
乳固体[b](g/100g)　≥	25.0	28.0	—	—	—
蔗糖(g/100g)　≤	—	45.0	—	48.0	GB 5413.5
水分(%)　≤	—	27.0	—	28.0	GB 5009.3
酸度(°T)　≤	48.0				GB 5413.34

a. 非脂乳固体(%)=100%－脂肪(%)－水分(%)－蔗糖(%)。

b. 乳固体(%)=100%－水分(%)－蔗糖(%)。

(四)污染物限量

炼乳的污染物限量应符合 GB 2762 的规定。

(五)真菌毒素限量

炼乳的真菌毒素限量应符合 GB 2761 的规定。

(六)微生物要求

(1)淡炼乳、调制淡炼乳应符合商业无菌的要求，按 GB/T 4789.26 规定的方法检验。

(2)加糖炼乳、调制加糖炼乳应符合表 6-7 的规定。

表 6-7　加糖炼乳及调制加糖炼乳的微生物限量

项　目	采样方案[a] 及限量（若非指定,均以 CFU/g 或 CFU/mL 表示）				检验方法
	n	*c*	*m*	*M*	
菌落总数	5	2	30000	100000	GB 4789.2
大肠菌群	5	1	10	100	GB 4789.3 平板计数法
金黄色葡萄球菌	5	0	0/25g(mL)	—	GB 4789.10 定性检验
沙门氏菌	5	0	0/25g(mL)	—	GB 4789.4

a. 样品的分析及处理按 GB 4789.1 和 GB 4789.18 执行。

(七)食品添加剂和营养强化剂

(1)食品添加剂和营养强化剂质量应符合相应的安全标准和有关规定。

(2)食品添加剂和营养强化剂的使用应符合 GB 2760 和 GB 14880 的规定。

(八)其他

产品应标示"本产品不能作为婴幼儿的母乳代用品"或类似警语。

三、炼乳的生产工艺

(一)基本工艺流程

(1)淡炼乳的生产工艺设备流程见图 6-4。

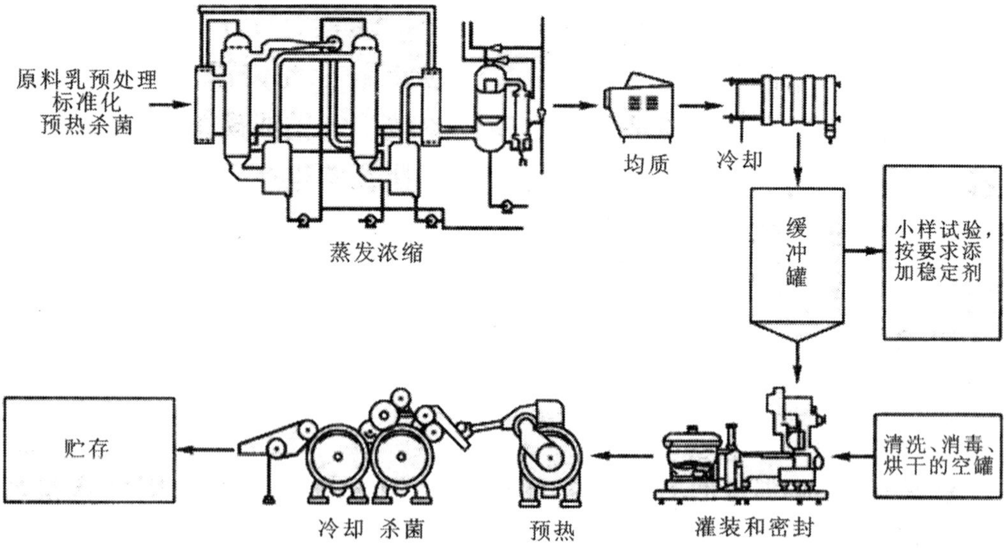

图 6-4　淡炼乳生产工艺设备流程图

(2)加糖炼乳生产工艺设备流程见图 6-5。

(3)淡炼乳的生产工艺与加糖炼乳的基本相似,主要区别如表 6-8 所示。

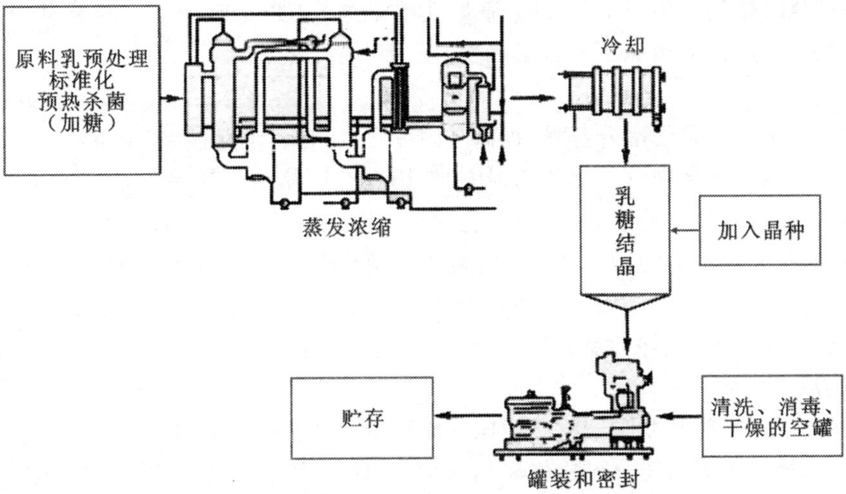

图 6-5 加糖炼乳生产工艺设备流程图

表 6-8 淡炼乳与加糖炼乳生产工艺的区别

项目	淡炼乳	加糖炼乳
是否加糖	否	是
均质	不可省(防止脂肪球上浮)	有时可省
保藏原理	商业无菌	加糖增加渗透压抑菌
杀菌工艺	二次杀菌(预热巴氏杀菌和装罐后灭菌)	原料分别杀菌后混合、浓缩，装罐后不再杀菌

(二)淡炼乳的工艺技术要点

1. 原料乳的验收和预处理

原料乳应严格按照前文叙述的国家标准的规定验收。此外，因为淡炼乳在装罐密封后要经过高压灭菌，故对原料乳的要求较高，还要做热稳定性试验(磷酸盐试验)，以确定其稳定性。热稳定性试验方法是取 10mL 牛乳，加入 1mol/L 磷酸钾溶液 1mL，然后在沸水浴中煮沸 5min，冷却后观察有无沉淀。如有沉淀产生，则证明牛乳热稳定性不好，不能作为淡炼乳的原料。乳的净化、预热巴氏杀菌、冷却、贮存、标准化等预处理步骤与一般乳制品生产的相关步骤基本一致。

2. 预热杀菌和添加稳定剂

原料乳预热的目的一是杀菌、钝化酶；二是降低钙、镁离子的浓度，使乳中的钙离子成为不溶的磷酸钙沉淀，能与酪蛋白结合的钙相应减少，从而提高了酪蛋白的热稳定性。此外，热凝固性乳清蛋白因加热而凝固，但是在适当的预热条件下，可凝固成微细的粒子，仍然分散于乳浆中，在灭菌时不再形成感官可见的凝块。一般采用 95～100℃、10～15min 高温预热。

为了平衡盐类，尤其是牛乳中的钙、镁离子与柠檬酸、磷酸之间的平衡关系，提高乳蛋白的热稳定性，在淡炼乳中允许添加少量的稳定剂，如柠檬酸钠、磷酸二氢钠或磷酸氢二钠等。稳定剂的准确用量应根据浓缩后小样试验来确定。如长期生产淡炼乳，已掌握一年四季原料乳的乳质变动规律，可在预热前添加一部分，小样试验后，再在装罐前添加补充量。磷酸氢二钠或柠檬酸钠的使用量为 100kg 原料乳中添加 5～25g 或 100kg 淡炼乳中添加 12～62g。超过此上限，产品风味不好且易褐变。

3. 浓缩

浓缩的目的主要是使水分蒸发，提高乳固体含量，有利于保存；减少重量和体积，便于保藏和运输。为减少牛乳中营养成分的损失，常用真空浓缩法。其特点是：节省能源，蒸发效能高；蒸发在较低温度条件下即可进行；乳的热变性小，色泽、风味、流动性好，保持了牛乳原有的性质；避免外界污染的可能性。淡炼乳由于预热温度较高，浓缩时沸腾剧烈，易起泡、焦管。应注意使用 0.12MPa(表压)的蒸汽压力，蒸发温度不应超过 60℃，浓缩结束后，放出的浓乳温度应为 54～60℃，浓度为 6.27～8.24 波美度。

4. 均质

在淡炼乳中，脂肪和非脂干物质的比值比乳粉和加糖炼乳要高，较长时间静置后，脂肪会产生上浮，严重时振荡还会形成奶油粒，影响产品的质量，因此必须经过均质处理。通过均质可破碎脂肪球，防止脂肪上浮；使吸附于脂肪球表面的酪蛋白量增加，进而增加制品的黏度，缓和变稠现象；使产品易于消化、吸收；改善产品感官质量。

一般采用二段均质，第一段压力为 14.7～16.6MPa，第二段压力为 4.9MPa，均质温度以 50～60℃为宜。

5. 冷却

均质后炼乳的温度一般为 50℃左右，要迅速冷却。因为在此温度下停留时间过长，会导致耐热性细菌繁殖或酸度上升，使灭菌效果及热稳定性降低，而且成品变稠和褐变倾向也会加剧。淡炼乳冷却温度与装罐时间有关，当日装罐需冷却到 10℃以下，次日装罐应冷却至 4℃以下，贮存时间最好不要超过 16h。

6. 再标准化

浓缩后进行的标准化是使浓缩乳总固形物控制在标准范围内，因为淡炼乳的浓度较难正确掌握，所以多浓缩到比要求的浓度稍高一点后，再加蒸馏水以调整到要求的浓度，通常也称为加水操作。

7. 小样试验

为防止不能预计的变化可能造成的大量损失，可先进行小样试验，即先按不同剂量添加稳定剂，试封几罐进行灭菌；然后开罐先检查有无凝固物，再检查黏度、色泽、风味。若一次小样试验没得到良好结果，可以改变条件多次试验，以确定稳定剂的添加量及灭菌的温度和时间。最后将稳定剂溶于灭菌蒸馏水中加入到浓缩乳中，搅拌均匀即可。

8. 装罐与封罐

空罐和盖应先清洗，然后在 95～98℃干燥箱内干燥和杀菌 30min，再由检验人员剔出不合格的空罐。由于淡炼乳装罐后还要进行二次杀菌，因此装罐时要留有顶隙，防止胀罐。封罐最好使用真空封罐，以减少乳中气泡和顶隙的残留空气，并且防止假胖听。

9. 灭菌、冷却

封罐后应及时灭菌。灭菌的目的是杀灭微生物，使酶完全失活，提高制品的黏度，有利于防止脂肪上浮，并赋予炼乳特有的芳香气味。但过度加热则不利于组织状态，并会产生褐变和焦煮味。灭菌的方法可分为间歇式(分批式)和连续式两种。

(1)间歇式灭菌法适于小型乳品厂，多采用回转式灭菌器进行。

(2)连续式灭菌法适于大规模生产,常用连续式灭菌机进行,操作可实现自动化。连续式灭菌机由预热区、灭菌区和冷却区组成。封罐后罐内乳温在18℃以下,进入预热区预热到93～99℃,然后进入灭菌区加热到114～119℃,经一定时间的运转后进入冷却区,冷却至室温。新型连续式灭菌机,能在2min内加热至124～138℃,保持1～3min,然后急速冷却,全过程只需6～7min。

10. 振荡

如原料热稳定性好,灭菌操作及稳定剂添加量适当,无凝块出现,可不必进行振荡。如果灭菌操作不当,或使用的原料乳热稳定性较差,则淡炼乳常出现软凝块,通过振荡可使凝块分散复原成均一的流体。振荡操作应在灭菌后2～3d内进行,但不能在高温下振荡,以免黏度降低。使用水平式振动机,往复冲程为6.5cm,300～400次/min,通常在室温下振荡15～60s即可,长时间振荡会降低炼乳的黏度。

11. 保温检验

保温检验就是把成品在25～30℃下保温贮藏3～4周,观察有无胀罐现象,并开罐检查有无缺陷,必要时可抽取一定比例样品,于37℃下保藏7～10d进行观察和检查。合格的产品即可擦净罐,贴标装箱出厂。

(三)加糖炼乳的工艺技术要点

1. 原料乳的验收和预处理

原料乳应严格按照指标符合食品安全国家标准的规定。乳的预处理步骤与一般乳制品生产的相关步骤基本一致。

2. 预热杀菌

预热杀菌是指经标准化的原料乳在浓缩前进行的加热杀菌处理。目的是杀灭原料乳中的致病菌,破坏对成品质量有害的酶和细菌、酵母、霉菌等;使蛋白质适度变性,防止成品变稠;为真空浓缩预热,防止结焦,加速蒸发,使浓缩过程顺利进行。

预热条件是影响加糖炼乳保存性、黏度和稠度的重要因素,因此应根据原料乳的质量、制品组成、预热设备类型来慎重选择预热杀菌的温度和保持时间,还应综合考虑乳质的季节变化和浓缩冷却工序的条件,达到防止变稠和脂肪分离的目的。炼乳的预热杀菌工艺条件一般采用高温短时法,温度为80～85℃,时间3～5min,或采用超高温瞬时灭菌法,温度为120℃,时间2～4s。

3. 加糖

加糖的目的是利用蔗糖溶液的渗透压,抑制微生物繁殖,使加糖炼乳具有保存性,同时赋予成品甜味。如使用转化糖多的劣质白糖,易引起发酵产酸。若用葡萄糖代替部分蔗糖制造的加糖炼乳,适合制造冰淇淋(它结晶极缓慢,对冰淇淋组织状态有良好的效果),使用比例是葡萄糖∶蔗糖为1∶3。但小罐装加糖炼乳不宜加入葡萄糖,因其甜度不够,且使产品发生褐变和变稠。

加糖量的计算是以蔗糖比(又称蔗糖浓缩度,指炼乳中蔗糖含量与其水溶液的比)为依据的。为了能抑制微生物生长,蔗糖比应在62.5%以上。另外,由于蔗糖添加过多会有蔗糖结晶析出的危险,所以蔗糖比一般又以64.5%为上限。

$$\text{蔗糖比}=\frac{\text{蔗糖}}{100-\text{总乳固物}}\times 100\%$$

或
$$蔗糖比=\frac{蔗糖}{水分+蔗糖}\times100\%$$

由蔗糖比公式可计算炼乳中的蔗糖含量。然后根据浓缩比计算原料乳中应加入的蔗糖量。

$$炼乳中的蔗糖含量=\frac{(100-总乳固物)\times蔗糖比}{100}\times100\%$$

$$浓缩比=\frac{炼乳中的某种或某类物质含量(\%)}{原料乳中相应的某种或某类物质含量(\%)}$$

$$标准化乳的蔗糖含量(\%)=\frac{炼乳中的蔗糖含量(\%)}{浓缩比}$$

【例】 用总乳固体为11.5%的标准化后的原料乳，生产总乳固物为28%，蔗糖含量为45%的甜炼乳，在100kg原料乳中应添加多少蔗糖？成品炼乳的蔗糖比是多少？

①解：根据公式得：

$浓缩比=\frac{28\%}{11.5\%}=2.435$

$标准化乳的蔗糖含量=\frac{45\%}{2.435}=18.48\%$

设100kg原料乳应添加蔗糖 $x$kg，则：

$x/(100+x)\times100\%=18.48\%$

解得：$x=22.67$(kg)

即100 kg标准化后的原料乳中应添加蔗糖22.67kg。

②根据蔗糖比的公式得：

$蔗糖比=\frac{45}{100-28}\times100\%=62.5\%$

一般是先将糖配成糖浆再加到炼乳中。加糖炼乳生产用的糖浆浓度一般在65%左右，不应超过70%，太稀会增加浓缩水分蒸发量，延长浓缩时间，影响产品质量；太浓会使蔗糖难以溶解、过滤困难，延长溶糖时间。糖浆加热至90℃、保温10min，或95℃、保温5min进行杀菌，然后冷却至65℃，待用。

加糖方法有直接加糖法、分别加糖法、先加糖法、中间加糖法和后加糖法。目前使用较普遍的是后加糖法，即在牛乳全部进入单效浓缩锅后，将牛乳浓缩至接近终点时吸入糖浆。这种方法的特点是对防止变稠效果较好，但浓乳的初始黏度过低时易引起脂肪分离。

4. 浓缩

浓缩的目的主要是使水分蒸发，提高乳固体含量，有利于保存；减少重量和体积，便于保藏和运输。生产上常用真空浓缩法，一般常用降膜或板式蒸发器（3～4效）。其特点为：节省能源，蒸发效能高；蒸发在较低温度条件下进行；乳的热变性小，色泽、风味、流动性好，保持了牛乳原有的性质；避免外界污染的可能性。我国炼乳生产厂家大多数使用间歇式盘管真空浓缩，条件为温度45～60℃，真空度为78.45～98.07kPa。

浓缩终点的确定一般有三种方法：

(1)相对密度测定法　一般使用波美比重计。通常，当浓缩乳样温度为48℃左右，若测得浓度为31.71～32.56波美度时，即可认为已达到浓缩终点。用相对密度来确定终点，有可能因乳质变化而产生误差，通常辅以测定黏度或折射率加以校核。

(2)黏度测定法　可使用回转黏度计或毛式黏度计。测定时需先将乳样冷却到20℃，然后测其黏度，一般规定为100°R/20℃。

(3)折射仪法　使用的仪器可以是阿贝折射仪或糖度计。温度为20℃，一般干物质在73%左右即达浓缩终点，若乳温有变化，按每相差±1℃其总固体变化±0.1%进行校正。

5. 均质

为减少加糖炼乳脂肪上浮，生产上采取提高鲜乳的预热温度、中间进糖和提高初始黏度等方法，但会产生变稠现象，因此国内部分企业采用鲜乳均质或鲜乳和成品二次均质新工艺，有效防止了脂肪上浮，并且使吸附于脂肪球表面的酪蛋白量增加，进而改进黏度，缓和变稠现象，不仅改善产品感官质量，而且使炼乳易于消化吸收。均质的压力应根据水分、黏度来确定，一般采用3.5～5.0MPa。

6. 冷却结晶

(1)冷却结晶的目的　浓缩乳温度为50℃左右，必须迅速冷却至常温：一是防止加糖炼乳在保存期内变稠、变色；二是控制好冷却结晶条件，使过饱和状态的乳糖形成多而细的结晶，使加糖炼乳的组织状态柔润、细腻，流动性好，舌感细腻，并能使细小的乳糖结晶体悬浮于炼乳内不致沉淀。

(2)晶种的添加量　乳糖晶种的加入量与晶种的粗细有关。晶种磨得越细，单位晶种产生结晶的诱导作用越强，产生的晶核越多，炼乳的乳糖晶体也越细。乳糖晶种的一般添加量为炼乳量的0.02%～0.04%。

(3)冷却结晶方法　冷却结晶一般分为间歇式和连续式两类。

间歇式冷却结晶通常采用蛇管冷却结晶器，冷却过程可分为三个阶段：

①冷却初期：浓乳出料后，乳温在50℃左右，应迅速冷却至35℃。

②强制结晶期：继续冷却至接近26℃，结晶的最适温度就处于这一阶段，在此期间可投入晶种(也可用成品代替，添加量为炼乳量的1%)，晶种要边搅拌边加入。添加量为炼乳量的1%。强制结晶期应保温0.5h左右，以充分形成晶核。

③冷却后期：将炼乳冷却至20℃后停止冷却，再继续搅拌1h，即完成冷却结晶操作。

间歇式冷却结晶还可采用真空冷却结晶机，浓缩乳在减压下冷却，不仅冷却速度快，而且可减少污染。在较高的真空度条件下，炼乳在冷却过程中都处于沸腾状态，由于内部强烈的摩擦作用可获得微细均一的结晶，但应注意炼乳中水分的蒸发量，防止成品水分偏低。

连续式冷却结晶采用连续瞬间冷却结晶机。此设备类似于冰淇淋凝冻机，炼乳在强烈的搅拌作用下，在几十秒到几分钟内即可被冷却至20℃以下，即使不添加晶种，也可得到微细的乳糖结晶；而且强烈的搅拌使炼乳不易变稠，也可防止褐变和污染。

(4)乳糖酶的使用　研究表明，用乳糖酶使乳中的乳糖全部或部分水解，不仅省略乳糖结晶过程，而且也不需要添加乳糖晶种和复杂的设备，可以从根本上避免贮存中乳糖结晶沉淀析出的缺陷，这样制得的加糖炼乳即使在冷冻条件下贮存也不会出现结晶沉淀。

7. 灌装及贮藏

加糖炼乳灌装后不再进行杀菌处理，因此必须经检验合格后才可灌装，同时装罐室及容器应进行严格的消毒，防止霉菌等常见微生物的二次污染。最好采用自动灌装机灌装，用真空封罐机封口。在普通设备中冷却的炼乳，由于含有较多的气泡，如不采用真空封罐机或其他脱气设备，需要经过静置5～10h，待气泡上升后才能灌装。装罐时应装满，尽可能排除顶隙中的空气，否则顶隙中存在的空气会使霉菌或酵母生长，导致产品氧化或罐生锈。

封罐后经清洗、贴标、包装，即可入库贮藏。库内宜低温干燥，温度不超过20℃、相对湿度不超过75%。应将炼乳箱垫高10cm，离墙30cm，箱子间保持一定空隙以保证空气流通。贮藏库内应备温度计、湿度计，并每日记录。

第三节　干酪的生产

一、干酪的定义、分类和发展趋势

（一）定义

根据《食品安全国家标准　干酪》（GB 5420—2010），干酪（Cheese）的定义是：成熟或未成熟的软质、半硬质、硬质或特硬质，可有涂层的乳制品，其中乳清蛋白/酪蛋白的比例不超过牛奶中的相应比例。干酪由下述方法获得：

（1）在凝乳酶或其他适当的凝乳剂的作用下，使乳、脱脂乳、部分脱脂乳、稀奶油、乳清稀奶油、酪乳中一种或几种原料的蛋白质凝固或部分凝固，排出凝块中的部分乳清而得到。这个过程是乳蛋白质（特别是酪蛋白部分）的浓缩过程，即干酪中蛋白质的含量显著高于所用原料中蛋白质的含量。

（2）加工工艺中包含乳和（或）乳制品中蛋白质的凝固过程，并赋予成品与（1）描述产品类似的物理、化学和感官特性。

（二）分类

干酪的种类很多，名称更多，不同的产地、制造方法、组成成分、形状外观会产生不同的名称和品种。目前，国际上较通行的分类方法是以质地、脂肪含量和成熟情况三个方面对干酪进行描述和分类。干酪按水分在非脂成分中的比例可分为特硬质、硬质、半硬质、半软质和软质的等；按脂肪在干酪固形物中的比例又可分为高脂、全脂、中脂、低脂和脱脂；按发酵成熟情况可分为成熟的、霉菌成熟的和新鲜的。按GB 5420—2010对干酪分类如下：

1. 成熟干酪（Ripened Cheese）

生产后不能马上使（食）用，应在一定温度下储存一定时间，以通过生化和物理变化产生该类干酪特性的干酪。

2. 霉菌成熟干酪（Mould Ripened Cheese）

主要通过干酪内部和（或）表面的特征霉菌生长而促进其成熟的干酪。

3. 未成熟干酪（Unripened Cheese）

未成熟干酪（包括新鲜干酪）是指生产后不久即可使（食）用的干酪。

（三）发展趋势

国际上的干酪品种随生产工艺、原料来源、组成成分、外观、风味等多种因素的差异而各不相同。国外对干酪加工工艺和产品特性研究得较为深入和全面，如干酪成熟时风味物质的产生的研究，小牛凝乳酶的制备和性质以及基因克隆与表达等的研究。在干酪生产的机械化方面，采用现代化干酪生产线，减轻了工人的工作负担，并使产品质量得到了有效控制。此生产线由牛乳前处理系统、干酪生产罐、堆酿机、成块系统、称重装置、真空包装、收缩隧道装盒、码垛等设备组成。国外乳品工业中已经研制运用超滤技术来制作“预干酪”。与传统的蒸发浓缩相比，膜技术不仅能减少加热引起的蛋白质变性，而且在产品提纯方面优势明显。

二、干酪的成分和营养价值

（一）干酪的成分

1. 水分

干酪的水分含量与干酪的种类、形体及组织状态有直接关系，并影响干酪的发酵速度。以半硬质干酪为例，水分多时酶的作用迅速，发酵时间短，产生刺激性气味；水分少时发酵时间长，成品具有良好风味。

2. 脂肪

干酪中脂肪含量一般占总固形物量的45%以上，使组织保持特有的柔性及湿润性。脂肪分解产物是干酪风味的主要来源。

3. 蛋白质

酪蛋白是干酪蛋白质的重要成分，原料乳中的酪蛋白受到凝乳酶或其他凝乳剂作用而凝固，成为凝块，形成干酪组织；酪蛋白水解产生水溶性氮化物，如肽、氨基酸等，构成干酪的风味物质。

乳清蛋白不被凝乳酶或其他凝乳剂凝固，只有一小部分被机械地包含于凝块中，若干酪中乳清蛋白含量多，则易形成软质凝块。

4. 乳糖

原料中的乳糖大部分转移到乳清中，残存的少量乳糖有十分重要的作用：一部分乳糖促进乳酸发酵；生成的乳酸抑制杂菌繁殖，与发酵剂中的蛋白质分解酶共同使干酪成熟；发酵剂的活性依赖乳糖。另一部分乳糖变成的羰基化合物是形成干酪风味的组分之一。成熟两周后干酪中的乳糖几乎全部消失。

5. 无机物

牛乳中含量最多的无机物是钙和磷，它们在干酪成熟过程中与蛋白质融化现象有关。钙可促进凝乳酶的凝乳作用，加快凝块的形成，还是乳酸杆菌生长所必需的营养素。

（二）干酪的营养价值

干酪是以蛋白质、脂肪为主要成分，含少量无机盐、乳糖、维生素等的浓缩乳制品。它营养成分丰富，100 份原料乳大致能生产 10 份干酪，即等于将原料中的主要成分蛋白质和脂肪浓缩了 10 倍。干酪蛋白质的消化率达 96%～98%，因为在成熟过程中蛋白质发生变化，形成氨基酸、肽等，容易被消化吸收。干酪中含有的必需氨基酸质优而量多；含有丰富的无机成分（尤其是含有大量的钙和磷），除能形成骨骼和牙齿外，在生理方面还有重要作用。此外，干酪也是维生素 A 的良好来源。

三、干酪的质量标准

以下内容摘自《食品安全国家标准　干酪》（GB 5420—2010），适用于成熟干酪、霉菌成熟干酪和未成熟干酪。

（一）原料要求

（1）生乳：应符合 GB 19301 的要求。

（2）其他原料：应符合相应的安全标准和（或）有关规定。

（二）感官要求

干酪的感官要求应符合表 6-9 的规定。

表 6-9　干酪的感官要求

项　　目	要　　求	检验方法
色泽	具有该类产品正常的色泽	取适量试样置于 50mL 烧杯中，在自然光下观察色泽和组织状态。闻其气味，用温开水漱口，品尝其滋味
滋味、气味	具有该类产品特有的滋味和气味	
组织状态	组织细腻，质地均匀，具有该类产品应有的硬度	

（三）污染物限量

干酪的污染物限量应符合 GB 2762 的规定。

（四）真菌毒素限量

干酪的真菌毒素限量应符合 GB 2761 的规定。

（五）微生物限量

干酪的微生物限量应符合表 6-10 的规定。

表 6-10　干酪的微生物限量

项　　目	采样方案[a] 及限量（若非指定，均以 CFU/g 表示）				检验方法
	n	c	m	M	
大肠菌群	5	2	100	1000	GB 4789.3 平板计数法
金黄色葡萄球菌	5	2	100	1000	GB 4789.10 平板计数法
沙门氏菌	5	0	0/25g	—	GB 4789.4
单核细胞增生李斯特氏菌	5	0	0/25g	—	GB 4789.30
酵母[b]　≤	50				GB 4789.15
霉菌[b]　≤	50				

a. 样品的分析及处理按 GB 4789.1 和 GB 4789.18 执行。

b. 不适用于霉菌成熟干酪。

（六）食品添加剂和营养强化剂

（1）食品添加剂和营养强化剂质量应符合相应的安全标准和有关规定。

（2）食品添加剂和营养强化剂的使用应符合 GB 2760 和 GB 14880 的规定。

四、干酪的生产工艺

（一）干酪的基本工艺流程

原料乳 → 标准化 → 均质 → 杀菌和冷却 → 加发酵剂 → 调整酸度 → 加添加剂 → 加凝乳酶 → 凝块切割 → 搅拌 → 加温 → 排出乳清 → 成型压榨 → 加盐 → 成熟 → 上色挂蜡 → 包装 → 成品

（二）干酪的工艺要点

1. 原辅料的验收

符合 GB 5420—2010 的相应规定。

2. 净乳

一般采用离心除菌的方法。这种方法能够以 2%～3%的乳量除去 80%～90%的细菌，对除去个体较重的芽孢菌特别有效。采用离心除菌技术可以利用质量一般的生乳产出质量较高的干酪。

3. 标准化

标准化的目的主要是调节原料乳中酪蛋白和乳脂肪的相对比例，保证生产出的干酪质量稳定。有些国家规定了干酪中相对含脂率的最低值，并要求必须在干酪上标记数值，数字后还应注明"＋"。为保险起见，实际生产干酪的相对含脂率比标记值略高 1%～1.5%。例如，标记"45＋"的干酪中相对含脂率实为 46%～46.5%。

4. 均质

一般来说，生产硬质干酪时原料乳不需均质。均质处理主要用于生产含水量比较高、非成熟的干酪。例如，用于生产费达干酪（Feta）和丹麦青纹干酪（Danablu）的原料乳须经均质处理，目的是减少乳清排出，促进脂肪水解并使干酪增白。干酪加工常采用二段均质，第一段均质用 6～10MPa 的压力，第二段均质压力一般为 3～5.5MPa。

5. 杀菌和冷却

为保护乳中对干酪风味有重要作用的原有酶类（主要是脂酶），防止热变性蛋白质增多形成水分过多、发软的干酪，因此杀菌温度不可过高。目前大都采用 63℃、30min 的低温长时巴氏杀菌或 72℃、15s 的高温短时巴氏杀菌。

杀菌后的牛乳冷却到 30～32℃，转入干酪槽中。要注意人员和设备的卫生操作，避免细菌的二次污染。干酪槽主要有敞开式和封闭式。如图 6-6 所示的敞开式干酪槽为水平卧式长椭圆形不锈钢槽，带有夹层和搅拌器及干酪生产的用具，它装有几个可更换的搅拌和切割工具，可在干酪槽中进行搅拌、切割、乳清排放、槽中压榨的工艺。

6. 添加发酵剂

发酵剂可以促进凝块的形成；使凝块收缩和容易排出乳清；防止在制造和成熟期间杂菌的污染和繁殖；改进产品的组织状态，产生特有的风味和香气；在成熟过程中创造适宜酶作用的 pH 值条件等。干酪的生产取决于乳酸菌发酵乳糖产生乳酸的过程，通常可选择单一或多种乳酸菌作为干酪生产的发酵剂。选用原则是保证发酵剂在早期阶段具有较高的产酸速度且产生清纯的风味，产生的乳酸对大肠菌群有抑制作用。如：生产农家干酪（软质干酪，未成熟）常用的发酵剂组合是乳酸乳球菌丁二酮亚种＋明串珠菌；生产法国罗奎福特干酪（青纹干酪）常用乳酸乳球菌乳酸亚种。目前，企业多使用专门机构生产的冻干粉末状单菌种或混合菌种发酵剂。

一般情况下，混合发酵剂按 1%～2%的量加入已杀菌的原料乳中，发酵时间为 30～60min，发酵终止以酸度控制，一般控制在 22°T 左右。

发酵剂加入后，可以保温发酵一段时间形成一定的酸度，再加入凝乳酶；也可以不经发酵，直接加入凝乳酶。

7. 加入添加剂与调整酸度

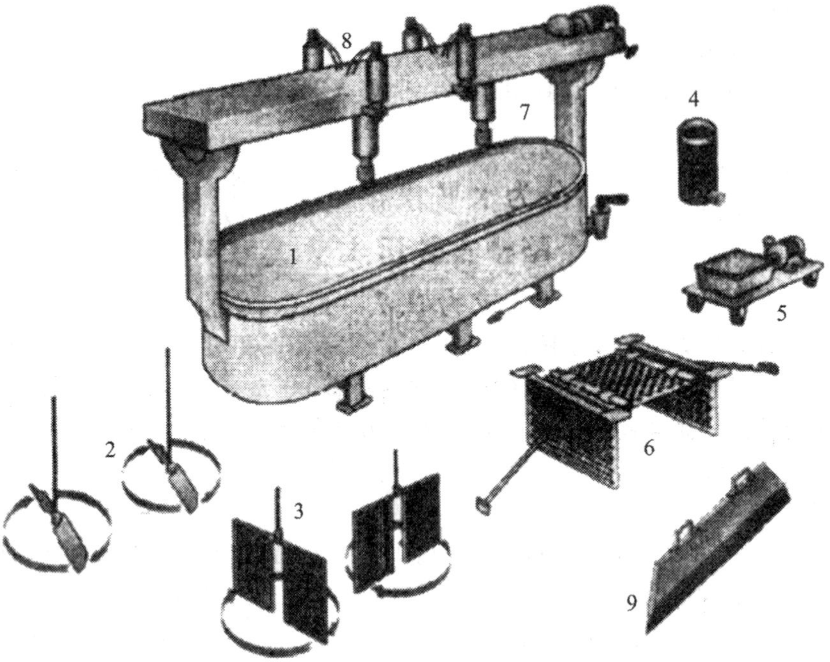

图 6-6　敞开式干酪槽的结构及其配件

1—带有横梁和驱动电机的夹层干酪槽；2—搅拌工具；3—切割工具；
4—置于出口处过滤器干酪槽内侧的过滤器；5—带有一个浅容器小车上的乳清泵；
6—用于干酪生产的预压板；7—工具支撑架；8—用于预压设备的液压筒；9—干酪切刀

在干酪成熟前或乳升温至凝乳温度28～30℃前，为了使加工过程中获得的凝块硬度适宜、色泽一致，防止产气菌的污染，使成品质量一致，要加入相应的添加剂（如氯化钙、色素、二氧化碳、硝酸钠等）并调整酸度。

发酵后，酸度为0.18%～0.22%，但该乳酸发酵很难控制，为使成品质量一致，可用1mol/L的盐酸调整酸度，一般调整酸度至0.21%左右，具体的酸度值应根据干酪的品种而定。

8. 添加凝乳酶

根据凝乳酶效价和原料的量计算凝乳酶用量。用1%的食盐水将酶配成2%溶液，并在28～32℃下保温30min，然后沿干酪槽边缘徐徐加入并进行搅拌（避免产生泡沫），再小心搅拌牛乳不超过2min。充分混合后注意立即加盖静置，以避免影响凝乳过程和造成酪蛋白损失。也可使用自动计量系统，将经水稀释的凝乳酶通过分散喷嘴喷洒在牛乳表面。

9. 凝块的处理

（1）凝块切割　牛乳凝固后，当达到所需的硬度时，即可用刀片或金属丝具切割成小块，以增加凝块的表面积，使颗粒受热均匀而彻底，从而加速乳清排出。切割块的大小很重要，一般用刀刃距离为0.8～1.2cm的干酪刀切成边长为0.8cm左右的小立方体。如果生产含水量较高的干酪，则块应切大些；如果生产含水量低的干酪，切割时温度宜高，块宜细小。槽中切割以及后面将讲到的搅拌、乳清排放、压榨如图6-7所示。对切割后的凝块进行轻微预搅拌，如此可使颗粒悬浮，并分散于乳清中。

（2）凝块的搅拌及加温　凝块切割后（此时测定乳清的酸度），用干酪耙或干酪搅拌器进

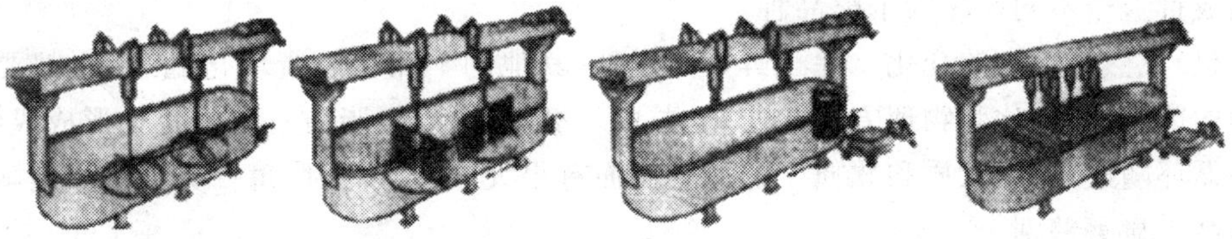

(a) (b) (c) (d)

图 6-7 进行不同操作的干酪槽

(a)槽中搅拌;(b)槽中切割;(c)乳清排放;(d)槽中压榨

行很缓和并且必须足够快的搅拌,以确保颗粒能悬浮于乳清中,15min 后,搅拌速度可稍微加快。同时,在干酪槽的夹层中通入热水,使温度逐渐升高。升温的速度应严格控制,加热速度一般控制在前 10min 内每 5min 升高 1℃,然后为每 3min 升温 1℃,使温度在 30～40min 内从 30℃升到 42℃(应根据干酪的品种具体确定终止温度)。在整个升温过程中应不停地搅拌,以促进凝块的收缩和乳清的渗出,防止凝块沉淀和相互粘连;还应不断地测定乳清的酸度以便控制升温和搅拌的速度。此环节关系到生产的成败和成品质量的好坏,必须严格控制和操作。

(3)排出乳清　当 pH 值或乳酸度达到所需要求时(一般 pH 值在 6.1 左右,酸度在 0.2%左右),一定量的乳清从凝块颗粒中析出,凝块开始变硬。为了保证干酪槽中能均匀地处理凝块,必须及时排出乳清,同时保持搅拌。一般在预搅拌 10～15min 后即开始排出乳清。

(4)二次加热　二次加热可以加速乳清从凝块中排出和促进乳酸发酵,一般以每分钟升高 1～2℃为宜。加热必须缓和,以免颗粒表面收缩,妨碍脱水作用。同时进行强力的搅拌,以防止凝块颗粒沉淀到底部被压扁。加热终止的温度取决于成品干酪的含水量(含水量越低,则温度越高)。

(5)堆积、装模、成型和压榨　乳清排完后,可将凝块堆积在干酪槽一端(或转入其他设备),用带孔木板压榨 5min,使松散的干酪粒成块,并继续排出多余的乳清。然后,将其切成砖状小块,装入多孔的模型中,待用压榨器压榨 2～8h 即可取出冷却。小规模生产可用立式压榨机,大规模生产则用卧式压榨机;将模型横放,用水压或空气压进行压榨。

(6)加盐　通过加盐可以改进干酪的风味、组织和外观;进一步排出内部乳清或水分,从而增加干酪的硬度,限制乳酸菌的生成和干酪的成熟;防止和抑制杂菌的繁殖。

通常,根据不同的干酪种类,加盐有四种方法:①在乳清中加盐;②在凝块中加盐;③在干酪外皮上加盐;④在盐水中浸泡。由于前两种方法是在乳酸发酵前加盐,会影响酸度的升降,所以最好采用相互结合的方法,例如,在乳清中加盐和干酪在盐水中浸泡相结合。加盐的数量取决于所用原料乳产生的凝块量、凝块的含水量和干酪种类。加盐量范围是 0～5%。

10. 干酪的成熟

生干酪在盐化之后须贮存一段时间,在此期间干酪成熟,即将新鲜干酪置于一定温度和一定湿度的环境中,经一定时期,在乳酸菌等有益微生物和凝乳酶的作用下,使干酪发生一系列的物理和生物化学变化的过程,称为干酪的成熟。此过程一般持续两三周至两年时间不等。成熟的目的在于赋予某种干酪独特的外观、口感、香味、质地和功能,由此形成了世界各地成百上千不同风味的干酪品种。

（1）成熟过程中的变化　除了鲜干酪以外，其他的干酪在经凝块化处理后，都要经过一系列的微生物、生化和物理方面的变化，并由乳糖、蛋白质和脂肪三者的变化形成成熟循环。这一循环随硬质、中软质和软质干酪的不同而有很大区别。同时，每一类型的干酪随品种不同也会有显著差别。

（2）成熟的条件　干酪的成熟通常在成熟库（室）内进行。不同类型的干酪要求的温度和相对湿度不同。环境条件对干酪成熟的速度、质量损失、硬皮形成和表面菌群至关重要。成熟温度一般为5～15℃。相对湿度因干酪种类而异，一般细菌成熟硬质和半硬质干酪的相对湿度为85%～90%，而细菌成熟软质干酪及霉菌成熟干酪的相对湿度为95%。当相对湿度一定时，硬质干酪在7℃条件下需8个月以上方能成熟，在10℃时需要6个月以上，而在15℃时则需4个月左右。软质干酪或霉菌成熟干酪需20～30d。另外，干酪在成熟贮藏期间，需要经常对干酪块进行翻转。

（3）成熟的过程

①前期成熟。将待成熟的新鲜干酪放入温度、湿度适宜的成熟库中，每天用洁净的棉布擦拭表面，以防止霉菌繁殖。为了使干酪表面的水分均匀蒸发，擦拭后要反转放置。此过程一般要持续15～20d。

②上色挂蜡。将前期成熟后的干酪清洗干净后，为了控制水分损失、防止霉菌生长和增加美观，传统的方法多采用染色和挂蜡，目前多采用热收缩膜或真空包装。

③后期成熟和贮藏。为了使干酪完全成熟，以形成良好的口感和风味，还要将挂蜡后的干酪放在成熟库中（温度5℃，相对湿度80%～90%）继续成熟2～6个月。

11. 干酪的贮存

干酪仓库不得与有毒、有异味物品混放。干酪一定要以包装形式运输，温度应不高于8℃，不低于2℃。

第四节　冰淇淋和雪糕的生产

一、冰淇淋的生产

（一）冰淇淋的定义和分类

1. 定义

我国国家标准GB/T 30590—2014将冰淇淋（Ice Cream）定义为：以饮用水、乳和（或）乳制品、蛋制品、水果制品、豆制品、食糖、食用植物油等的一种或多种为原辅料，添加或不添加食品添加剂和（或）食品营养强化剂，经混合、灭菌、均质、冷却、老化、冻结、硬化等工艺制成的体积膨胀的冷冻饮品。

2. 分类

在我国国家标准GB/T 30590—2014中，冰淇淋分为以下三大类：

（1）全乳脂冰淇淋　主体部分乳脂质量分数为8%以上（不添加非乳脂）的冰淇淋。

（2）半乳脂冰淇淋　主体部分乳脂质量分数大于或等于2.2%的冰淇淋。

（3）植脂冰淇淋　主体部分乳脂质量分数低于2.2%的冰淇淋。

每一类又有清型和组合型之分。清型冰淇淋不含颗粒或块状辅料；组合型冰淇淋，要求主体冰淇淋所占质量分数大于50%，与其他冷饮品和(或)其他食品组成。

冰淇淋的分类方法还有很多，比如按使用的香料不同可分为香草冰淇淋、巧克力冰淇淋、咖啡冰淇淋和薄荷冰淇淋等；按添加物的位置分类有夹心冰淇淋、涂层冰淇淋等。

(二)冰淇淋的质量标准

以下内容摘自《冷冻饮品　冰淇淋》(GB/T 31114—2014)，该标准适用于定型预包装冰淇淋的生产、流通和检验，不适用于现制现售的软质冰淇淋制品。

1. 感官要求

冰淇淋的感官要求应符合表6-11的规定。

表6-11　冰淇淋的感官要求

项　目	要　求					
	全乳脂		半乳脂		植脂	
	清型	组合型	清型	组合型	清型	组合型
色泽	主体色泽均匀，具有品种应有的色泽					
形态	形态完整，大小一致，无变形，无软塌，无收缩					
组织	细腻滑润，无气孔，具有该品种应有的组织特征					
滋味、气味	柔和乳脂香味，无异味		柔和淡乳香味，无异味		柔和植脂香味，无异味	
杂质	无正常视力可见外来杂质					

2. 净含量

冰淇淋的净含量应符合《定量包装商品计量监督管理办法》的规定。

3. 理化指标

冰淇淋的理化指标应符合表6-12的规定。

表6-12　冰淇淋的理化指标

项　目	指　标					
	全乳脂		半乳脂		植脂	
	清型	组合型	清型	组合型	清型	组合型
非脂乳固体/(g/100g)　≥	6.0					
总固形物/(g/100g)　≥	30.0					
脂肪/(g/100g)　≥	8.0		6.0	5.0	6.0	5.0
蛋白质/(g/100g)　≥	2.5	2.2	2.5	2.2	2.5	2.2

注1：组合型产品的各项指标均指冰淇淋主体部分。

2：非脂乳固体含量按原始配料计算。

4. 卫生指标

总砷、铅、铜、菌落总数、大肠菌群、致病菌的限量应符合GB 2759.1的规定。

5. 食品添加剂和食品营养强化剂的添加限量

产品中食品添加剂和食品营养强化剂的添加限量应符合GB 2760和GB 14880的规定。

6. 生产过程控制

生产企业应按GB 14881的规定进行生产。

(三)冰淇淋的基本工艺设备流程

冰淇淋品种丰富的主要途径是产品配方的不断变化，其主要的生产工序则差别不大。

冰淇淋的基本工艺设备流程见图 6-8。

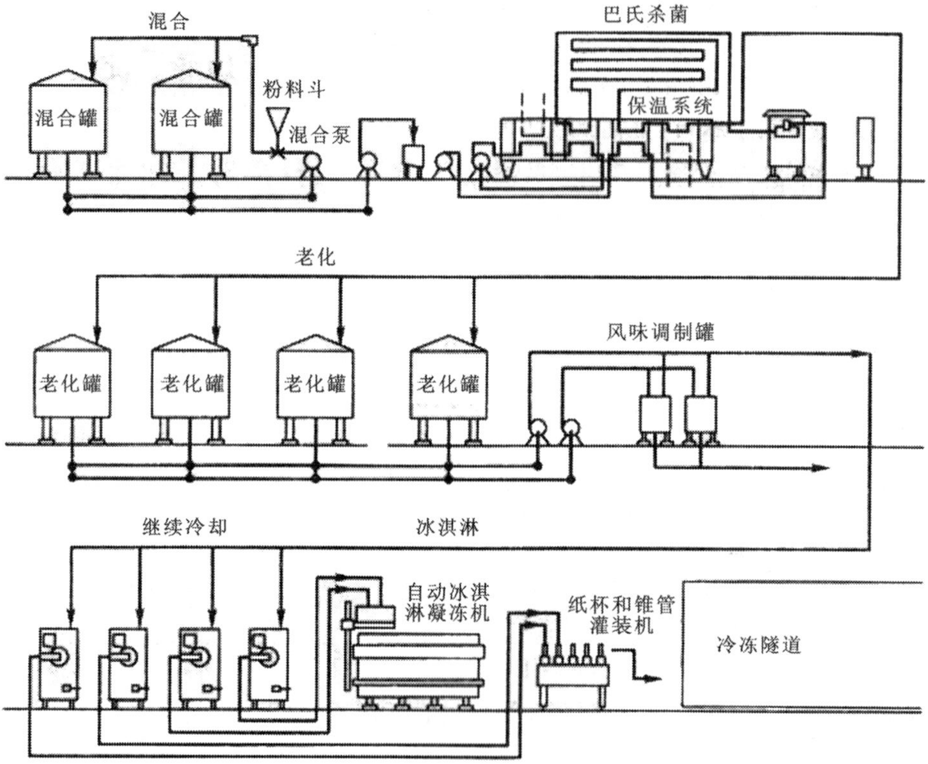

图 6-8　冰淇淋生产工艺设备流程图

(四)冰淇淋工艺技术要点

1. 原辅料

生产使用原辅料的质量标准应符合《冷冻饮品　冰淇淋》(GB/T 31114—2014)中的相关规定，具体要求在此不做赘述。主要种类简介如下：

(1)饮用水　对于冰淇淋来说，其水分主要来源于各种原料，如鲜牛乳、植物乳、炼乳、稀奶油、果汁、鸡蛋等，但因种类不同也可能需要添加大量的饮用水。

(2)乳与乳制品　包括鲜牛乳、脱脂乳、稀奶油、奶油、甜炼乳、全脂乳粉、全脂甜乳粉等。它们主要供给脂肪或非脂乳固体物，一般用量为 8%～10%。

鲜乳脂肪可使冰淇淋混合料的黏度增加，在凝冻搅拌时增加膨胀率。非脂乳固体可防止冰淇淋的冰晶粗大化，使组织状态圆润，增加稠度，提高膨胀率，改进形体及保形性。

(3)植物油脂　植物脂肪越来越广泛地应用于冰淇淋生产(尤其是生产低脂肪保健冰淇淋)，已取代部分乳脂肪，而不影响产品质量。实践表明：在冰淇淋老化时，乳脂肪的最少结晶时间需 3～5h，而椰子油或棕榈油只需 90min。

(4)蛋与蛋制品　蛋与蛋制品除提高冰淇淋的营养价值外，还对风味、口感及组织状态有很大的影响。在配料中可用 0.5%～2.5%的蛋黄粉，用量过多则易产生蛋腥味。

(5)甜味剂　生产中常用蔗糖、淀粉糖浆、蜂蜜、麦芽糖醇、甜蜜素等，其中以蔗糖最好。蔗糖能调整口感，使冰淇淋的组织细腻，但也使冰淇淋的冰点下降，成品易融化。蔗糖的使用量以 12%～16%为宜。

(6)乳化剂　乳化剂可以改善脂肪的亲水能力，提高均质效率，从而改善冰淇淋的组织状态。冰淇淋中常用的乳化剂有甘油一酸酯(单甘酯)、蔗糖脂肪酸酯(蔗糖酯)、聚山梨酸酯(吐温)、山梨糖醇脂肪酸酯(司盘)、卵磷脂等，其添加量与混合料中脂肪含量有关，一般随脂肪含量增加而增加。一般单硬脂酸甘油酯用量为 0.3%～0.5%，蔗糖酯用量以 0.1%～0.2%为宜。

(7)稳定剂　稳定剂能增加混合料的黏度以提高膨胀率，改善冰淇淋的形体和组织状态，抑制冰结晶的产生，减少粗硬感，增强抗融化能力。常用的稳定剂有明胶、海藻酸钠、琼脂、卡拉胶、淀粉、羧甲基纤维素钠等，其使用总量不宜超过 0.4%。

(8)果品、坚果及果浆　果品及坚果能提高风味和质量。较为常见的果品有草莓、菠萝、甜橙、山楂等，坚果包括杏仁、核桃和花生等。

果浆可以分成三类：具黏稠的组织结构(草莓、芒果、树莓、苹果等)、具流动的组织结构和具酸的滋味(柠檬等)。此类冰淇淋产品要根据所用果浆的种类、产品的膨胀率、果浆是否需要热处理等选用合适的稳定剂种类(及添加量)。一般冰淇淋工业用深度冻结果浆、巴氏杀菌果浆或冷冻干燥粉。

(9)酸味剂　常用的酸味剂有柠檬酸、苹果酸、酒石酸、乳酸等，其中以柠檬酸较为常用。

(10)香精　香精是不可缺少的调香剂，可使产品带有醇和香味并保存该品种应有的天然风味，增进冷饮食品的食用价值。

(11)着色剂　冷饮品一般需要配合其品种和香气口味进行着色。

(12)其他　在新品开发中，人们逐渐探索制成各种不同花色的冰淇淋，在其中加入红茶、绿茶、乌龙茶、咖啡、巧克力、芝麻、果仁、豆类、芋头、玉米、黑糯米、薏米、蔬菜、蜜饯、饼干、面包屑等。

2. 配料的准备

按照冰淇淋标准和质量要求，选择原辅料，而后依据原辅料成分(见表 6-13)计算各种原料的需要量，设计出配方；也可直接选择已有传统配方。将原辅料的配合量(即配合比)与成分列成表格，即成配合表(见表 6-14)。制作配合表时，一般以 100kg 为单位，各种原料的配合量就是配合比(%)。另外，在生产中为了使产品符合标准要求，具有稳定的产品质量，必须对原料进行标准化。

表 6-13　常用原辅料的成分　　单位：%

原辅料	脂肪	非脂乳固体	甜味料	总固形物
脱脂乳	—	8.5	—	8.5
牛乳	3.3	8.2	—	11.5
稀奶油	40.0	5.1	—	45.1
奶油	82.0	1.0	—	83.0
全脂炼乳	8.0	21.5	43.0	72.5
脱脂炼乳	—	30.0	42.0	72.0
脱脂乳粉	—	97.0	—	97.0
蔗糖	—	—	100.0	100.0
饴糖粉	—	—	95.0	95.0
乳化增稠剂	—	—	—	100.0

表 6-14　原辅料配合表

单位：%

原辅料	配合比	乳脂肪	非脂乳固体	甜味料	总固形物
奶油	7.32	6.00	0.07	—	6.07
稀奶油	15.00	6.00	0.77	—	6.77
脱脂炼乳	13.87	—	4.16	5.83	9.99
脱脂乳粉	5.15	—	5.00	—	5.00
砂糖	9.17	—	—	9.17	9.17
乳化增稠剂	0.50	—	—	—	0.50
加水量	48.99	—	—	—	0.00
合　计	100.00	12.0	10.0	15.00	37.50

3. 混合料的调制

(1)按配方要求准备好各种原辅料。从浓度低的液体原料如牛乳等开始，其次为炼乳、稀奶油等液体原料放到搅拌器的圆形夹层罐中，然后再加入砂糖、乳粉、乳化剂、稳定剂等固体原料，最后以水作容量调整。

(2)混合溶解的温度为 65～70℃。

(3)投料之前，增稠剂与等量以上的砂糖混合，并添加砂糖 3 倍量的水，用带有高速搅拌器的乳化泵溶解，也有先将明胶浸水膨胀后添加的方法。如用鸡蛋、乳粉等，也可先用少量液料或水混合，然后和其他液料混合。为了充分发挥乳化剂的作用，应预先混合入油脂中使其充分分散之后，再与混合料进行混合。

(4)各种原辅料完全溶解后，通常用 80～100 目筛孔的不锈钢金属网或带有孔眼的金属过滤器过滤。

4. 混合料的均质

均质混合料液可以使冰淇淋制品组织细腻、润滑，形体稳定且持久，提高膨胀率，减少冰结晶等。均质温度范围控制在 65～75℃为宜。压力随混合料的成分、温度、均质机种类等而不同，一般第一段为 15～20MPa，第二段为 2～5MPa，这样可使混合料保持较好的热稳定性。

5. 混合料的杀菌

杀菌可以杀灭液料中的一切病原菌和绝大部分的非病原菌，以保证产品的安全性，延长保质期。杀菌方法如下：

(1)低温间歇式杀菌法通常为 68℃、30min 或 75℃、15min。如果混合料中使用海藻酸钠增稠剂时，以 70℃、20min 以上为好。如果使用淀粉，必须提高杀菌温度或延长保温时间。

(2)高温短时杀菌法的条件为 80～83℃保持 30s。

(3)超高温杀菌法的条件为 100～130℃保持 2～3s。

6. 混合料的冷却和成熟

杀菌后的混合料应迅速冷却至 0～4℃，并在此温度下保持一定时间进行物理成熟，该过程也称为“老化”或“熟化”。成熟可提高成品的膨胀率，改善成品的组织状态。根据混合料组成的不同，成熟时间一般为 4～12h，总固形物少的混合料成熟时间宜适当延长。巧克力冰淇淋或用奶油、脱脂乳粉和水制造的冰淇淋混合料，需要成熟 12～24h。此外，由于加工设备制造装置的改进，乳化剂、增稠剂的改良，省去成熟工序对成品质量影响也不大。但是脂肪的固化、蛋白质与增稠剂的完全水合需要一个过程，一般还需成熟 2h，若成熟 4h 更好。

7. 添加香料

向成熟终了的混合料中添加香精、色素等，通过强力搅拌，在短时间内使之混合均匀，然后送到凝冻工序。

8. 凝冻

凝冻是将混合料在强制搅拌下进行冷冻。冰淇淋在凝冻过程中，混合料在制冷剂的作用下温度逐步下降，凝冻机搅拌器防止了大冰晶的生成，最终大约 30% 的水分凝结成细微的冰结晶，使混合料由流体变为半流体（即凝冻状态），同时由于空气在凝冻机内搅拌器的强烈搅拌下混入料中，使无数细小的气泡均匀地分布于其中，冰淇淋体积也相应增加。所以，冰淇淋实际的体积是由混合料中固体含量、水分和空气所组成。

冰淇淋的膨胀率指冰淇淋混合原料在凝冻时，由于均匀混入许多细小的气泡，使制品体积增加的百分率。根据《冷冻饮品检验方法》(GB/T 31321—2014) 的规定，冰淇淋的膨胀率可用浮力法测定，即用冰淇淋膨胀率测定仪测量冰淇淋试样的体积，同时称取该冰淇淋试样的质量并用密度计测定冰淇淋混合原料（融化后冰淇淋）的密度，以体积百分率计算膨胀率。

$$X = \frac{V - V_1}{V_1} \times 100\% = (\frac{V}{m/\rho} - 1) \times 100\% = (\frac{V \times \rho}{m} - 1) \times 100\%$$

式中　X——冰淇淋试样的膨胀率（%）；

V——冰淇淋试样的体积（cm^3）；

m——冰淇淋试样的混合原料质量（g）；

ρ——冰淇淋试样的混合原料密度（g/cm^3）；

V_1——冰淇淋试样的混合原料体积（cm^3）。

膨胀率过低则冰淇淋风味过浓，食用时溶解不良，组织粗硬；过高则变成海绵状组织，气泡大，保形性和保存性不良，食用时溶解过快，风味差，凉爽感弱。

冰淇淋的凝冻方法取决于生产规模。小规模生产可以用间歇式凝冻机。物料就在一个装有刮板式桨叶的冷冻圆筒内凝冻。先将物料冷却到 −6℃ 保持 10min，然后用旋转式搅打机将空气混入物料中。间歇式的凝冻时间为 15～20min，冰淇淋出料温度一般为 −5～−3℃。

现代化生产大多数采用连续式凝冻机（见图 6-9），由制冷系统、冷冻腔（蒸发器）、凝冻筒、搅刮器、空气混合器、进出料口等组成。它的工作原理是物料在带刮板式桨叶的冷冻圆筒中连续冷却至 −6℃，同时压入压缩空气。物料在连续式凝冻机内的停留时间只有 30s，速冻产生大量的细小冰晶。冰晶越小，分布越均匀，冰淇淋的质地就越细腻，口感越好。在连续式凝冻机中，可以通过调节压缩空气的压力来精确控制膨胀率。膨胀率通常为 100%，最高可达 180%。从凝冻机出来的混合料灌入纸盒或塑料容器中，放入冷冻隧道进一步冷冻。

9. 灌装成型

冰淇淋的形状、包装类型多样，主要为杯形，还有如蛋卷锥、盒式包装等。为了适应商品形态的多样化，一台机器通过灌装部的冰淇淋罐与灌装嘴变换阀的调节，可以灌装、包装几种产品，生产出各种形状的冰淇淋。为了便于运输和防止污染，冰淇淋包装要求整洁和结实，但也应考虑到消费者饮取方便。

10. 硬化

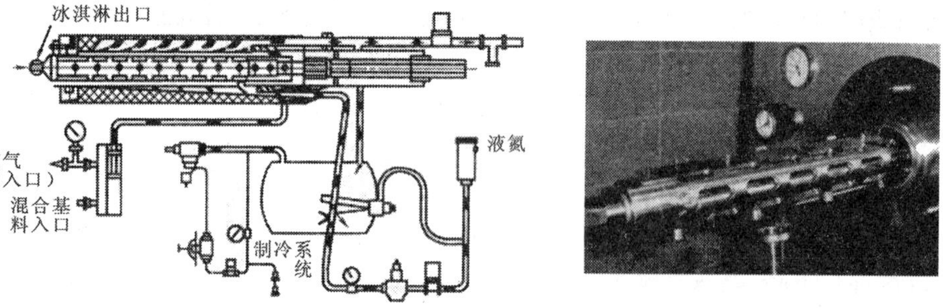

图 6-9　连续式凝冻机图解及凝冻机转子外观

为了保证质量，便于销售和运输，凝冻后的冰淇淋在灌装成型包装后，必须迅速进行 10～12h 的低温（－40～－25℃）冷冻，以固定冰淇淋的结构。硬化迅速，则冰淇淋融化少，组织中冰结晶小，成品细腻；反之，则部分冰淇淋融化，冰的结晶粗而多，成品组织粗糙，品质低劣。

常用的硬化方法有：①低温盐溶液；②冷冻蛇盘的自然对流硬化；③强制通风单元；④金属板接触硬化；⑤液氮法。

用冷冻隧道硬化冰淇淋（如图 6-10 所示），是将凝冻后的冰淇淋摆放在输送带的托盘上送入隧道（硬化室），用高速风机将－40～－35℃的冷风吹到冰淇淋产品表面，使其快速冻结。

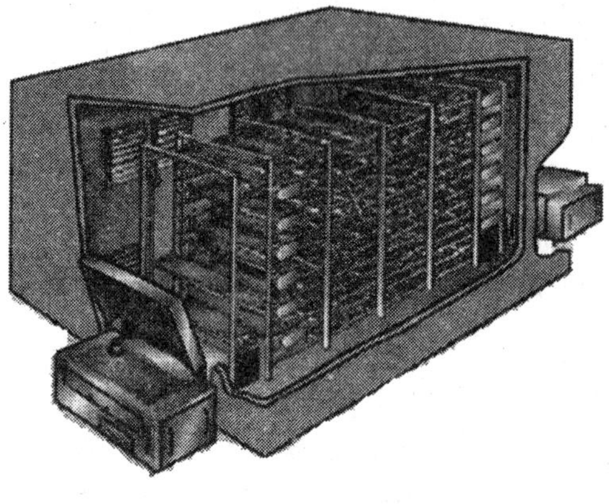

图 6-10　冰淇淋冷冻隧道

11. 贮藏

硬化后的冰淇淋产品，在销售前应保存在低温冷藏库中（温度为－20℃，相对湿度为 85％～90％）。温度变化会促进乳糖的再结晶与砂状化而影响成品质量，因此，贮藏期间冷库温度不能波动。

二、雪糕的生产

（一）雪糕的定义和分类

1. 定义

我国国家标准 GB/T 30590—2014 将雪糕（Ice Milk）定义为：以饮用水、乳和（或）乳制品、蛋制品、水果制品、豆制品、食糖、食用植物油等的一种或多种为原辅料，添加或不添加食品添加剂和（或）食品营养强化剂，经混合、灭菌、均质、冷却、成型、冻结等工艺制成的冷冻饮品。

2. 分类

在我国国家标准 GB/T 30590—2014 中，雪糕分类如下：

(1)清型雪糕：不含颗粒或块状辅料的雪糕，如橘味雪糕。

(2)组合型雪糕：以雪糕为主体，与相关辅料(如巧克力等)组合而成的制品，其中雪糕所占质量分数大于 50%，如白巧克力雪糕、果汁冰雪糕等。

(二)雪糕的质量标准

以下内容摘自《冷冻饮品 雪糕》(GB/T 31119—2014)，该标准适用于定型预包装雪糕的生产、流通和检验。

1. 感官要求

雪糕的感官要求应符合表 6-15 的要求。

表 6-15 雪糕的感官要求

项目	要求	
	清型	组合型
色泽	具有品种应有的色泽	
形态	形态完整，大小一致。插杆产品的插杆应整齐，无断杆，无多杆	
组织	冻结坚实，细腻润滑	具有品种应有的组织特征
滋味和气味	滋味协调，香味纯正，具有品种应有的滋味和气味，无异味	
杂质	无正常视力可见外来杂质	

2. 净含量

雪糕的净含量应符合《定量包装商品计量监督管理办法》的规定。

3. 理化指标

雪糕的理化指标应符合表 6-16 的规定。

表 6-16 雪糕的理化指标

项目	指标	
	清型	组合型
总固形物/(g/100g) ≥	20.0	
蛋白质/(g/100g) ≥	0.8	0.4
脂肪/(g/100g) ≥	2.0	1.0

4. 卫生指标

总砷、铅、铜、菌落总数、大肠菌群、致病菌的限量应符合 GB 2759.1 的规定。

5. 食品添加剂和食品营养强化剂的添加限量

产品中食品添加剂和食品营养强化剂的添加限量应符合 GB 2760 和 GB 14880 的规定。

6. 生产过程控制

生产企业应按 GB 14881 的规定进行生产。

(三)雪糕的基本工艺设备流程

雪糕生产的基本工艺流程同冰淇淋生产的基本工艺流程。

(四)工艺技术要点

生产使用的原辅料要符合 GB/T 31119—2014 的规定。雪糕生产时，原料配制、杀菌、冷却、均质、老化等操作技术与冰淇淋基本相同。普通雪糕不需经过凝冻工序，直接经浇模、冻结、脱模、包装而成，膨化雪糕则需要凝冻工序。

1. 凝冻

雪糕凝冻操作生产时，凝冻机的清洗与消毒及凝冻操作与冰淇淋大致相同，只是料液的加入量不同，一般占凝冻机容积的 50%～60%。膨化雪糕要进行轻度凝冻，膨胀率为 30%～50%，出料温度控制在－3℃左右。

2. 浇模

浇模之前，要对模盘、模盖和扦子进行消毒(可用沸水煮沸或用蒸汽喷射消毒 10～15min)。浇模时应将模盘前后左右晃动，使模型内混合料分布均匀，盖上带有扦子的模盖，将模盘轻轻放入冻结缸(槽)内进行冻结。

3. 冻结

雪糕的冻结有直接冻结法和间接冻结法。直接冻结法即直接将模盘浸入盐水槽内进行冻结，间接冻结法即速冻库与隧道式速冻。

4. 脱模

脱模时，先在烫盘槽内注入加热用的盐水至规定高度，再开启蒸汽阀将蒸汽通入蛇形管控制烫盘槽温度在 50～60℃；将模盘置于烫盘槽内，轻轻晃动使其受热均匀，数秒钟后(以雪糕表面稍融为度)立即脱模；产品脱离模盘后置于传送带上，便可进行包装。

本章小结

本章主要论述了奶油、炼乳、干酪、冰淇淋和雪糕的定义、分类、质量标准、工艺流程和技术要点。在上述各种乳制品的定义、分类、质量标准等相应处引入现行国家标准的要求，使内容富有时代感，与生产质量要求紧密联系；在生产工艺流程处，用文字流程图或设备流程图表达，内容流畅且简明扼要；在技术要点处突出质量标准和先进设备，具有很强的实用性；在实训部分加强学生对工艺的了解和动手能力的提高。在学习本章时，应该注意加强了解相应国家标准(主要引用 GB 19646—2010、GB 13102—2010、GB 5420—2010、GB/T 30590—2014、GB/T 31114—2014、GB/T 31119—2014 等)，掌握各种基本知识的同时，应具有一定实操能力。同时，建议增加课外阅读，了解如何建立相关生产的质量保证体系，即危害分析与关键控制点(HACCP)，了解人们对上述乳制品的消费需求趋势，以提高它们的市场竞争力。

复习思考题

一、名词解释

奶油　炼乳　干酪　冰淇淋　雪糕

二、判断题

1. 稀奶油标准化的目的是为了口感好。(   )

2. 按照《食品安全国家标准 炼乳》(GB 13102—2010),炼乳分为淡炼乳、甜炼乳。(   )

3. 一般生产硬质干酪时原料乳不需均质。(   )

4. 在我国国家标准(GB/T 30590—2014)中,雪糕分为清型雪糕和组合型雪糕两类。(   )

5. 生产雪糕时,原料配制、杀菌、冷却、均质、老化等操作技术与冰淇淋基本相同。(   )

三、选择题

1. 下列数据中,(   )不是稀奶油杀菌方法的参数范围。

A. 65℃、30min　　B. 75℃、15s　　C. 80℃、15s　　D. 65℃、50min

2. 在淡炼乳中允许添加少量的稳定剂,下列(   )不是常用的稳定剂。

A. 果胶酶　　B. 柠檬酸钠　　C. 磷酸二氢钠　　D. 磷酸氢二钠

3. (   )不是 GB 5420—2010 中对干酪的分类。

A. 成熟干酪　　B. 霉菌成熟干酪　　C. 未成熟干酪　　D. 契达干酪

4. 制作冰淇淋原辅料配合表时,一般以(   )kg 为单位,各种原料的配合量就是配合比(%)。

A. 60　　B. 70　　C. 100　　D. 90

5. 组合型雪糕是主体部分为雪糕,且所占质量分数大于(   )%,与其他冷冻饮品和(或)其他食品组成的雪糕。

A. 40　　B. 50　　C. 60　　D. 70

四、填空题

1. 根据《食品安全国家标准 奶油》(GB 19646—2010),奶油分为:_____、_____、_____。

2. ______是以生乳和(或)乳制品为主料,添加或不添加食糖、食品添加剂和营养强化剂,添加辅料,经加工制成的黏稠状产品。

3. 均质处理主要用于生产含水量比较高、______的干酪。

4. ______冰淇淋不含颗粒或块状辅料;______冰淇淋,要求主体冰淇淋所占质量分数大于 50%,与其他冷饮品和(或)其他食品组成。

5. ______雪糕不需经过凝冻工序,直接经浇模、冻结、脱模、包装而成,______雪糕则需要凝冻工序。

五、简述题

1. 简述奶油的生产工艺流程。

2. 简述炼乳的生产工艺流程。

3. 简述雪糕的生产工艺流程。

六、技能题

1. 掌握契达干酪的加工操作要点。
2. 掌握冰淇淋的生产操作要点。

实训十四　契达干酪的加工

(一)实训目的

通过实践操作，使学生进一步理解干酪制作原理，掌握契达干酪的制作方法。

(二)实训设备及材料

(1)设备：杀菌锅、干酪槽、干酪刀、干酪耙、干酪布、温度计、压板等；

(2)材料：原料乳、凝乳酶、氯化钠、发酵剂、食盐等。

(三)操作步骤

1. 原料乳的验收与标准化

将符合食品安全国家标准的原料乳按含脂率2.7%～3.5%进行标准化处理。

2. 杀菌

将标准化的乳杀菌，杀菌条件为：75℃、15s，或63～65℃、30min。

3. 添加发酵剂和凝乳酶

杀菌后的牛乳迅速冷却到30～32℃，注入干酪槽(已杀菌处理)内。添加1%～2%的发酵剂，搅拌均匀，添加0.01%～0.02%氯化钠(水溶液)，静置发酵30min，添加0.02%～0.04%凝乳酶，低速搅拌不超过5min。静置凝乳。

4. 凝乳的切块、加温、排出乳清

当凝乳具有一定的硬度时，进行切割，一般切成边长0.5～0.8cm的立方体，低速搅拌25～30min后，排出约1/3量乳清，同时升温(每分钟升高1℃)，进行加温搅拌。当温度升至38～39℃后停止加温，继续搅拌60～80min。当乳清酸度达到0.20%左右，排出全部乳清。

5. 凝块的反转堆积

将凝块平摊于干酪槽底部，形成厚度均匀的片层。待乳清全部排出之后静置15min。将呈饼状的凝块切成15cm×25cm的板块，进行反转堆积，即将两个独立的板块重叠堆放并翻转，以促进新板块的形成。在干酪槽的夹层加温，一般为38～40℃。每10～15min将切块反转叠加一次，当酸度达到0.5%～0.6%时即可结束堆积。

6. 粉碎与加盐

将饼状干酪块处理成1.5～2.0cm的碎块。加入凝块量2%～3%的食用精盐粉(用干盐撒布法)。分2～3次加，同时不断搅拌。

7. 成型压榨

将凝块装入定型器中，在27～29℃下进行压榨(压力0.35～0.40MPa，时间20～30min)。开始预压榨时压力要小，逐渐加大。整形后再压榨10～12h，最后正式压榨1～2d。

8. 成熟

成型后的生干酪进行发酵成熟，环境参数为：温度10～15℃、相对湿度85%。每天擦拭反转1次，约经1周后，进行涂布挂蜡或塑料袋真空热缩包装。整个成熟期6个月以上。

实训十五 冰淇淋的生产

(一)实训目的

使学生了解冰淇淋的配料、熟悉工艺操作过程、理解加工原理,并掌握操作要点。

(二)实训内容

1. 仪器与材料

仪器设备:小型冰淇淋机、加热槽、小乳桶、搅拌勺、温度计、天平、烧杯、电炉、铝锅等。

原料:根据配方准备适量原料。

2. 工艺流程

原料混合→溶解→过滤→预热→均质→杀菌→冷却→加香料→成熟→冻结搅拌→硬化→成品

　　　　　　　↑
　　　　　　湿淀粉

3. 操作方法

(1)配方选定及原料混合　不同种类的冰淇淋组成成分不同,制作前必须先确定配方,按配方选择混合原料种类并计算其用量。冰淇淋的成分及配方可自行查找资料,也可参考表 6-17。

表 6-17 冰淇淋配方　　单位:%

配　方	原　料	配合比	乳脂肪	非脂乳固体	甜味料	总固形物
配方一	稀奶油	25.90	10.36	1.32	—	11.68
	牛乳	49.72	1.64	4.08	—	5.72
	全脂炼乳	15.31	—	4.59	6.43	11.02
	白砂糖	8.57	—	—	8.57	8.57
	稳定剂	0.50	—	—	—	0.50
	合计	100.00	12.00	9.99	15.00	37.49
配方二	脱脂乳	58.7	—	4.99	—	4.99
	稀奶油	20.00	8.00	1.02	—	9.02
	脱脂乳粉	5.80	—	5.63	—	5.63
	蔗糖	15.00	—	—	15.00	15.00
	稳定剂	0.50	—	—	—	0.50
	合计	100.00	8.00	11.64	15.00	35.14

按配方准备好原料后,开始进行混合。首先将稳定剂与砂糖干料混合均匀,加入部分温水溶开;再将牛乳、稀奶油等液体原料在加热槽内(或另一桶内)混合,并加热至 65～70℃;在搅拌下加入固体原料和砂糖稳定剂溶液,乳化剂先用水浸泡或先用油脂混合后加入。

若选择的配方中有鸡蛋,则鸡蛋在杀菌前或杀菌后加入皆可。若杀菌前加入,则先将鸡蛋打破并搅成均匀蛋液,当混合料加热至 50～60℃时加入蛋液;若杀菌后加入,则将搅打均匀的蛋液加入混匀即可。

(2)混合料过滤　原料混合溶解后,充分混合搅拌,然后用 80～100 目筛或 4 层纱布过滤。

(3)均质　本操作可防止脂肪上浮，改善组织状态，缩短成熟时间(如没有条件进行均质，则成熟时间要长些)。温度一般为65～75℃，压力一般第一段为15～20MPa，第二段为2～5MPa。

(4)杀菌　可用间歇式杀菌，即68～70℃、30min(片式HTST法80～85℃、20s，UHT法100～130℃、2～3s)。

(5)冷却与成熟　杀菌后将混合料迅速冷却至5℃以下(2～4℃，一般不得低于1℃)并保持4～12h，使其成熟(老化)，可提高脂肪、蛋白质及稳定剂的水合作用，减少游离水，防止冻结时产生大冰晶。

(6)加香料　成熟之后可加入适量香料。

(7)冻结搅拌　将成熟好的混合料倒入冰淇淋机内，进行搅拌冻结，如果是制作软质冰淇淋则在冻结之后便可取出产品。

(8)硬化　冻结搅拌后的冰淇淋可直接送往冷藏室(－18℃以下)进行硬化，或先包装成各种形状再进行硬化。一般硬化12h即为成品。

质量合格的冰淇淋，应符合GB/T 31114—2014的规定。

附　　录

GB 12693—2010

食品安全国家标准
乳制品良好生产规范

National food safety standard

Good manufacturing practice for milk products

(中华人民共和国卫生部 2010-03-26 发布,2010-12-01 实施)

前　　言

本标准代替 GB 12693—2003《乳制品企业良好生产规范》和 GB/T 21692—2008《乳粉卫生操作规范》。

本标准对应于国际食品法典委员会(CAC)CAC/RCP 1—1969,Rev. 4—2003 Recommended International Code of Practice General Principles of Food Hygiene 及 CAC/RCP 57—2004 Code of Hygienic Practice for Milk and Milk Products,本标准与 CAC/RCP 1—1969,Rev. 4—2003、CAC/RCP 57—2004 的一致性程度为非等效;同时参考了欧盟法规(EC) No. 852/2004 On the hygiene of foodstuffs 及(EC) No. 853/2004 Laying down specific hygiene rules for food of animal origin。

本标准与 GB 12693—2003 和 GB/T 21692—2008 相比,主要变化如下:

——标准名称改为《乳制品良好生产规范》;

——对适用范围进行了调整,强调了适用于各类乳制品企业;

——修改了标准条款框架;

——强调了在原料进厂、生产过程的食品安全控制、产品的运输和贮存整个生产过程中防止污染的要求;

——对生产设备进行了调整,从防止微生物、化学、物理污染的角度对生产设备提出了布局、材质和设计要求;

——取消了实验室建设中的硬件要求;

——增加了原料采购、验收、运输和贮存的相关要求;

——强调了生产过程的食品安全控制,并制定了控制微生物、化学、物理污染的主要措施;

——增加了包装材料及其使用要求;

——增加了关键控制点的控制指标、监测以及记录要求;

——增加了产品追溯与召回的具体要求;

——增加了记录和文件的管理要求。

本标准的附录 A 为资料性附录。

本标准所代替标准的历次版本发布情况为:

——GB 12693—1990、GB 12693—2003;

——GB/T 21692—2008。

1　**范围**

本标准适用于以牛乳(或羊乳)及其加工制品等为主要原料加工各类乳制品的生产企业。

2　**规范性引用文件**

本标准中引用的文件对于本标准的应用是必不可少的。凡是注日期的引用文件,仅所注日期的版本适用于本标准。凡是不注日期的引用文件,其最新版本(包括所有的修改单)适用于本标准。

3　**术语和定义**

3.1　清洁作业区 cleaning work area

清洁度要求高的作业区域,如裸露待包装的半成品贮存、充填及内包装车间等。

3.2　准清洁作业区 quasi-cleaning work area

清洁度要求低于清洁作业区的作业区域,如原料预处理车间等。

3.3　一般作业区 commonly work area

清洁度要求低于准清洁作业区的作业区域,如收乳间、原料仓库、包装材料仓库、外包装车间及成品仓库等。

4　**选址及厂区环境**

按照 GB 14881 有关规定执行。

5　**厂房和车间**

5.1　设计和布局

5.1.1　凡新建、扩建、改建的工程项目均应按照国家相关规定进行设计和施工。

5.1.2　厂房和车间的布局应能防止乳制品加工过程中的交叉污染,避免接触有毒物、不洁物。

5.1.3　车间内清洁作业区、准清洁作业区与一般作业区之间应采取适当措施,防止交叉污染。

5.2　内部建筑结构

5.2.1　屋顶

5.2.1.1　加工、包装、贮存等场所的室内屋顶和顶角应易于清扫,防止灰尘积聚,避免结露、长霉或脱落等情形发生。清洁作业区、准清洁作业区及其他食品暴露场所(收乳间除外)屋顶若为易于藏污纳垢的结构,宜加设平滑易清扫的天花板;若为钢筋混凝土结构,其室内屋顶应平坦无缝隙。

5.2.1.2　车间内平顶式屋顶或天花板应使用无毒、无异味的白色或浅色防水材料建造,若喷涂涂料,应使用防霉、不易脱落且易于清洗的涂料。

5.2.1.3　蒸汽、水、电等配管不应设置于食品暴露的正上方,否则应安装防止灰尘及凝结水掉落的设施。

5.2.2　墙壁

5.2.2.1　应使用无毒、无味、平滑、不透水、易清洗的浅色防腐材料构造。

5.2.2.2　清洁作业区与准清洁作业区的墙角及柱角应结构合理,易于清洗和消毒。

5.2.3　门窗

5.2.3.1　应使用光滑、防吸附的材料,并且易于清洗和消毒。

5.2.3.2　生产车间和贮存场所的门、窗应装配严密,应配备防尘、防动物及其他虫害的设施,并便于清洁。

5.2.3.3　清洁作业区、准清洁作业区的对外出入口应装设能自动关闭(如安装自动感应器或闭门器等)的门和(或)空气幕。

5.2.4　地面

5.2.4.1　地面应使用无毒、无味、不透水的材料建造,且须平坦防滑、无裂缝并易于清洗和消毒。

5.2.4.2　作业中有排水或废水流经的地面,以及作业环境经常潮湿或以水洗方式清洗作业等区域的地面宜耐酸耐碱，并应有一定的排水坡度及排水系统。

5.3 设施

5.3.1 供水设施

5.3.1.1 应能保证生产用水的水质、压力、水量等符合生产需要。

5.3.1.2 供水设备及用具应取得省级以上卫生行政部门的涉及饮用水卫生安全产品卫生许可批件。

5.3.1.3 供水设施出入口应增设安全卫生设施，防止动物及其他物质进入导致食品污染。

5.3.1.4 使用二次供水的，应符合 GB 17051 的规定。

5.3.1.5 使用自备水源的供水过程应符合国家卫生行政管理部门关于生活饮用水集中式供水单位的相关卫生要求。

5.3.1.6 不与食品接触的非饮用水（如冷却水、污水或废水等）的管道系统与生产用水的管道系统应明显区分，并以完全分离的管路输送，不应有逆流或相互交接现象。

5.3.1.7 生产用水的水质应符合 GB 5749 的规定。

5.3.2 排水系统

5.3.2.1 应配备适当的排水系统，且在设计和建造时应避免产品或生产用水受到污染。

5.3.2.2 排水系统应有坡度、保持通畅、便于清洗，排水沟的侧面和底面接合处应有一定弧度。

5.3.2.3 排水系统入口应安装带水封的地漏，以防止固体废弃物进入及浊气逸出。

5.3.2.4 排水系统内及其下方不应有生产用水的供水管路。

5.3.2.5 排水系统出口应有防止动物侵入的装置。

5.3.2.6 室内排水的流向应由清洁度要求高的区域流向清洁度要求低的区域，并有防止废水逆流的设计。

5.3.2.7 废水应排至废水处理系统或经其他适当方式处理。

5.3.3 清洁设施

应配备适当的专门用于食品、器具和设备清洁处理的设施，以及存放废弃物的设施等。

5.3.4 个人卫生设施

5.3.4.1 个人卫生设施应符合 GB 14881 的规定。

5.3.4.2 进入清洁作业区前应设置消毒设施，必要时设置二次更衣室。

5.3.5 通风设施

5.3.5.1 应具有自然通风或人工通风措施，减少空气来源的污染、控制异味，以保证食品的安全和产品特性。乳粉生产时清洁作业区还应控制环境温度，必要时控制空气湿度。

5.3.5.2 清洁作业区应安装空气调节设施，以防止蒸汽凝结并保持室内空气新鲜；一般作业区应安装通风设施，及时排除潮湿和污浊的空气。厂房内进行空气调节、进排气或使用风扇时，其空气应由清洁度要求高的区域流向清洁度要求低的区域，防止食品、生产设备及内包装材料遭受污染。

5.3.5.3 在有臭味及气体（蒸汽及有毒有害气体）或粉尘产生而有可能污染食品的区域，应有适当的排除、收集或控制装置。

5.3.5.4 进气口应距地面或屋面 2m 以上，远离污染源和排气口，并设有空气过滤设备。排气口应装有易清洗、耐腐蚀的网罩，防止动物侵入；通风排气装置应易于拆卸清洗、维修或更换。

5.3.5.5 用于食品、清洁食品接触面或设备的压缩空气或其他气体应经过滤净化处理，以防止造成间接污染。

5.3.6 照明设施

5.3.6.1 厂房内应有充足的自然采光或人工照明，车间采光系数不应低于标准Ⅳ级。质量监控场所工作面的混合照度不宜低于 540lx，加工场所工作面不宜低于 220lx，其他场所不宜低于 110lx，对光敏感测试区域除外。光源不应改变食品的颜色。

5.3.6.2 照明设施不应安装在食品暴露的正上方，否则应使用安全型照明设施，以防止破裂污染食品。

5.3.7　仓储设施

5.3.7.1　企业应具有与生产经营的乳制品品种、数量相适应的仓储设施。

5.3.7.2　应依据原料、半成品、成品、包装材料等性质的不同分设贮存场所，必要时应设有冷藏（冻）库。同一仓库贮存性质不同物品时，应适当隔离（如分类、分架、分区存放），并有明显的标识。

5.3.7.3　仓库以无毒、坚固的材料建成，地面平整，便于通风换气，并应有防止动物侵入的装置（如仓库门口应设防鼠板或防鼠沟）。

5.3.7.4　仓库应设置数量足够的栈板（物品存放架），并使物品与墙壁、地面保持适当距离，以利空气流通及物品的搬运。

5.3.7.5　冷藏（冻）库，应装设可正确指示库内温度的温度计、温度测定器或温度自动记录仪，且对温度进行适时监控，并记录。

6　**设备**

6.1　生产设备

6.1.1　一般要求

6.1.1.1　应具有与生产经营的乳制品品种、数量相适应的生产设备，且各个设备的能力应能相互匹配。

6.1.1.2　所有生产设备应按工艺流程有序排列，避免引起交叉污染。

6.1.1.3　应制定生产过程中使用的特种设备（如压力容器、压力管道等）的操作规程。

6.1.2　材质

6.1.2.1　与原料、半成品、成品直接或间接接触的所有设备与用具，应使用安全、无毒、无臭味或异味、防吸收、耐腐蚀且可承受反复清洗和消毒的材料制造。

6.1.2.2　产品接触面的材质应符合食品相关产品的有关标准，应使用表面光滑、易于清洗和消毒、不吸水、不易脱落的材料。

6.1.3　设计

6.1.3.1　所有生产设备的设计和构造应易于清洗和消毒，并容易检查。应有可避免润滑油、金属碎屑、污水或其他可能引起污染的物质混入食品的构造，并应符合相应的要求。

6.1.3.2　食品接触面应平滑、无凹陷或裂缝，以减少食品碎屑、污垢及有机物的聚积。

6.1.3.3　贮存、运输及加工系统（包括重力、气动、密闭及自动系统）的设计与制造应易于维持其良好的卫生状况。物料的贮存设备应能密封。

6.1.3.4　应有专门的区域贮存设备备件，以便设备维修时能及时获得必要的备件；应保持备件贮存区域清洁干燥。

6.2　监控设备

6.2.1　用于测定、控制、记录的监控设备，如压力表、温度计等，应定期校准、维护，确保准确有效。

6.2.2　当采用计算机系统及其网络技术进行关键控制点监测数据的采集和对各项记录的管理时，计算机系统及其网络技术的有关功能可参考本标准附录A的规定。

6.3　设备的保养和维修

6.3.1　应建立设备保养和维修程序，并严格执行。

6.3.2　应建立设备的日常维护和保养计划，定期检修，并做好记录。

6.3.3　每次生产前应检查设备是否处于正常状态，防止影响产品卫生质量的情形发生；出现故障应及时排除并记录故障发生时间、原因及可能受影响的产品批次。

7　**卫生管理**

7.1　卫生管理制度

7.1.1　应制订卫生管理制度及考核标准，并实行岗位责任制。

7.1.2　应制订卫生检查计划，并对计划的执行情况进行记录并存档。

7.2　厂房及设施卫生管理

7.2.1　厂房内各项设施应保持清洁，及时维修或更新；厂房屋顶、天花板及墙壁有破损时，应立即修补，地面不应有破损或积水。

7.2.2　用于加工、包装、贮存和运输等的设备及工器具、生产用管道、食品接触面，应定期清洗和消毒。清洗和消毒作业时应注意防止污染食品、食品接触面及内包装材料。

7.2.3　已清洗和消毒过的可移动设备和用具，应放在能防止其食品接触面再受污染的适当场所，并保持适用状态。

7.3　清洁和消毒

7.3.1　应制订有效的清洁和消毒计划和程序，以保证食品加工场所、设备和设施等的清洁卫生，防止食品污染。

7.3.2　可根据产品和工艺特点选择清洁和消毒的方法。

7.3.3　用于清洁和消毒的设备、用具应放置在专用场所妥善保管。

7.3.4　应对清洁和消毒程序进行记录，如洗涤剂和消毒剂的品种、作用时间、浓度、对象、温度等。

7.4　人员健康与卫生要求

7.4.1　人员健康

7.4.1.1　企业应建立并执行从业人员健康管理制度。

7.4.1.2　乳制品加工人员每年应进行健康检查，取得健康证明后方可参加工作。

7.4.1.3　患有痢疾、伤寒、甲型病毒性肝炎、戊型病毒性肝炎等消化道传染病的人员，以及患有活动性肺结核、化脓性或者渗出性皮肤病等有碍食品安全疾病的人员，以及皮肤有未愈伤口的人员，企业应将其调整到其他不影响食品安全的工作岗位。

7.4.2　个人卫生

7.4.2.1　乳制品加工人员应保持良好的个人卫生。

7.4.2.2　进入生产车间前，应穿戴好整洁的工作服、工作帽、工作鞋(靴)。工作服应盖住外衣，头发不应露出帽外，必要时需戴口罩；不应穿清洁作业区、准清洁作业区的工作服、工作鞋(靴)进入厕所，离开生产加工场所或跨区域作业。

7.4.2.3　上岗前、如厕后、接触可能污染食品的物品后或从事与生产无关的其他活动后，应洗手消毒。生产加工、操作过程中应保持手部清洁。

7.4.2.4　乳制品加工人员不应涂指甲油，不应使用香水，不应佩戴手表及饰物。

7.4.2.5　工作场所严禁吸烟、吃食物或进行其他有碍食品卫生的活动。

7.4.2.6　个人衣物应贮存在更衣室个人专用的更衣柜内，个人用其他物品不应带入生产车间。

7.4.3　来访者

来访者进入食品生产加工、操作场所应符合现场操作人员卫生要求。

7.5　虫害控制

7.5.1　应制定虫害控制措施，保持建筑物完好、环境整洁，防止虫害侵入及孳生。

7.5.2　在生产车间和贮存场所的入口处应设捕虫灯(器)，窗户等与外界直接相连的地方应当安装纱窗或采取其他措施，防止或消除虫害。

7.5.3　应定期监测和检查厂区环境和生产场所中是否有虫害迹象，若发现虫害存在时，应追查其来源，并杜绝再次发生。

7.5.4　可采用物理、化学或生物制剂进行处理，其灭除方法应不影响食品的安全和产品特性，不污染食品接触面及包装材料(如尽量避免使用杀虫剂等)。

7.6　废弃物处理

7.6.1　应制定废弃物存放和清除制度。

7.6.2 盛装废弃物、加工副产品以及不可食用物或危险物质的容器应有特别标识且要构造合理、不透水，必要时容器可封闭，以防止污染食品。

7.6.3 应在适当地点设置废弃物临时存放设施，并依废弃物特性分类存放，易腐败的废弃物应定期清除。

7.6.4 废弃物放置场所不应有不良气味或有害、有毒气体溢出，应防止虫害的孳生，防止污染食品、食品接触面、水源及地面。

7.7 有毒有害物管理按照 GB 14881 有关规定执行。

7.8 污水、污物管理

7.8.1 污水排放应符合 GB 8978 的要求，不符合标准时应采取净化措施，达标后方可排放。

7.8.2 污物管理按照 GB 14881 有关规定执行。

7.9 工作服管理

按照 GB 14881 有关规定执行。

8 原料和包装材料的要求

8.1 一般要求

8.1.1 企业应建立与原料和包装材料的采购、验收、运输和贮存相关的管理制度，确保所使用的原料和包装材料符合法律法规的要求。不得使用任何危害人体健康和生命安全的物质。

8.1.2 企业自行建设的生乳收购站应符合国家和地方相关规定。

8.2 原料和包装材料的采购和验收要求

8.2.1 企业应建立供应商管理制度，规定供应商的选择、审核、评估程序。

8.2.2 企业应建立原料和包装材料进货查验制度。

8.2.2.1 使用生乳的企业应按照相关食品安全标准逐批检验收购的生乳，如实记录质量检测情况、供货方的名称以及联系方式、进货日期等内容，并查验运输车辆生乳交接单。企业不应从未取得生乳收购许可证的单位和个人购进生乳。

8.2.2.2 其他原料和包装材料验收时，应查验该批原料和包装材料的合格证明文件(企业自检报告或第三方出具的检验报告)；无法提供有效的合格证明文件的，应按照相应的食品安全标准或企业验收标准对所购原料和包装材料进行检验，合格后方可接收与使用。应如实记录原料和包装材料的相关信息。

8.2.3 经判定拒收的原料和包装材料应予以标识，单独存放，并通知供货方做进一步处理。

8.2.4 如发现原料和包装材料存在食品安全问题时应向本企业所在辖区的食品安全监管部门报告。

8.3 原料和包装材料的运输和贮存要求

8.3.1 企业应按照保证质量安全的要求运输和贮存原料和包装材料。

8.3.2 生乳的运输和贮存

8.3.2.1 运输和贮存生乳的容器，应符合相关国家安全标准。

8.3.2.2 生乳在挤奶后 2 小时内应降温至 0～4℃。采用保温奶罐车运输。运输车辆应具备完善的证明和记录。

8.3.2.3 生乳到厂后应及时进行加工，如果不能及时处理，应有冷藏贮存设施，并进行温度及相关指标的监测，做好记录。

8.3.3 其他原料和包装材料的运输和贮存

8.3.3.1 原料和包装材料在运输和贮存过程应避免太阳直射、雨淋，强烈的温度、湿度变化与撞击等；不应与有毒、有害物品混装、混运。

8.3.3.2 在运输和贮存过程中，应避免原料和包装材料受到污染及损坏，并将品质的劣化降到最低程度；对有温度、湿度及其他特殊要求的原料和包装材料应按规定条件运输和贮存。

8.3.3.3 在贮存期间应按照不同原料和包装材料的特点分区存放，并建立标识，标明相关信息和质量状态。

8.3.3.4　应定期检查库存原料和包装材料，对贮存时间较长，品质有可能发生变化的原料和包装材料，应定期抽样确认品质；及时清理变质或者超过保质期的原料和包装材料。

8.3.4　合格原料和包装材料使用时应遵照“先进先出”或“效期先出”的原则，合理安排使用。

8.4　保存原料和包装材料采购、验收、贮存和运输记录。

9　生产过程的食品安全控制

9.1　微生物污染的控制

9.1.1　温度和时间

9.1.1.1　应根据产品的特点，规定用于杀灭微生物或抑制微生物生长繁殖的方法，如热处理，冷冻或冷藏保存等，并实施有效的监控。

9.1.1.2　应建立温度、时间控制措施和纠偏措施，并进行定期验证。

9.1.1.3　对严格控制温度和时间的加工环节，应建立实时监控措施，并保存监控记录。

9.1.2　湿度

9.1.2.1　应根据产品和工艺特点，对需要进行湿度控制区域的空气湿度进行控制，以减少有害微生物的繁殖；制定空气湿度关键限值，并有效实施。

9.1.2.2　建立实时空气湿度控制和监控措施，定期进行验证，并进行记录。

9.1.3　生产区域空气洁净度

9.1.3.1　生产车间应保持空气的清洁，防止污染食品。

9.1.3.2　按 GB/T 18204.1 中的自然沉降法测定，清洁作业区空气中的菌落总数应控制在 30CFU/mL 以下。

9.1.4　防止微生物污染

9.1.4.1　应对从原料和包装材料进厂到成品出厂的全过程采取必要的措施，防止微生物的污染。

9.1.4.2　用于输送、装载或贮存原料、半成品、成品的设备、容器及用具，其操作、使用与维护应避免对加工或贮存中的食品造成污染。

9.1.4.3　加工中与食品直接接触的冰块和蒸汽，其用水应符合 GB 5749 的规定。

9.1.4.4　食品加工中蒸发或干燥工序中的回收水，以及循环使用的水可以再次使用，但应确保其对食品的安全和产品特性不造成危害，必要时应进行水处理，并应有效监控。

9.2　化学污染的控制

9.2.1　应建立防止化学污染的管理制度，分析可能的污染源和污染途径，并提出控制措施。

9.2.2　应选择符合要求的洗涤剂、消毒剂、杀虫剂、润滑油，并按照产品说明书的要求使用；对其使用应做登记，并保存好使用记录，避免污染食品的危害发生。

9.2.3　化学物质应与食品分开贮存，明确标识，并应有专人对其保管。

9.3　物理污染的控制

9.3.1　应通过采取设备维护、卫生管理、现场管理、外来人员管理及加工过程监督等措施，确保产品免受外来物(如玻璃或金属碎片、尘土等)的污染。

9.3.2　应采取有效措施(如设置筛网、捕集器、磁铁、电子金属检查器等)防止金属或其他外来杂物混入产品中。

9.3.3　不应在生产过程中进行电焊、切割、打磨等工作，以免产生异味、碎屑。

9.4　食品添加剂和食品营养强化剂

9.4.1　应依照食品安全标准规定的品种、范围、用量合理使用食品添加剂和食品营养强化剂。

9.4.2　在使用时对食品添加剂和食品营养强化剂准确称量，并做好记录。

9.5　包装材料

9.5.1　包装材料应清洁、无毒且符合国家相关规定。

9.5.2　包装材料或包装用气体应无毒，并且在特定贮存和使用条件下不影响食品的安全和产品特性。

9.5.3　内包装材料应能在正常贮存、运输、销售中充分保护食品免受污染，防止损坏。

9.5.4　可重复使用的包装材料如玻璃瓶、不锈钢容器等在使用前应彻底清洗，并进行必要的消毒。

9.5.5　在包装操作前，应对即将投入使用的包装材料标识进行检查，避免包装材料的误用，并予以记录，内容包括包装材料对应的产品名称、数量、操作人及日期等。

9.6　产品信息和标签

产品标签应符合 GB 7718、相应产品国家标准及国家其他相关规定。

10　检验

10.1　企业可对原料和产品自行检验，也可委托获得食品检验机构资质的检验机构进行检验。自行检验的企业应具备相应的检验能力。

10.2　应按相关标准对每批产品进行检验，并保留样品。

10.3　应加强实验室质量管理，确保检验结果的准确性和真实性。

10.4　应完整保存各项检验记录和检验报告。

11　产品的贮存和运输

11.1　应根据产品的种类和性质选择贮存和运输的方式，并符合产品标签所标识的贮存条件。

11.2　贮存和运输过程中应避免日光直射、雨淋，剧烈的温度、湿度变化和撞击等，以防止乳制品的成分、品质等受到不良的影响；不应将产品与有异味、有毒、有害物品一同贮存和运输。

11.3　用于贮存、运输和装卸的容器、工具和设备应清洁、安全，处于良好状态，防止产品受到污染。

11.4　仓库中的产品应定期检查，必要时应有温度记录和(或)湿度记录，如有异常应及时处理。

11.5　经检验后的产品应标识其质量状态。

11.6　产品的贮存和运输应有相应的记录，产品出厂有出货记录，以便发现问题时可迅速召回。

12　产品追溯和召回

12.1　应建立产品追溯制度，确保对产品从原料采购到产品销售的所有环节都可进行有效追溯。

12.2　应建立产品召回制度。当发现某一批次或类别的产品含有或可能含有对消费者健康造成危害的因素时，应按照国家相关规定启动产品召回程序，及时向相关部门通告，并做好相关记录。

12.3　应对召回的食品采取无害化处理、销毁等措施，并将食品召回和处理情况向相关部门报告。

12.4　应建立客户投诉处理机制。对客户提出的书面或口头意见、投诉，企业相关管理部门应作记录并查找原因，妥善处理。

13　培训

13.1　应建立培训制度，对本企业所有从业人员进行食品安全知识培训。

13.2　应根据岗位的不同需求制订年度培训计划，进行相应培训，特殊工种应持证上岗。

13.3　应定期审核和修订培训计划，评估培训效果，并进行常规检查，以确保计划的有效实施。

13.4　应保存培训记录。

14　管理机构和人员

14.1　应建立健全本单位的食品安全管理制度，采取相应管理措施，对乳制品生产实施从原料进厂到成品出厂全过程的安全质量控制，保证产品符合法律法规和相关标准的要求。

14.2　应建立食品安全管理机构，负责企业的食品安全管理。

14.3　食品安全管理机构负责人应是企业法人代表或企业法人授权的负责人。

14.4　机构中的各部门应有明确的管理职责，并确保与质量、安全相关的管理职责落实到位。各部门应有效分工，避免职责交叉、重复或缺位。对厂区内外环境、厂房设施和设备的维护和管理、生产过程质量安全管理、卫生管理、品质追踪等制定相应管理制度，并明确管理负责人与职责。

14.5　食品安全管理机构中各部门应配备经专业培训的专职或兼职的食品安全管理人员，宣传贯彻食品安全法规及有关规章制度，负责督查执行的情况并做好有关记录。

15 **记录和文件的管理**

15.1 记录管理

15.1.1 应建立相应的记录管理制度，对乳制品加工中原料和包装材料等的采购、生产、贮存、检验、销售等环节详细记录，以增加食品安全管理体系的可信性和有效性。

15.1.1.1 应如实记录食品原料、食品添加剂、食品相关产品的名称、规格、数量，供货者名称及联系方式、进货日期等内容。

15.1.1.2 应如实记录产品的加工过程(包括工艺参数、环境监测等)、产品贮存情况及产品的检验批号、检验日期、检验人员、检验方法、检验结果等内容。

15.1.1.3 应如实记录出厂产品的名称、规格、数量、生产日期、生产批号、发货地点、收货人名称及联系方式、发货日期等内容。

15.1.1.4 应如实记录发生召回的食品名称、批次、规格、数量、发生召回的原因及后续整改方案等内容。

15.1.2 各项记录均应由执行人员和有关督导人员复核签名或签章，记录内容如有修改，不能将原文涂掉以致无法辨认，且修改后应由修改人在修改文字附近签名或签章。

15.1.3 所有生产和品质管理记录应由相关部门审核，以确定所有处理均符合规定，如发现异常现象，应立即处理。

15.1.4 对本规范所规定的有关记录，保存期不应少于两年。

15.2 文件管理

15.2.1 应建立文件的管理制度，并建立完整的质量管理档案，文件应分类归档、保存。分发、使用的文件应为批准的现行文本。已废除或失效的文件除留档备查外，不应在工作现场出现。

15.2.2 鼓励企业采用先进技术手段(如电子计算机信息系统)进行文件和记录的管理。

中华人民共和国职业技能标准
乳品检验工

工种定义按法规和标准，使用分析检验仪器及设备，对乳、乳制品及其他原辅料进行分析检验。

适用范围：乳品分析、检验。

技术等级线：初、中、高。

学徒期两年，其中培训期和见习期各一年。

初级乳品检验工

知识要求：

1. 乳品化学基础知识和分析操作常识。
2. 食品卫生和乳品微生物学基础知识及检验操作常识。
3. 常规检验样品的取样方法和样品的预处理技术。
4. 常规检验操作方法。
5. 实验室安全基本知识。

技能要求：

1. 常用器皿的清洗消毒。
2. 正确选用化学试剂，配制常用溶液和培养基。
3. 正确采集各种产品的常规样品，并进行检验操作。
4. 独立判断逸出数据。
5. 正确书写原始记录和检验报告。

工作实例：

1. 清洗消毒用过的微生物培养皿，以备再次使用。
2. 从制备培养基开始，测定消毒牛乳的杂菌总数。
3. 配制测定牛乳滴定酸度用的氢氧化钠溶液和酚酞溶液。
4. 按盖勃法或巴布科克法测定乳粉中的脂肪含量。
5. 测定生牛乳中全乳固体和灰分的含量。

中级乳品检验工

知识要求：

1. 乳在加工过程中的物理和化学变化及其对产品质量的影响。
2. 乳品分析化学基础知识。
3. 乳和乳制品中常见微生物的特性及其对产品质量的影响。
4. 乳品厂常用清洗消毒方法的原理和效果评定。
5. 有关乳品生产的法令、法规和标准。
6. 实验室急救知识。

技能要求：

1. 按检验要求，独立搭建分析实验装置和标定标准溶液。
2. 正确分析逸出数据，判别误差来源并加以纠正。
3. 按仲裁法对乳脂肪和乳蛋白质进行测定。
4. 生产过程质量控制的取样设计。

5. 常用分析仪器的保养和常用量具、器皿的校正。

工作实例：

1. 分别按凯氏法和罗兹-哥特里法测定乳中蛋白质和脂肪含量。
2. 配制和标定 1N 的 HCl 标准溶液，0.1N 的 NaOH 标准溶液和 0.1N 的 $Na_2S_2O_3$ 标准溶液。
3. 鉴定盖勃法中所使用的异戊醇的适用性。
4. 鉴定罗兹-哥特里法中所使用的乙醚和石油醚的适用性。
5. 发酵制品中霉菌和酵母菌的检验。

高级乳品检验工

知识要求：

1. 乳品分析检验专题文献检索。
2. 致病菌和重金属元素的检测原理。
3. 乳品感官评定基本原理。
4. 实验用菌种的处理方法。
5. 乳品专业自动分析仪器的结构、原理、性能和操作知识。

技能要求：

1. 针对质量现状，提出对加工过程或分析方法的改进办法。
2. 按生产工艺或配合新产品开发，组织实验室分析检验工作。
3. 依经典法测定结果，判别自动分析仪器的工作状态。
4. 独立安装、调试分析仪器设备。
5. 配合设计，组织和实施实验室技术改造。

工作实例：

1. 配制标准缓冲溶液，判别和调节 pH 计的工作状态。
2. 乳品中沙门氏菌的检验。
3. 测定乳品中铅的含量。
4. 安装、调试手动测脂仪。
5. 编制一个乳粉厂化验室所需试剂的目录。

中华人民共和国职业技能鉴定规范
乳品检验工

一、基本鉴定要求

根据“乳品检验工”工种的特点和实际情况，现对本工种职业技能鉴定提出如下要求：

（一）适用对象

按法规和标准，使用分析检验仪器及设备，对乳、乳制品及其他原辅材料进行分析检验的各类人员。

（二）申报条件

1. 申报参加初级工鉴定的人员须从事本工种半年以上；
2. 申报参加中级工鉴定的人员须具有初级工技术等级证书；
3. 申报参加高级工鉴定的人员须具有中级工技术等级证书。

（三）考评员构成

1. 理论知识考评原则上按每 10 名考生配备 1 名考评员（10∶1）；
2. 实际操作考评原则上按每 5 名考生配备 1 名考评员（5∶1）。

（四）鉴定方式与鉴定时间

本工种采用理论知识笔试和技能操作考核两种形式进行鉴定。理论知识考试时间为 90 分钟，实际操作技能考核时间为 90 分钟。本规范中知识要求和技能要求的总成绩各为 100 分，知识要求的考试成绩占鉴定结果比重的 40%；技能要求的考核成绩占鉴定结果比重的 60%。

二、职业技能鉴定规范内容（附表 1～附表 3）

附表 1　初级乳品检验工鉴定规范

项目		鉴定范围	鉴定内容	鉴定比重	备注
知识要求	基本知识	1. 食品卫生和微生物知识	1. 食品卫生的内容 2. 微生物基本知识	4 8	
		2. 牛乳的理化性质	1. 牛乳的化学成分及主要物理性质	8	
		3. 化学检验一般知识	1. 化学符号、分子式、分子量及化学反应式 2. 酸碱反应式的平衡 3. 氧化还原反应式的平衡	4 3 3	
	专业知识	1. 生鲜牛乳收购标准	1. 生鲜牛乳的主要技术指标	5	
		2. 乳与乳制品的国家标准	1. 消毒牛乳、酸牛乳、乳粉等检验方法中常规检验项目的基本原理 2. 基准试剂和酸碱的标定原理	30 15	
	相关知识	1. 清洗、消毒和灭菌	1. 清洗、消毒的理论知识 2. 实验室中灭菌的常用方法	4 4	
		2. 检验设备	1. 恒温箱、烘箱、分析天平的使用要求及放置条件 2. 离心机的使用要求	6 2	
		3. 安全知识	1. 浓酸、浓碱的保管和使用 2. 用电安全知识	2 2	

续附表 1

项　目	鉴定范围	鉴定内容	鉴定比重	备注
技能要求	1. 乳与乳制品的常规检验操作	1. 大肠菌群的检验	8	
		2. 菌落总数测定	8	
		3. 水分或全固体的测定	6	
		4. 酸度的滴定	6	
		5. 杂质度的测定	6	
		6. 乳粉溶解度测定	6	
		7. 脂肪的溶解度测定	6	
		8. 密度的测定	5	
		9. 乳中抗菌素的检测	4	
	2. 检验误差	1. 平行测试结果绝对的误差在 0.2% 以内	10	
	3. 试剂制备	1. 标准碱液 0.1M 氢氧化钠的制备	8	
		2. 标准酸液 0.1M 盐酸的制备	8	
		3. 0.5%的酚酞指示剂制备	4	
	4. 培养基制备	1. 测定菌落总数的营养性琼脂	4	
		2. 大肠菌落培养液	4	
	5. 抽样及样品处理	1. 正确抽样	3	
		2. 测定理化指标时制备混合样	4	

附表 2　中级乳品检验工鉴定规范

项目		鉴定范围	鉴定内容	鉴定比重	备注
知识要求	基本知识	1. 食品卫生和微生物学基础知识	1. 微生物的营养生长及代谢 2. 单细胞微生物的典型生长规律 3. 影响微生物生长的因素 4. 牛乳中的微生物	4 2 2 4	
		2. 分析化学基础知识	1. 试剂纯度的表示方法 2. 基准物质的选择 3. 指示剂 4. 容量分析概要 5. 氧化还原法概要	2 4 4 2 2	
	专业知识	1. 标准及相关标准	1. 乳与乳制品国家标准 2. 乳品生产中其他原料的标准	4 4	
		2. 微生物检验基本原理	1. 菌落总数、大肠菌群的检测依据 2. 致病性球菌的检测依据	4 7	
		3. 乳的营养成分的测定原理	1. 水、脂肪、蛋白质、碳水化合物、总灰分的测定原理	25	每个是 5
		4. 感官评定	1. 感官评定的一般标准和方法	4	
	相关知识	1. 仪器设备	1. 天平的使用规则、维护和保养知识 2. 显微镜的使用、维护、保养知识	6 6	
		2. 生产工艺知识	1. 乳在加工过程中的变化及对成品质量的影响 2. 一种产品的生产工艺技术知识	4 4	
		3. 安全知识	1. 氨中毒的急救常识 2. 加强酸碱类中毒的急救方法	3 3	
技能要求		1. 检验操作	1. 常规检验项目的测定 2. 蛋白质的测定 3. 脂肪的测定 4. 乳糖的测定 5. 蔗糖的测定 6. 总灰分的测定 7. 钙和磷的测定 8. 致病性球菌的检验	8 8 8 5 8 8 8 8	
		2. 检验误差	1. 一个乳样的全组分分析总量在 0.98～1.02 之间	6	
		3. 试剂制备	1. 0.1M 硫代硫酸钠溶液的制备 2. 费林氏液的配制和标定	4 4	
		4. 培养基制备	1. 检测致病性球菌用的培养基的配制	4	
		5. 测试数据分析	1. 在蛋白质测定中，使用有效数字的表述 2. 计算一组检验数值的标准偏差	4 8	
		6. 掺假掺杂检测	1. 牛乳中淀粉的检测 2. 脱脂、掺水的检测 3. 乳中掺碱的检测	3 3 3	

附表 3　高级乳品检验工鉴定规范

项目		鉴定范围	鉴定内容	鉴定比重	备注
知识要求	基本知识	1. 微生物基础知识	1. 发酵乳制品和乳酸菌的利用 2. 霉菌和酵母	4 4	
		2. 分析化学基础知识	1. 沉淀反应的原理 2. 络合滴定的原理	4 4	
	专业知识	1. 标准	1. 部分乳与乳制品的国家标准	5	
		2. 微生物学检验	1. 沙门氏菌检验的基本知识 2. 实验用菌种的保藏方法 3. 酸牛乳发酵剂的制备知识	8 8 6	
		3. 理化检验	1. 牛乳的化学成分检测的基本原理 2. 铜测定基本原理 3. 铅测定一般原理	8 8 8	
		4. 感官评定	1. 感官评定相关的原辅料的一般标准和方法	5	
	相关知识	1. 仪器和设备 2. 掺假掺杂检测	1. 分光光度计的使用、维护和保养知识 2. 折光仪的使用、维护和保养知识 3. 脂肪测定仪的使用、维护和保养 4. 仪器的校正 5. 专题文献的检索方法 6. 两种或以上乳制品生产的工艺技术知识 7. 牛乳及乳制品掺假检测原理	4 4 4 4 3 3 6	
技能要求		1. 检验操作	1. 乳与乳制品的化学成分的测定 2. 重金属的测定(铅、砷和汞)	10 24	
		2. 细菌检验	1. 沙门氏菌的检测 2. 乳酸菌检测 3. 配制标准缓冲溶液 4. 酵母或霉菌的计数测定	12 8 6 10	
		3. 标准样品的制备	1. 制备含脂率为 0.5%、1.0%、1.5%、3.0%的标准乳样用以校正脂肪测定仪	10	
		4. pH 计的校正	用标准缓冲溶液校正 pH 计	10	
		5. 感官评定	感官评定 5 个不同质量的乳与乳制品的等级	10	

参 考 文 献

1. 苏东海.乳制品加工技术.北京:中国轻工业出版社,2010.
2. 陈志.乳品加工技术.北京:化学工业出版社,2011.
3. 陈历俊.液态乳加工质量控制.北京:中国轻工业出版社,2008.
4. 陈历俊,乔为仓.酸乳加工与质量控制.北京:中国轻工业出版社,2010.
5. 侯建平,雒亚洲,武建新.乳品机械与设备.北京:科学出版社,2010.
6. 陈历俊,薛璐.中国传统乳制品加工与质量控制.北京:中国轻工业出版社,2008.
7. 郭本恒.液态奶.北京:化学工业出版社,2004.
8. 李建国,曹玉凤.奶牛高效养殖与乳品加工技术.石家庄:河北科学技术出版社,2003.
9. 李晓东.乳品加工实验.北京:中国林业出版社,2013.
10. 罗红霞.乳制品加工技术.2版.北京:中国轻工业出版社,2018.
11. 刘静.乳制品加工技术.北京:中国劳动社会保障出版社,2014.